日本製造業の
イノベーション経済学分析
―技術革新と組織改革の進化―

李　毅 著
古川智子 訳

日本語版の刊行によせて

　李毅博士は日本経済の研究と縁が深く、大学と修士課程で世界経済を専攻していたとき日本経済に重点を置いていた。1987年に中国社会科学院の世界経済政治研究所に入り経済史研究に従事するようになってからも、日本経済が彼女の重要な研究分野の一つである。このような学術面での成長経験と並外れた努力により、彼女は非常に堅固な学術の素地と非常に優れた研究の視点を持つに至っている。本書は李毅博士が長年蓄積してきた学問の結晶だと言える。

　李毅博士の今般の研究は中国国家社会科学基金（China National Social Science Foundation）からの資金援助を獲得している。中国国家社会科学基金は中国全国から資金援助対象を募集しており、参加者が多いためその競争はとりわけ激しく、基金が資金援助の対象とするプロジェクトの選別は非常に厳格である。同基金の資金援助を獲得できたという事実そのものが、李毅博士の研究能力が認められており、この研究に重要な価値があることを示している。研究の完了後、専門家委員会の査読審査と鑑定を経て、李毅博士のこの研究は優秀プロジェクトに選出された。この著作が持つ知識量と学術的深みの現れである。

　本書の観点は史実の把握という基礎の上に築かれている。本書の執筆にはしっかりとした経済学の素地だけでなく、十分な歴史学の蓄積も必要であり、どちらが欠けてもこうした形にはならなかっただろう。昨今の社会には目先の利益を急ぐ風潮があり、根気良く歴史書をたどる人はあまりにも少ない。おびただしい史料の中で少しずつ丁寧に産業イノベーションの複雑なシステム構造の特徴と進化の法則性を説明しようと試みる人物はさらに得難い。こうした面でも本書はたいへん貴重である。

　産業経済史の分析に基づき、イノベーションという問題について李毅博士が示した進化経済学の認識とは、イノベーションは経済主体のある時期の偶然の行為ではなく、産業の発展に伴う連続した歴史の過程であること。イノベーションの方向とスピードに決定的に影響する組織構造の形成は動的な選択の過程であること。そしてイノベーション主体の多様性と関連要素の相互作用により、産業イノベーションの過程全体はシステムの自己組織（self-organization）

過程を示すということである。製造業の産業イノベーションの研究は本質として均衡に至る過程の研究である。

　この著作は日本を主な研究対象としているが、イノベーションは決して日本だけが関わる問題ではない。イノベーションは経済社会の持続的な発展というテーマにとって重要な課題であり、世界各国が直面している重大な理論と実践の課題でもある。李毅博士がこの著作の中で探究しているのはまさにこうした普遍性を持つ課題で、また博士はこの問題の要所を的確に捉えている。製造業は科学技術、発明を生産の道具や商品に転化するという特殊な機能を持つ産業であるからこそ製造業の持続可能な発展はおのずと社会経済の持続可能な発展のコアであり重要な構成部分となっている。

　本書の中で李毅博士は製造業のイノベーションを分析するための「技術革新→組織改革→産業イノベーションシステム」という枠組みの構築を試みている。彼女の認識では、製造業の発展を推進する技術革新は産業の連続的なイノベーションの変遷の中でこそ深い観察と認識を得られる。連続的イノベーションはイノベーションに取り組む効果的な組織により実現する。そして前近代以降の日本製造業の豊かで多様な技術革新と組織改革は、絶えず進化する産業イノベーションのネットワークをプラットフォームとして次第に展開されたものである。

　日本製造業が急速に発展したのは、技術導入によるところがかなり大きい。このため日本にはイノベーションが足りないと思われてきた。李毅博士はこの著作の中で日本の技術導入に対して一般の印象とは異なる見方を提供している。技術導入は特定の歴史的条件において日本が行った選択だという認識である。後発国である日本には欧米の技術経済との間に巨大なギャップがあり、しかも厳しい生存競争環境に直面していた。こうした歴史的条件において日本が選んだのは、イノベーションの梃子として技術を導入し、合理的な資源の統合を通じて技術革新における効率向上を実現すると同時に自主的イノベーションを国際的に高い水準から始めるという戦略だった。こうした連続的な歴史の観察から出された斬新な観点は、日本にはイノベーションが足りないというこれまでの認識を覆すものである。読者が李毅博士のこうした観点に賛同するか否かに関わらず、彼女の示したこれらの見方は、日本の今後の発展ないし中国が

経済構造の転換を実現する方法について深く考えるヒントとするに十分なものである。そのため、本書の翻訳版が日本で刊行されるにあたっての序文を寄稿した。

中国社会科学院日本研究所　研究員　張舒英

2016年9月吉日

目　次

日本語版の刊行によせて

序論
　1. 問題提起 ……………………………………………………………… 1
　2. 本研究の基礎と起点 ………………………………………………… 2
　3. 研究方法と主な研究の構想 ………………………………………… 4
　4. 主な内容と基本的な研究の枠組み ………………………………… 5
　5. 本研究の基本的な観点と革新的な点 ……………………………… 6

第1編　進化経済理論から見た日本の製造業のイノベーションに対する研究概要

第1章　日本の製造業の産業イノベーションを研究する理論の出所 ……… 10
　第1節　複雑系の非線形性の研究と進化経済理論の起源 ……………… 10
　第2節　進化経済理論で戦後に最も成熟したイノベーション経済学 …… 15
　第3節　産業イノベーションの経済史研究はイノベーション経済学の
　　　　　産業への応用の重要な内容 ……………………………………… 17

第2章　日本の製造業の産業イノベーションに関する研究概要 ……… 19
　第1節　革新を大筋とした日本の産業技術発展史の研究 …………… 19
　　1. 新しい研究の枠組みと新しい問題分析の視点の確立 …………… 20
　　2. 日本の製造業の技術革新の過程を考察する2つの重要な観点 … 24
　第2節　イノベーション組織とその構造の変化を中心とする組織の進
　　　　　化に関する研究 ………………………………………………… 26
　　1. 組織構造の特性とその製造業の産業発展における作用 ………… 27
　　2. 組織変革と構造の変遷に関する産業発展史の研究 ……………… 29

第3節　日本の革新をめぐる国家イノベーションシステムの研究 ……………33
　　1. クリストフ・フリーマンの80年代後期の研究 ………………………33
　　2. フリーマンとソエテの90年代後期の比較研究 ………………………34
　第4節　理論と歴史の結合を特徴とする新経済史学の関係する研究 ………35
　　1. 経済史の分析から出発した進化変革モデルの経路依存の討論 ………35
　　2. 経済史と経済理論を統一する方法で観察した産業経済の過程 ………37

第3章　日本を対象とするイノベーション経済学の産業への応用に関する
　　　　研究の簡潔な論評 …………………………………………………………39
　第1節　産業発展の本質とその発展の法則性の認識に役立つもの …………39
　第2節　産業イノベーションを探る研究の中でまだできること ……………41

第2編　日本の製造業における技術革新の特徴と軌跡の研究

第4章　日本の製造業における技術革新の傾向と特徴 ……………………………45
　第1節　世界の製造業強国である日本の技術革新の傾向 ……………………45
　　1. 世界で最も主要な製造業強国である日本 ……………………………45
　　2. 日本の製造業における技術革新の傾向 ………………………………52
　第2節　日本の製造業の技術革新が見せる歴史的な特徴 ……………………56
　　1. 製造業の産業の特徴と日本の技術革新 ………………………………56
　　2.「日本型」技術革新の特徴の観察 ………………………………………57

第5章　日本の製造業における連続した技術革新の歴史の観察 ………………61
　第1節　近代製造業の確立期：日本の産業イノベーション …………………61
　　1. 近代製造業の確立——日本社会の根本的イノベーション ……………62
　　2. 近代製造業を築いた技術の基礎——江戸時代のイノベーションの蓄積 …63
　　3. 近代製造業の技術革新——輸入技術の選択から開始 …………………65
　第2節　現代製造業の発展期：技術の発展方式上の革新 ……………………66
　　1. 科学に基づく現代工業を確立する努力 ………………………………66
　　2. 経済の民主化を基礎とする科学技術の復興と重化学工業化への投資 …68
　　3. ハイテク産業の発展における技術の導入と自主革新 …………………71

第3節　現代製造業の変化期：技術体系上の革新 ……………………73
　　　1. 1990年代の製造業の技術革新に関する歴史の教訓 ……………73
　　　2. 構造転換と産業モデル転換に伴った体系革新の面での有益な探求……76
　　　3. 現在の世界的危機の衝撃のもとでの技術体系の変革の新たな課題……79

第6章　連続的イノベーションの日本製造業の発展に対する理論と実践の意義 … 84
　　第1節　導入を梃子として作り上げた革新の経済学上の意味 …………84
　　　1. 技術革新は動的な学習と知識の融合の過程 ……………………84
　　　2. 合理的な資源統合による技術革新効率の合理化 ………………85
　　　3. イノベーションを選び確立する国際的起点 ……………………86
　　　4. 在来技術の優位の発揮は導入を梃子とするイノベーションの支点……87
　　第2節　連続的イノベーションが日本製造業の自主的で持続可能な発展
　　　　　 の実現に対して持つ意味 ………………………………………88
　　　1. 完全な工業技術を基礎とする発展の主導権 ……………………88
　　　2. 自社の強みを発揮した発展の主導権争い ………………………89
　　　3. 発展モデルを堅持する柔軟な選択権 ……………………………90
　　　4. 連続的なイノベーションを保障する発展の自主権 ……………91
　　第3節　技術革新の問題に対する経済史の認識 …………………………93
　　　1. 技術革新に対する経済史における理解 …………………………93
　　　2. 技術の導入と革新の関係における経済史の観点 ………………95

第3編　イノベーション組織とその組織構造の進化に対する分析

第7章　連続的イノベーションの組織と組織構造に対する動的な認識 ……… 101
　　第1節　連続的イノベーションとイノベーションに適した組織 ………101
　　　1.「日本型」組織の論争から見るイノベーションと組織の密接な関係 … 101
　　　2. 組織の問題に対する日本などの学者の関心と研究 ……………102
　　　3. 産業の実践におけるイノベーション実行組織の働き …………103
　　第2節　組織構造の認識に対する動的な観点 ……………………………105
　　　1. 組織構造の多様な変化の思想に関する主張 ……………………105

2. イノベーション経済学のミクロの基礎である企業視点での組織構
      造の変動および影響 106
   3. 日本の組織構造の認識に対する動的な観察 107
  第3節　組織構造の進化の一般的過程：組織学の既存の研究 109
   1. 組織学の理論における組織構造の本質および関連する研究 109
   2. 組織構造が進化する一般的過程に関する組織理論の研究 110

第8章　日本の産業組織構造の多様性とその構造の変遷 113
  第1節　近代製造業の発展における日本らしい産業の組織形式 113
   1.「問屋制」——農村家庭の工業生産の組織形式 113
   2. 問屋制を効果的に運営する制度の基礎——「株仲間」 116
  第2節　集中型組織構造の日本での形成と特徴 118
   1. 工業化の中で技術と市場の変化が促進した工場制組織への転換 119
   2. 大規模生産という条件下での集中型組織の確立：石油精錬などの
      装置産業と鉄道交通業 120
   3. 戦時統制経済体制の集中型組織構造に対する影響 122
  第3節　2度の世界大戦と戦後の日本で現代の産業イノベーション組織が
      形成された基礎 125
   1. 戦間期の都市型小規模工業の発達と分散型の生産組織 125
   2. 戦時の機械工業における請負制組織形式の形成と戦後の発展 127
   3. 戦後の組織内の権力構造と内部労働市場構造を特色とする日本型
      組織構造の形成 128

第9章　経済モデル転換期の日本型組織構造の優劣に対する探究と思考 131
  第1節　1990年代以前：経験——組織構造の優位が支える競争力 131
   1. 戦後の日本製造業の特徴を反映した組織の強み 132
   2. 日本型組織構造が形成された歴史的な原因 133
  第2節　1990年代：教訓——組織構造のしがらみのもとでの競争力の地滑り 135
   1. キャッチアップ途上の組織構造の枠組みと現代産業の発展の矛盾 136
   2. 組織構造がキャッチアップ路線に縛り付けられた深層の原因 137

第10章　組織構造の進化と産業イノベーションの関わり　139
　第1節　イノベーション体制としての組織構造の形成は産業の発展に
　　　　　おける動的な選択の結果　139
　　1. 進化経済理論の観点での組織構造の優位は動的な優位　139
　　2. 適切な組織構造の選択は組織構造の動的優位性を確立する基礎と前提　141
　　3. 組織構造の選択過程は動的優位性の形成された歴史的特徴を示す　142
　第2節　組織改革はイノベーション効率向上の面で軽視できない制約要因　143
　　1. 組織構造とその変遷はイノベーションを取り入れる方向とスピー
　　　ドを決定する重要な要因　144
　　2. 組織構造がインセンティブ体制と協調作用を通じてイノベーショ
　　　ンの効率と価値の実現を制約　145
　第3節　組織構造の調整とその手段の選択が産業のイノベーション競争
　　　　　における成否と損得を決める　146
　　1. 産業の発展に適合した構造調整と合理的手段の選択は組織改革の
　　　本質的内容　146
　　2. 調整と選択に表れる組織改革の能力は、製造業が競争において持
　　　続可能な発展を実現するための核心的能力　147
　第4節　実践における産業イノベーションと組織構造の進化の法則性は
　　　　　観察、認識できる　148
　　1. 客観的に存在する相違と認識のずれを認める　149
　　2. 産業経済史の学習の中から産業発展と組織構造の進化の法則性を認識　150

第4編　アンバランスでオープンな産業イノベーションシステムの研究

第11章　製造業そのものがオープンで複雑なイノベーションシステム　155
　第1節　産業イノベーションシステムと国家イノベーションシステムの関係　155
　　1. 国家イノベーションシステムはイノベーション資源のマクロな統合　156
　　2. 産業イノベーションシステムは産業レベルで形成される構造の進
　　　化メカニズム　158
　第2節　日本の実例から見る産業イノベーションシステムの構成と機能　164

    1. 具体的な事例による産業イノベーションシステムの構成要素の検討　164
    2. 産業イノベーションネットワークの運営から産業イノベーション
       システムの実践における機能の探究 …………………………………… 170

第12章　システムのネットワーク組織形式の変遷：日本の産業イノベー
　　　　ションシステムの進化に対する考察 ……………………………… 175
　第1節　日本の歴史上の伝統的ネットワーク組織 ………………………… 175
    1. 前近代の日本の工業イノベーションネットワークの歴史の基礎 …… 175
    2. 明治以後の社会イノベーションネットワークの構築と発展 ………… 177
　第2節　2度の大戦と戦間期の日本型ネットワークの組織構造の特徴 …… 180
    1. 日本でのイノベーションネットワークの進化の歴史的条件 ………… 180
    2. 次第に形成された大企業体制 …………………………………………… 181
    3. ネットワーク組織内での下請制の強力な推進 ………………………… 184
　第3節　戦後の現代工業のイノベーションネットワークの発展と今後の課題 … 186
    1. 戦後のイノベーションネットワークの発展に関する重要な影響要因 … 187
    2. キャッチアップモデルにおけるグループ化を主な形式とする一体化
       ネットワークの発展 ……………………………………………………… 188
    3. 転換期の協調モデルにおけるオープンネットワーク構造の探究 …… 192

第13章　製造業の産業イノベーションシステムは絶えず進化する生態
　　　　システム ……………………………………………………………… 202
　第1節　技術革新により産業イノベーションシステムが多様な形成や
　　　　　変化の状態に ……………………………………………………… 203
    1. 技術革新の連続性とイノベーション条件の相違性によりシステム
       の持つ多様な変化の特徴が決定される ………………………………… 203
    2. 技術革新における「試行錯誤」と進化の過程にみられる特徴により
       システムの変化が非線形に ……………………………………………… 204
    3. 技術革新の過程に存在する多くの不確定性により、イノベーション
       システムが進化する経路の非一義性を決定する ……………………… 205
　第2節　組織改革が産業イノベーションシステムを多重の適応性の選択過程に　206

  1. システム内の組織が利益のために形成する変革の力により、
    イノベーションシステムが動的な選択の中で進化 ……………… 207
  2. 外部環境の変化に対応する組織改革により、イノベーション
    システムが影響に応じた積極的な調整状態に ………………… 207
 第3節 システムが各成分間の非線形相互作用によりイノベーション
    の自己組織を実現 …………………………………………… 209
  1. 技術革新と組織変革の相互の影響と制約 ……………………… 210
  2. サブシステムの各部分の相互作用と影響 ……………………… 211
 第4節 日本製造業の産業イノベーションシステムが反映する2つの
    重要な生態的特徴 …………………………………………… 213

研究の結論 ……………………………………………………………… 215

参考文献 ………………………………………………………………… 229

後記 ……………………………………………………………………… 241

図表索引

図索引

図2-1 日本の技術と革新の管理の中できわめて重要な相互接続システム ……… 31
図4-1 1890-1992年の日米の就業者が占用する1人当たり機械設備の比較 ……… 46
図4-2 産業別生産波及の大きさ ……………………………………………… 47
図4-3 日本の製造業と全産業の労働生産性の比較 ……………………………… 47
図4-4 5か国の機械設備の資本ストック増加がGDPに占める比重の歴史的比較 ……… 48
図4-5 1970～2010年の付加価値の中で製造業が占める比重の日米比較 ……… 50
図4-6 2006年の主要国の工業製品輸出が各国の輸出に占める割合 ………… 50
図4-7 一部の国によるアメリカ発明特許取得件数の比較 …………………… 51
図4-8 1975～2007年の日米英独仏の労働生産性指数の比較 ……………… 53
図4-9 2004～2013年の日本の技術貿易の増加の情況 ……………………… 53
図4-10 2004～2013年の日本の研究費用およびそのGDPに占める比率の変動 ……… 54

図4-11	付加価値の創造において中小企業が占める割合の変化	59
図4-12	製造業における大企業と中小企業の設備投資（指数）の変動	59
図5-1	1957～1967年の日本の特許出願件数の変化	70
図5-2	産業界を中心とする危機対応型技術革新の探求	82
図7-1	連続的イノベーションと適切なイノベーション実行組織	104
図7-2	1945～1995年のNECの企業組織構造形式の変遷	107
図7-3	組織構造が進化する段階的軌道	111
図8-1	桐生（山田郡）の経営形態別従業員数の変動	120
図8-2	戦時の産業組織に関する政策および措置の組織構造に対する影響	124
図8-3	東京府の玩具の生産額の変動	126
図8-4	戦後の日本型組織構造の特徴の形成	130
図10-1	組織構造の選択条件のミクロ観察	142
図10-2	構造選択の過程での3つの動的な観察の視点	143
図11-1	産業イノベーションシステム研究のイノベーション研究における位置	160
図11-2	産業イノベーションシステム分析の基本的な枠組み	163
図11-3	産業イノベーションシステムにおける価値向上のノード・企業	166
図11-4	日本の産業イノベーションシステムの構成	170
図11-5	産業イノベーションシステムのイノベーション実践における機能	174
図12-1	近代日本の社会生産ネットワークの構築	180
図12-2	大企業の研究費	189
図12-3	大企業間の市場競争における2層構造	190
図12-4	グループ型一体化ネットワークにおける大企業と中小企業の関係	192
図12-5	範囲を拡大した共同研究開発の成果	195
図12-6	中小企業の研究開発における外部との協力の多様化	195
図12-7	新しい大量の外部協力ネットワークの構築	196
図12-8	モジュール化した工業イノベーションネットワークの形成	200
図13-1	技術革新による産業イノベーションシステムの多様な形成や変化	206
図13-2	組織改革が産業イノベーションシステムを多重の適応性の選択過程に	209
図13-3	システムが各成分間の非線形相互作用によりイノベーションの自己組織を実現	212
図結論-1	産業イノベーションシステムモデルのサブモデル(1) 技術革新の進化モデル	217

図結論-2	産業イノベーションシステムモデルのサブモデル(2) 組織改革の進化モデル	220
図結論-3	シンプルな産業イノベーションのシステムモデル	227

表索引

表4-1	1890-1992年の日本の機械設備がGDPに占める比率	46
表4-2	日本の主な産業の労働生産性の増加の比較	47
表4-3	世界の主要工業国の機械設備の資本ストックがGDPに占める比重の歴史的比較	48
表4-4	世界の主要工業国の就業者が占用する1人当たり機械設備の変化の比較	49
表4-5	1970〜2010年の付加価値の中で製造業が占める比重の国際比較	49
表4-6	一部の国がアメリカで申請した特許の種別の国際比較	51
表4-7	主要工業国の労働生産性指数	52
表4-8	主要工業国の技術貿易収支額（輸出－輸入）の比較	54
表4-9	主要工業国の研究費用およびそのGDPに占める比率	55
表4-10	1950〜70年代の日本の工業の技術導入の概況	59
表5-1	幕末・明治の織布生産の成長	64
表5-2	1942年の工業実験室の研究プロジェクト	68
表5-3	戦後初期の日本と世界の技術レベルに差がある部門の比較	69
表5-4	1982年の世界の主要工業国の工業生産比較	72
表5-5	1990年の世界大手集積回路メーカー上位12社	72
表5-6	日本の製造業の比較優位の低下	74
表8-1	群馬県山田郡の絹織物業の生産組織と生産形態 (1)	115
表8-2	群馬県山田郡の絹織物業の生産組織と生産形態 (2)	115
表8-3	日本鉄道の従業員数と労働生産性の変動	122
表8-4	製造業における主要な産業の統制会の設立情況	124
表8-5	日本政府『機械鉄鋼製品工業整備要綱』の枠組み	128
表12-1	日本の前近代工業イノベーションネットワークの基本的な状況	177
表12-2	大企業が主体のさまざまな導入とイノベーションの取り組み	183
表12-3	資本金階級別研究費	189
表12-4	キヤノンが1980年代末から90年代初期に構築した海外研究開発ネットワーク	196

序論

1．問題提起

　今日の製造業の持続可能な発展は、依然として世界各国が抱えている重大な理論と実践の課題である。先頃のアメリカのサブプライム・ショックに誘発された世界的経済危機がこのことをよく説明している。製造業の持続可能な発展に対する深い理論研究と実践の探求は重大な使命を背負っている[1]。日本の製造業は、長期にわたって発展する中で得てきた巨大な業績とその国際的な地位のため、比較経済学の重要な研究対象になって久しく、経済学界にも豊富な研究成果が蓄積されている。しかし多くの人の習慣的な意識の中で、製造業を含む日本経済を研究することの価値は、つねに日本の経済情勢の騰落に従って判断されているようである。最も明らかな例は1980年代後半のいわゆる日本の工業経済の最高峰期とその後のいわゆる失われた10年で、人々からの関心と研究の熱に大きな差が存在する。21世紀に入って日本経済が次第に回復するにつれ、人々の認識も少しは変わってきた。昨今は世界的経済危機により日本の景気が再び大幅な低下を余儀なくされるなか、上述した問題は依然として明らかである。こうした白か黒かの単純な評価、現実と歴史の分離した認識は、明らかに妥当さを欠いている。日本の経済発展の状況を客観的に知り、その経験と教訓を合理的に参考にする妨げとなるものである。

　後発の工業先進国である日本が後れた農業国から世界の製造業強国に発展した過程について、理論面の探究を深く行うことは[2]、経済史として意義があると

1　知識経済時代の到来とそれに伴う構造調整によりサービス業が発展したため製造業の発展の地位を軽視するという認識は実際にそぐわない。アメリカのITバブルの崩壊とサブプライム危機による深傷は、このために払った重い代価である。

2　その遭遇する問題の研究を含む。

いえる。日本の製造業の発展の実情を明らかにするためだけでなく、その今後の発展の傾向を正確に分析し判断するのにも有用である。今日、中国は一体どのように自国の製造業を構築して製造大国から製造強国へ転換し、持続可能な発展を実現するべきかという歴史的に重要な課題と直面している。特にアメリカの金融危機から生じた世界の実体経済の危機は中国に大きな衝撃をもたらし、中国の製造業に存在する重大な構造的問題を露呈した。深い経済史の研究と的確な国際比較は、こうした問題を認識し解決する有効な道のひとつでありうる。日本の製造業のかつての工業化の時期から今の豊かで連続的な姿へ進化してきた過程を俯瞰し、産業経済の進化についてイノベーション経済学の分析を行えば、直面している問題を解決する深い階層での啓発が得られるかもしれない。つまり、実際には中国の製造業の持続可能な発展の比較研究のひとつとして、日本の製造業の革新と自主発展の中から、技術から市場へという外部に依存した発展モデルを抜け出す深い階層の啓発を得られ[3]、同時に進化経済理論の研究に新しい可能性を提供できる可能性がある。中国の製造業の現在の発展の問題点を解決するには、実際レベルでの可操作性を参考にするだけでなく、深いレベルでの理性的思考と理論上の指導がより必要である。技術革新と組織改革はイノベーション経済活動の基本的な見取図を構成している。技術革新と組織改革を中心に、日本の製造業の進化に対してイノベーション経済学での分析を行うと、日本の製造業の発展の史実に対して事実に近い理解ができ、未知の進化の規則をある程度知ることができ、さらには経済史の新しい理論に基づく知識を得られるかもしれない。それによって中国の製造業が苦境を脱して持続可能な発展を実現するために、重要な価値のある理論、方法、実践モデルを提供する。

2．本研究の基礎と起点

まさに日本の製造業の発展そのものに含まれる豊富な内容、およびその研究の影響で持続可能な発展の問題についての考察も進んできたため、1990年代以来、日本の製造業の発展史に高い関心が集まるようになってきた。関連する研

3　すなわち重要技術の自給率の低さと高額な貿易依存の問題を解決する。

究では多くの有益な成果が得られている。梅村又次らが編纂した『日本経済史』全8巻は、経済史を経済理論と統一する方法で産業経済の発展の過程を観察したもので、新たな経済史学の日本の経済と産業の成長する動態に対する研究を代表している。大野健一の『途上国ニッポンの歩み』は、内外の体制の相互作用の累積のもと、江戸から平成までの日本が工業国に飛躍した独特な過程を明らかにした。日本の産業の発展およびその組織運営は、常に権威ある管理学の教科書に組み入れられている。フリーマンとソエテの『産業イノベーション経済学』、ミルグロムとロバーツの『組織の経済学』は、日本の産業経済史、日本企業の事例を含む分析から出発してその理論を展開し詳説したものである。革新を大筋とした日本の産業技術の発展史の研究の面では、テッサ・モリス＝スズキの *The Technological Transformation of Japan* が、新たな枠組みを運用して日本の17世紀以来の新技術史を詳述した見事な一冊である。フォーブスとウィールドの *From Followers to Leaders: Managing Technology and Innovation* は、日本が工業化を実現する過程での技術の選択について理性的に概述を行っている。組織構造の変化に関連する革新の研究では質の高い成果が多く得られている。例えば、新しい制度の経済学などの理論により組織の歴史を研究した岡崎哲二の『生産組織の経済史』、日本の企業ネットワークの研究を重点としたハリソンの *Japanese Technology and Innovation Management: From Know-How to Know-Who*、日本の自動車産業を研究対象とした藤本隆宏の『能力構築競争』、日本企業の発展の経験と教訓を探る現代の論集などである。

　こうしたさまざまな学科、視点にもとづく研究が反映する経済学の多元化の時代の理論の特徴は、日本の産業に対する認識の視野と分析の余地をきわめて大きく広げてくれるものである。同時に、日本の産業イノベーションの研究の面でなすべき新しい仕事がなおあることも示されている。まず、製造業の生産の特徴と結びつけて考えると、産業イノベーションはその生産過程の各主要プロセスの革新システムを含んでいるが、産業を中心とする革新システムの研究はまだ多くはない。次に、産業の発展は一つの歴史の進化の過程であり、我々の認識はこうした動的な変化の観察と比較であるため、製造業の発展全体のイノベーションについての研究は不可欠である。上述の研究は、本書で日本の産業イノベーションの問題の新しい分析の枠組み、新しい方法論の認識の構築を

試みる基礎および起点となる。

3．研究方法と主な研究の構想

本書では前近代以降、特に近代から現在にかけての日本の製造業全体の進化を研究対象として、日本の製造業の自主性と持続可能な発展の実現を支える技術革新と組織改革を研究の重点に置き、革新を核としてつながる日本の製造業の発展史を研究し分析する枠組みの構築を試みる。この研究では、日本の製造業が成長する中で効果のあるイノベーションが実際に発生した過程を近い距離で観察し、ミクロの視点と進化経済学の理論を運用して、革新のメカニズムが発生する条件と産業の発展に対する実際の影響を分析することで、日本の産業イノベーションに対する習慣的な見方とその認識の落とし穴を是正する。さらには技術とそれに対応する組織の改革が一国の製造業を独立した持続的発展が可能なものにする核心的な能力になりえた理由について理論上の研究と詳説を行う。この過程で反映された産業発展の法則性の探求に努め、製造業の発展における現実的な問題の解釈に利用できるようにする。

前近代以後の日本における製造業の進化には、きわめて豊富な史実の資料と発展の内容がある。各時期に対して関連する問題の考察と研究は文章にでき、以前は多くの日本関連の研究者が正しく確実な見通しを蓄積していた。本書がこれほど長い歴史スパンを研究対象に選んだのは（その中の一時点または代表性があると言われる時期ではあるが）、製造業の革新と発展の問題には本質的に経路依存性があることを考慮したためである。日本の製造業の革新と発展の歴史を理解しなければ、その近代的な産業イノベーションと発展の特徴を深く理解して捉え、自主的に革新し自立して発展した過程での経験と教訓を客観的に分析することは難しい。本書では進化経済学の理論を用いて技術革新と組織改革を重点に、日本の製造業の進化の歴史を観察し分析することを試みる。理由は伝統的経済学の理論を用いて日本の問題を解釈し日本の製造業の革新活動を分析することには事実上一定の制限が存在するためである[4]。伝統的な主流派経済学

4　つまり伝統的経済学の理論は経済体のある時点での運行状況とその影響要因を説明することにより適している。同時に、厳格な仮定条件の制約と、数量分析を行う際に問題を高度に抽象化する必要があるため、日本の産業イノベーションという複雑な現象の研究に対しては不都合である。

の理論と異なり、イノベーション経済学を含む進化経済学の理論は動態の経済理論であり、歴史観あるいは歴史の理論である。進化経済学の理論で問題を観察し分析することは、歴史、変化の観点を用いて日本の製造業の進化における革新の軌道を知ることである。動的不均衡を分析してこそ、日本の製造業が発展してきた歴史上の事実に合致するのである。

4．主な内容と基本的な研究の枠組み

本研究の内容は互いにつながりのある4つの有機的な構成部分に分ける予定である。

①イノベーション経済学を含む進化経済学の理論の特徴と主要な観点および関連する日本の産業の進化の研究を概括して評価と分析を行い、本書での分析の枠組みの理論および方法論の基礎とする。

②現代日本の産業イノベーション活動の特徴の分析から出発して、この特徴を形成する技術革新の歴史を考察する。産業の進化における技術革新の軌道に対する連続的な観察と把握を通じ、こうした連続的な革新について研究して探ることで、日本の製造業の自主発展の理論と実践的意義に対して、技術革新に対する経済史の認識を示す。

③組織およびその構造が連続的な革新の中で担う役割を動態の観点で認識する。歴史上における日本の製造業の組織構造の多様性および市場構造の不安定で変化しやすい条件における構造調整と進化する経路に対する考察と解釈を通じて、組織構造の選択の条件と選択の過程、および革新効率とのつながりの関係を探究する。

④産業を中心とする革新システムの研究に入る。革新の過程が存在するシステムの構造の特徴を全体から捉えることで、技術の変革と構造の変遷の産業イノベーション中における相互作用のメカニズムを認識し、システム内の各行為主体がどのように競争と協調を通じてシステムの有効な運行を推進しているかを知る。日本の特徴であるネットワーク組織の分析と結び付けて、内在する規則を反映できるシンプルな産業イノベーションのシステムモデルの構築を試みる。

以前の日本の産業に対する関心と関連する研究に基づいて、ここでは技術革

新から組織改革、さらには産業イノベーションシステムに及ぶ、日本の製造業の進化の歴史を研究し探究する分析の枠組みを構築する。通常の意味の上から見るとあまりにも巨大な構造ではあるが、理論と実践において日本の製造業の革新と発展を認識するには不可欠である。理由は3つある。

①技術革新は日本の製造業を強くし、更には自主性と持続可能な発展を実現する根本的な力であり、このような推進力は産業の連続的な革新の変遷の中でこそじっくり観察し正確な認識を得られる。よって「技術の変革の研究時には進化の観点が最も重要である」。

②日本の製造業の革新の主体は技術革新の中に現れ、その革新の行われる環境すなわち直接の組織と明らかに密接な関係が存在している。「技術と組織管理の間に大量の相互依存関係が存在している」ため、日本の製造業の革新の問題を研究する際、その分析にあたっては「組織と管理の変革が技術変革と同様に非常に重要」である[5]。

③前近代以来の日本の製造業の豊かで多様な技術革新と組織改革は、絶えず進化する産業イノベーションのネットワークをプラットフォームとして次第に展開されてきたものである。したがって、日本の製造業の産業イノベーションシステムを研究すると、技術革新と組織改革の間の相互関係と相互作用の分析を通して、更に産業イノベーションの複雑なシステムが持つ構造的特徴についての認識を深め、それによって日本の製造業の進化の過程で反映された産業イノベーションの法則性を認識し把握する機会を得られる。

5．本研究の基本的な観点と革新的な点

本文では日本の製造業の発展の史実の考察から出発し、産業イノベーションの研究をめぐって、3つの問題を分析し解明する予定である。

①革新は経済主体のある時期の偶然の行為ではなく、連続した歴史の過程である[6]。

5　Chris Freeman（著）, Luc Soete（編）華宏勲（訳）．工業創新経済学 [M]．北京大学出版社，2004：p35、p36、p97（The Economics of Industrial Innovation, Routledge, 1997の中国語版）

6　日本では、情報と資源で絶対的な優位を占めている大企業が根本的な革新の主要な役割となり、

②革新の方向とスピードに決定的に影響する組織構造の形成は動的な選択の過程である[7]。

③革新主体の多様性と関連要素の相互作用により、産業イノベーションの過程全体はシステムの自己組織状態を示す[8]。製造業の産業イノベーションの研究は本質として均衡に至る過程の研究である。

本文の革新的な点は以下の3点に表れる。

①精確な産業発展の史料を基礎として、イノベーション経済学の視点から、日本の製造業の発展進化の問題の新しい構想を動的、連続的に観察し分析する。

②技術革新と組織改革を日本の製造業の発展史の研究の中心に据え、多種多様な経済理論と豊富な史実の資料を運用して、その進化の法則性を分析し探究する。

③イノベーションを核心とする、多次元で体系的な製造業発展史研究の枠組みの構築を試みる。

多くの中小企業と地方企業は歴史の伝統を守って、漸進的な革新の主なコロニーを構成している。まさに両者の革新が交互に行われ、2種類の革新の方法が産業の発展過程で交替しながら発展してこそ、製造業の技術革新が連続した過程を形作る。

7　このような選択にはミクロレベルの組織構造の選択の条件とマクロレベルの組織構造の選択の過程が含まれる。

8　これは産業イノベーションシステムが絶えず進化する生態系として備える特徴である。

第1編

進化経済理論から見た日本の製造業のイノベーションに対する研究概要

　製造業を含む日本の問題を研究していると、問題の観察と分析における方法論の重要性がさまざまな問題により浮かび上がってくる。最も価値のある知識は方法に関するものだとデカルトも語っている。よって、適切な理論の分析方法を運用して日本経済の発展史を研究することからこの研究は出発した。研究課題と結びつけ、ここでは日本の製造業の発展の研究に関わる進化経済理論の起源とその主な特徴、進化経済理論で戦後に最も成熟したイノベーション経済学に関連する発展状況と、イノベーション経済学の産業への応用において重要な内容である産業イノベーションの経済史研究の概況を簡単に述べる。その上で技術革新と組織改革の研究を中心に、日本の製造業の産業イノベーションの問題に関する研究について簡単にまとめる。進化経済理論は関わる内容が広汎で、また今なお完全な理論体系が形成されていないため、ここでは主に本研究の分析と関わる内容について説明し、その方法論的特徴を反映させる理論の観点に重点を置く。同時に、日本の製造業の産業イノベーションの問題に関する研究の概要も、主な代表的論文に限定する。より多くの成果とより深い研究については今後展開する分析を参照されたい。

第1章　日本の製造業の産業イノベーションを研究する理論の出所

第1節　複雑系の非線形性の研究と進化経済理論の起源

　日本の経済史の角度から観察すると、日本の製造業の進化と自主的な発展は、事実上、複雑な非線形の過程であり、日本の産業イノベーションに対する研究は本質としてその経済システムが絶えず不均衡から均衡へと移る過程に対する研究となる。そのため、本書では複雑な経済の現象と経済システムの動的な変化を対象とする進化経済理論を主な分析ツールにすることを試みる。この理論は歴史的、動的な観点で経済システムの運行と発展の過程を観察し分析するためである。どのような理論を主な分析ツールにするかは研究する問題の性質によって決まる。

　前世紀の末から今世紀の初め、経済学が多様に発展する中で、経済システム内で新奇な事物が生じ伝播することによる構造転換を研究する進化経済理論は、「経済学の新しいスタンダード」と賞賛され、多くの経済学者の関心を集め著しく発展した。もっとも、進化経済思想は早くから経済理論に存在していた。たとえば19世紀の末、ヴェブレンが『経済学は何故、進化の科学ではないのか』とする文章[1]で進化経済思想の先駆けとなっている。彼は「現代技術の圧力のもと、人々の日常の思想習慣は、科学の中での進化方法のモデルに陥っている」と指摘し、進化の科学は「過程の理論で、次第に序列を公にする理論」だと認識していた[2]。マーシャルも『経済学原理』の中で「経済学者の

---

[1] Thorstein Veblen. Why is Economics Not an Evolutionary Science [J]. The Quarterly Journal of Economics 1898, Volume 12

[2] 前掲書、賈根良がインターネットの上で発表している1998年10月の訳文のp7、p1より再引用

メッカは経済生物学であり経済力学ではない」と指摘している[3]が、生物学に基づいた経済理論を打ち出すことが非常に困難であったため、静的な均衡の概念に戻らざるを得なかった。時代の限界で、こうした初期理論は明確な理論の枠組みを形成できなかっただけでなく、不穏当な内容も含んでいた[4]。

1960〜70年代以降、自然科学の革命的な進展と社会科学の発展につれて両者の融合が進み[5]、また原子論と機械力学を基礎として確立された正統的な経済学では複雑な経済システムの動的な変化を十分に説明できないため、進化経済学の思想が改めて注目されるようになった。また、この時期は経済学界が経済理論と経済史の研究の面で次第に高度化し、経済の情報化が急激に発展したため、経済学の研究対象、内容、方法に本質的な変化が生じた。多くの課題を前に、新古典派経済学理論を代表とする主流派の経済学は苦しい立場に追い込まれはじめた。その研究対象、目標、仮定の前提に多くの疑問が向けられ、現実的な解釈に対しても自らの越え難い障害に直面した。たとえば「新古典派経済成長理論は1950年代の末から支配的地位にあり、多くの経済学者を『あまりにも機械的な』思考に陥れた」[6]。対照的に、進化経済理論は生物進化の思想を参考に、自然科学の複数分野の研究成果を利用して多くの非主流経済理論を全面的に理解し、自らの研究を新しいステージに押し上げた。コリチェッリとドーシーが『経済変化の協調と順序および経済理論の説明能力』で指摘したように、「ここで提示する観点は、新古典派理論が経済の動態を処理するうえで主に困難とする要素のうちいくつかの特徴と性質を発見できる。実は、新古典派の観点の理論問題の出所となっているいくつかの性質が反対に実証理論の主な成分なのである。分散性、行為者の異質性、非線形性、連続した変化などである。ゆえに安定性、学ぶ効果、信念、『歴史』と『文脈』の重要性と状況属

3　Alfred Marshall（著）朱志泰（訳）．経済学原理（上巻）[M]．商務印書館，1997：p18（*Principles of Economics* の中国語版）
4　たとえば、分析に集団内部の個人間の相互作用関係の要因が不足している。
5　生物進化論と散逸構造理論を代表とする自然科学の成果は進化経済学の発展にとって直接的な推進力となる。
6　Richard.R.Nelson（著）．経済増長的演化観 [A]．Kurt Dopfer（編）賈根良ほか（訳）．演化経済学：綱領与範囲 [C]．高等教育出版社，2004：155（*Evolutionary Economics: Program and Scope*, Springer, 2001の中国語版）

性の行為はいずれも経済動力学の中で漸進する自己組織的方法のすべての基本的な特徴である」[7]。

1980年代、ネルソンとウィンターの権威ある著作『経済変動の進化理論』[8]が登場したことは、進化経済理論が日を追って成熟したことを示している。90年代以来、進化経済学の文献が激増し、多くの経済学者が進化経済理論の研究に努めた。

ネルソンとウィンターの研究を例に取ると、彼らは先人の関連する理論[9]を総合して、自然選択の理論を吸収して企業の組織行為の理論と互いに結合させた総合的な分析の枠組み「変異─選択理論」を打ち出した。これは動的不均衡理論で、その理論の基礎は慣例、探索と環境の選択である。通常、明確な進化を分析する枠組みは3つの部分を含むとされる[10]。①遺伝子の類比物または選択の単位。生物の遺伝子のように、制度、習慣、慣例、組織構造などは模倣を通じて伝達され、社会という有機体の遺伝子組織として社会選択をする基本単位である。ネルソンとウィンターは遺伝子に類似した企業の慣例の働きを討論し、企業の組織としての記憶であり技能や情報の伝達機能を果たすものであると考えた。しかしそれは決して新ダーウィン主義に言う厳格な意味での遺伝子ではなく、学習効果の獲得形質の遺伝という特徴を持っている。②変異または新奇性。変異は事物の多様性を強調する。時には既存の特徴の変化、つまりシステム内で新奇な事物が生じることに等しい。新奇な刺激と挫折の経験はいずれも変異と新奇な事物の探求を推進するものである。こうした変異や新奇な事物は事前に予測できず、結果が不確定なため、新奇な事物が示す特定の意味とは異なる。しかし新奇な事物の発生はそこに至るまでの経路に依存する。人々が新しい知識を探し求める方法や場所は彼らが理解していることとそれまでに

7　Fabrizio Coricelli, Giovanni Dosi（著）．経済変化的協調与次序及経済理論的解釈能力 [A]．Giovanni Dosiほか（編）鐘学義（訳）．技術進歩与経済理論 [M]．経済科学出版社，1992：157（Giovanni Dosiほか［編］．*Technical Change and Economic Theory*．Pinter Publishers. 1988の中国語版）

8　Richard R. Nelson & Sidney G. Winter, *An Evolutionary Theory of Economic Change*, Belknap Press, 1982

9　つまりシュンペーターのイノベーション理論とサイモンの「有限理性」理論

10　理解演化経済学 [J]．中国社会科学，2004(1)、呉宇暉，宋冬林，羅昌瀚．演化経済学述評 [J]．東嶽論叢，2004(1) を参照

第1章　日本の製造業の産業イノベーションを研究する理論の出所

したことによって決まるためだ。つまりすべての技術や組織などの発展する経路に同様に探求される機会があるわけではない。③選択の過程。つまり、変異あるいは新奇な事物が発生した後、社会経済システムの中でどのように拡散され、社会としての思考と行為のモデルに変化を生じるようになるかである。進化経済理論では進化生物学のコロニー観を解釈に採用する。コロニーレベルから見て、個体の意思決定がイノベーションか模倣かに関わらずコロニー全体の行為に影響する相対確率が、ウィットの言う「頻度依存作用」である[11]。イノベーションが拡散する初期段階では、古い思考と行為習慣によりイノベーションがまだ育たないうちに潰れてしまう可能性があるが、システムが開放的で均衡から遠く離れている場合、自己増強（正のフィードバック）の効果により、イノベーションがシステムの変動を通じて拡大されることで、不安定さの限界を越えて新しい組織構造に入る。新たな構造が形成された後、自己増強メカニズムにより新しい思想と方法が急速に拡散する段階に入り、最後には社会で流行している状態へと進化する[12]。同時に指摘するべきことは、1980～90年代、理論と応用が指数関数的に伸び、視野と領域の広がりとして展開されてきた現代の進化経済理論は、多様な研究の伝統とさらに豊富な内容を持っていることである[13]。

　まさに新古典経済学理論の現実を解釈する上での欠陥が現代の進化経済学の急速な勃興を推進したのだ。一般的には理性の最大化、安定偏向と相互に作用するバランスの構造が主流派経済学の核心内容を構成すると考えられる。新古典派経済学などの主流派経済学と比較して、方法論の意味での進化経済学の主な特徴は次に述べる4つの面に現れる[14]。①経済主体の有限性と異質性の特徴。「理性の最大化」の伝統的な仮定とは反対に、進化経済理論では、経済人は理

11　個々人がイノベーションに対して模倣するか反対するかは集団の中で何人がそうした選択を行うかに依存する。イノベーションの主観的な好みに関わらず、競争の過程で選択が行われる。報酬の逓増は「頻度依存選択」の重要な特徴としてここ数年さらに多くの討論がなされている。

12　すなわち、ヴェブレンの関係する思考と行為習慣の慣例化する過程はまた、新たな制度構造の最後に確立する過程でもある。

13　たとえば賈根良の『理解進化経済学』の文中での概述によると、古い制度主義の伝統、新しいシュンペーター学派、オーストリア学派、フランス調節学派、システムの動力学から複雑系までの理論、進化ゲーム理論といった多くの内容が含まれる。

14　韓国文．演化経済学視野下的金融創新 [M]．武漢大学出版社，2006：p80-85を参照

性が有限で、意思決定に関する情報は不完全だと考える。つまり、ミクロ経済の主体の知識は進化の過程で絶えず豊かになり発展するのである。同時に、生物進化の思想により、新古典派の標準的に仮定する偏好と個人の均質性を否定し、主観的偏好の特異性と行為の異質性によるイノベーションに対しての重要性を強調している。個人の差違とイノベーションは社会経済の運行方式に変わりうるため、社会経済の生存の方法の転換を招くと考えている。すなわち経済行為の主体の多様性と複雑な相互作用関係を如実に表現できる。②経済の過程の不均衡。一般均衡理論の問題は、複雑な経済システムを簡単な線形の物理システムに簡略化する点にある。競争の過程の同調性とシステムの安定性だけを強調して、経済構造の多様性と複雑性、市場の活動の不安定さ、突然変異性と進化の過程を軽視しているのだ。均衡そのものと市場の不具合を排除する方法の研究に重点が置かれ、均衡に達する過程の研究は軽視されている。資源分配の研究が強調されているが、変化している現実の世界に対して組織構造を調整する過程は見落とされている。ゆえに研究されているものは事物の存在であり、静態経済学である。進化経済学の理論研究の対象はちょうど軽視されている後者、すなわち進化論で研究されるものは物事の形成で、変化こそが物事の本質の特徴である。③時間の内生化と不可逆性。新古典派の典型では時間と歴史の概念がないが、進化経済理論は全く異なり、社会経済生活の不可逆な変化こそが根本的な変化であり、そうした変化が経済社会の本質の動きを構成し、そうした動きが経済社会そのものの発展の過程を形成すると考える。経済理論に内生する変数である時間は進化の過程で重要な役割を果たす。有限な理性の制約により、人々が正確に未来を予知することは不可能なため、意思決定は過去の経験を基にした未来予測により決まる。すなわち過去の歴史が現在の現実、現在の行動が未来の意思決定に決定的な影響を及ぼす。かつ経済の進化の結果は唯一のものではなく、進化の過程ごとに結果も異なる。明らかに歴史はこの文脈において重要である。歴史は経済の過程に経路依存、不確定性、時間の不可逆性といった重要な特徴があることを明示するのである。④ランダム要素の重要性の強調。経済の行為の主体がいつも互いにつながりのある社会経済システムの中にあるため、いかなる組織あるいは個人も相互作用する組織あるいは個人の行為と意思決定の影響に縛られることにより、企業の行為の結果と

未来の行為の意思決定は不確定性に満ちている。ここでランダム要素とふるい分けのメカニズムはともに重要な役割を果たす。特に意思決定とイノベーション探求の過程で、進化の過程は常に試行錯誤の過程と見なされる。不確定性の存在により、進化する長期的傾向は予測しにくいが、過程の適応性の標準をふるい分けて確定してかつ一定の期間内に画期的な新技術が出現しなければ、進化の過程も一定の規律性を呈する[15]。ここ数年の発展の傾向により、方法論上のこれらの鮮明な特徴のため、進化経済学の理論はすでに複雑な経済現象を分析して説明し経済システム変革の発展を研究するための重要な理論となっていることが示されている。動的に進化する観点から社会経済の過程を理解する思想はすでに多くの経済学者に認められてきている[16]。

第2節　進化経済理論で戦後に最も成熟したイノベーション経済学

　進化経済理論の核心は経済の変遷の動的な過程への関心で、イノベーションは経済成長の根本的な駆動力と見なされている。

　進化経済理論では各流派がその理論体系上でイノベーションを核心的地位に置いているため、確かに、新奇な事物が経済の変化する中で起こす重要な作用に多かれ少なかれ明確に同意している。例えばウィットは「経済の進化のひとつの適切な概念として、正しく新奇な事物の出現を評価することは不可欠だ」とずばり指摘している[17]。

　新奇な事物とは新しい行動の可能性の発見であり、人類の創造の結果である。新しい行動の可能性が受け入れられると、そうした行動がイノベーションと呼ばれるようになる。シュンペーターがイノベーションの概念を真っ先に取り入れた目的は経済発展の理論に対する再構築であり、彼の経済発展、経済の動的不均衡の論述はいずれもイノベーションの概念と密接に関わっている。さ

---

15 盛昭瀚. 国家創新系統的演化経済学分析 [J]. 管理評論, 2002 (10)：p17-21
16 呉宇暉、宋冬林、羅昌瀚. 演化経済学述評 [J]. 東嶽論叢, 2004(1)：p57
17 Witt, U. Evolution as the Theme of a new Heterodoxy in Economics[A]. Witt, U. *Explaining Process and Change: Approaches to Evolutionary Economics*[C]. University of Michigan Press, 1992：3. 賈根良. 演化経済学：経済学革命的策源地 [M]. 山西人民出版社, 2004：p3 より再引用

らに多くの学者たちもイノベーションの取り組みをより広大で複雑な社会、自然背景の中に置いての討論を試みている。したがって、こうした状況によりイノベーション経済学は進化経済理論で戦後に最も成熟した分野となることが促された。

イノベーション経済学は正統的な経済理論そのものに固有の制限を乗り越え、イノベーションの不確定性と発展の不均衡性を分析の出発点として、技術革新、組織および管理の変革といった多くのイノベーション領域、および領域を異にするイノベーションの間の相互関係を研究してきた。こうした理論の発展に対する注釈として、アメリカの企業管理の大御所ドラッカー（P.F. Drucker）が本質的な指摘をしている。イノベーションは決して技術面に限られるものではなく、およそ既存の資源の財産を変え潜在力を創造できる行為はすべてイノベーションであり、すなわちイノベーションとは資源に財産を創造する新しい能力を与える行動のことだ[18]。

イノベーション経済学そのものも成長の過程にあり、絶えず伝統的経済学に対して価値ある挑戦的な観点を示している。たとえば、経済成長を促進する各種の要素には補完性の観点があり、新しい技術の導入と経済システムの変遷の間の相互作用には経路依存性の特徴がある。組織および制度のイノベーションを通じて不確定性の観点を利用し[19]、不均衡条件における分析で経済システム全体の不規則な動態性の観点を考慮できるようになる。これらの研究成果はすべて人々が産業発展の問題に対しての認識をより深く広くすることに役立つ。同時に、経済理論と経済史が互いに結合することを特徴とする新経済史学は、発展の中で新たな成果を得るに従って、イノベーション経済学が動的、長期的に事物の根本的な変化に着目する立場と一致している。したがって、イノベーション経済学または進化経済学を運用する方法でイノベーションを中心とする製造業の進化の軌跡について詳細に経済史の研究をすることは、論理にかなう

---

18 Peter F. Drucker（著）蔡文燕（訳）．創新与企業家精神[M]．企業管理出版社，1989（Innovation and Entrepreneurship, HarperBusiness, 1985の中国語版），趙玉林．創新経済学[M]．中国経済出版社，2006：p12より再引用

19 Cristiano Antonelli（著）劉剛（訳）．創新経済学新技術与結構変遷．北京：高等教育出版社，2006：中訳本前言（Economics of new technologies and innovative structural changeの中国語版）を参照

傾向となる。

第3節　産業イノベーションの経済史研究はイノベーション経済学の産業への応用の重要な内容

　もし、イノベーション経済学の発展の理論上の意味が、伝統的経済学で技術とイノベーションを経済モデルの枠組みの外に遊離させてきた主流派の観点を矯正することだとすると、経済体の産業発展分析に逐次応用されていることは、この学科が持つきわめて強い実践の意義を体現している。有名なイノベーション経済学者クリス・フリーマンとリュック・ソエテは1997年版のテキスト『産業イノベーション経済学』の中で、「経済学者が最も軽視できないのはイノベーションで、イノベーションは経済が進歩する基本条件のひとつであり企業と民族、国家の競争における重要な要素である」と指摘している。「しかし、イノベーションが重要なのは、繁栄を促進する狭い意味だけから言っているのではなく、各国の財産を増やす上、さらに重要な意味の上から見ると、人々がそれまで一度もできなかった事をできるようにするためである。」「したがって、イノベーションは自分の本国あるいは他国の経済成長の加速と維持を望む人にとって非常に重要なだけでなく、一方的に商品の数量だけに集中することをよしとせず、経済の発展する方向が変わることを望む人や、生活の質を改善するために全力で当たる人々にもきわめて重要である。そのほか、先々の資源保護と環境の改善に対してもイノベーションは非常に重要である。多くの汚染防止や廃棄物ローコストな回収再利用も技術の進歩と社会のイノベーションにかかっている。」[20]

　実践における産業イノベーション関連の研究は通常、多元化した理論と学際的な相互の融合の中で行われる。まさに国際シュンペーター学会の副主席で雑誌『イノベーションと新技術の経済学』編集主幹のアントネッリ教授が指摘するとおり、社会学、哲学、管理科学、生物学さらには歴史学との相互作用が新

20　Chris Freeman（著）, Luc Soete（編）華宏勲（訳）. 工業創新経済学 [M]. 北京大学出版社, 2004：pp2-3、(The Economics of Industrial Innovation, Routledge, 1997の中国語版)

興研究分野であるイノベーション経済学の持続的発展に対して重要な啓発作用を果たしており、その効果とは動的な増加と変遷の研究を強調していることである[21]。同時に、イノベーション経済学が経済のイノベーション理論研究の方向に集中しつつあるため、その研究は企業理論、産業組織理論、意思決定理論に重大な影響を及ぼしており、しかもイノベーション経済学が発展の中でさらにこれらの理論と融合し、独自の研究分野を形成している。したがって、1990年代来の日本の製造業の発展の問題に関連する文献の研究は、いずれも異なる学術分野（科学技術史を含む）から出発し、製造業の発展における各プロセスでの関連する研究に観点を提示するものである。言い換えると、日本の製造業におけるイノベーションおよび発展の軌跡に対する研究は、さまざまな学術分野の中で行うものである。こうした現象はイノベーション経済学の発展を反映しており、また経済学の理論体系としては更なる改善が待たれることを説明している。イノベーション経済学の発展状況の総括については以下の部分でさらに展開する。

---

21 C.Antonelli（著）劉剛、張浩辰、岳志剛（訳）．創新経済学新技術与結構変遷．高等教育出版社，2006：159（Economics of new technologies and innovative structural change の中国語版）：p1、p8

第2章　日本の製造業の産業イノベーションに関する研究概要

　ここでは日本の製造業のイノベーションに対する研究で得られたいくつかの重要で代表的な研究成果を帰納して整理し、技術革新、組織と管理の変革、国家イノベーションシステムと経済史研究の方法の変遷といった側面から、日本の製造業の進化に関する経済史の研究の新しい進展を概述する。進化経済学の理論から見た日本の製造業の革新の問題に関連する研究は、以下に述べる4つの面の研究文献に見られる[1]。

第1節　革新を大筋とした日本の産業技術発展史の研究

　「新技術の知識の創造と新技術の導入は、持続的な経済成長と報酬逓増の源泉である」[2]。日本の森谷正規が1970年代末期に著した『現代日本産業技術論』は、当時を代表する日本の工業競争力に基づいた現代日本の産業技術研究である。同書では日本の戦後の主な産業技術の発展する過程を客観的に振りかえり、工業製品の強大な国際競争力で日本の産業技術のレベルの高さという事実

1　ほかに、産業政策、産業構造と経済体制の変革を主な対象とする日本の制度変革の研究も、国内外、主に中国で日本の問題を研究する学者によりある程度展開されている。たとえば薛敬孝．日本的産業結構変革 [M]．天津人民出版社，2002；楊棟樑、江瑞平．近代以来日本経済体制変革研究 [M]．人民出版社，2003；陳建平．産業結構調整与政府的経済政策 [M]．上海財経大学出版社，2002など。関係する研究論文には車維漢．日本明治政府与市場制度変遷 [A]．南開大学．世界近現代史研究 [C]（第四輯）．中国社会科学出版社，2007年12月などがある。論文の研究するテーマを考慮して、この方面の成果と主要な観点に関しては別の機会に述べることとし、ここでは言及しない。

2　Arrow, K. J. Increasing returns：Historiographic issues and path dependence[J]. European Journal of Economic Thought 2000（7），C.Antonelli（著）劉剛、張浩辰、岳志剛（訳）．創新経済学新技術与結構変遷．高等教育出版社（Economics of new technologies and innovative structural change の中国語版）：p39より再引用

を評価することを肯定したうえで、日本の産業技術の特徴は研究者と中堅の技術者を代表とする人的資本が十分で、技術開発力が強いところにあるが、技術の発展水準は技術開発の能力と相違があり、独創的な技術開発が少ないと指摘している[3]。これは日本の技術革新の状況についてのかつて普遍的だった見方である。ここ数年はイノベーション経済学の発展に従って、新しい科学技術革命が浸透し人々の事物の認識方法が変化してきた。一部の経済学者と日本問題を研究する学者は、日本の製造業の成長する技術の軌跡を客観的に示すことを通じて、日本の産業の歴史の発展に対してより深い探求を行っている。

1．新しい研究の枠組みと新しい問題分析の視点の確立
1-1 製造業の成長と技術の発展史の研究

1994年に出版、1996年に重版されたテッサ・モリス＝スズキの*Japan technological change*が、この分野での研究の代表作と言える。彼女が大量の歴史の文献を引用して著した*The Technological Transformation of Japan: From the Seventeenth to the Twenty-First Century*は、日本の工業技術を対象に、新しい枠組みを運用して日本の17世紀以降の新技術史を詳述した見事な一冊である。作者は同書の中で「日本の挑戦は経済の面だけではなく、技術の変化の性質と原因に関する知識の偏見の挑戦でもある」と指摘している。多くの歴史学者が「長期にわたる技術の活力を解釈するとき、得てして西欧と北米での業績に目を向け」、日本を除外する[4]方法について、同書は「もし、技術史の研究に日本を含むことが重要であるならば、日本の現代技術の実力を研究する時、歴史を含めることも重要である」と述べている。「こうした社会の中で技術が変化する複雑な過程を理解せずには、技術の研究で最も意味深長な問題である文化と社会構造の技術に対する影響、技術の社会の発展における決定的効果などの問題に解答しにくい」からだと主

3　森谷正規．現代日本産業技術論 [M]．東京：東洋経済新報社，1978：238-242
4　つまり「歴史に対する説明の中で、日本の経験はヨーロッパ（せいぜい北大西洋国家）についての叙述の後記だと思われている」。Tessa Morris-Suzuki（著）馬春文ほか（訳）．日本的技術変革：従17世紀到21世紀 [M]．中国経済出版社，2002：2（The Technological Transformation of Japan: From the Seventeenth to the Twenty-First Century, Cambridge University Press, 1994の中国語版）

張している[5]。この適切で申し分ない技術史の著作は、日本の産業の発展の面に対する研究として、主に次の2点で貢献している。一つは、革新をめぐって、日本の産業技術に対して世紀をまたぐ歴史研究を行っていることである。同書以前の日本の産業技術史研究は、明治維新で工業化が始まった10年、戦後の急成長期、90年代の低迷した10年といった特定の期間、特定の一部分だけを重視していた。伝統的な研究の方法と違い、この研究は17世紀以降の日本の前工業化期の技術の基礎から、明治時代に始まった日本の工業化の発端と発展、戦後日本が技術超大国を形成するまでという3世紀以上に及ぶ産業技術の発展過程を網羅し、日本の転換期の技術運用およびその製造業の成長に伴った日本の産業技術の体系の形成に対していくつか新たな解釈をしている。もう一つは、日本の産業の技術革新に対する研究に、新しい分析の枠組みを採用したことである。作者はそれまでの日本の工業化と日本の奇跡に対する伝統的認識の方法を打ち破った。すなわち、単一であらゆるものを網羅した説明を与えるのではなく、イノベーション経済学の視点から出発して日本の経済発展の研究において通常は見落とされているか誤った認識を持たれている問題を捉え、模倣と革新をめぐる関係、中心と外周の関係、社会のネットワークと革新という3本の大筋で、発展の史実の分析を通じて日本の長期の産業発展に対する新鮮な観点を提供し、「日本の現代工業の実力を理解するための新しい歴史の次元を提供した」[6]。同時に、日本の技術の進歩と技術の発展を研究する中国の学者数名もこの構想に沿って戦後の日本の技術の進歩と急速な成長と戦前の技術の基礎を結びつけ、日本の技術の進歩について連続的な分析をしている[7]。

1-2. 後発国が工業化を実現した手段の選択の研究

イノベーション経済学が技術の変革の中の経路依存に関心を持つのは、それが発展の方向に関与しているからである[8]。日本が後発の工業国として追いつき

---

5 前掲書 pp2-3

6 池元吉が *The Technological Transformation of Japan: From the Seventeenth to the Twenty-First Century* 中国語版（2002年）に記した「訳者あとがき」を参照

7 馮平．戦後日本科学技術的出発点 [J]．日本学刊，1996（5）など

8 C.Antonelli（著）劉剛、張浩辰、岳志剛（訳）．創新経済学新技術与結構変遷．高等教育出版社，2006：p5、p9、pp17-23、pp160-161（Economics of new technologies and innovative structural change の中国語版）

追いこす過程の問題は以前から関心の焦点のひとつとなっており、学者達はさまざまな分析を行って解釈してきた。インドのフォーブスとイギリスのウィールドは、10年を費やした進化経済学の著作 *From Followers to Leaders: Managing Technology and Innovation* の中で、フォロワーの角度から、一国の技術とイノベーション能力の育成という問題について討論した。同書では企業の技術の能力の育成はキャッチアップの実現を起点とし、また企業ないし国家が競争力を維持する鍵でもあると捉えている[9]。同書が強く指摘しているのは、技術の根本的な効果は人間の従事できる生産の実行領域を開拓することにあり、解決すべき問題も科学よりはるかに多いため、技術問題の解決と技術能力の育成を十分に重視しなければならないこと[10]、技術には累積性、漸進的変化、連続性といった性質があるため、企業は既存の技能を基礎に技術を創造して絶えず生産を改善しなければならず、技術のビッグバンのような奇跡を望んでいてはならないこと[11]、知識には内包性と地域性があるため、企業は自社に適した知識を自社の技術に転化する能力で、自社独自の競争力を形成するよう努めるべきであること[12]、企業の技術力の形成と維持は、当初から与えられている条件だけでなく、成功した技術の管理に依存する、つまり企業が特定の技術を掌握する能力、技術市場と競争を把握して長期にわたり発展する傾向に持って行く企業家の能力、導入した技術を消化し吸収する学習能力を持っているということ[13]、企業の技術力を育成する面でOJTは非常に重要だが、分析型学習、専門学習、研究開発と

---

9 沈瑶が *From Followers to Leaders: Managing Technology and Innovation* 中国語版(2005年)に記した「中国語版まえがき」を参照

10 Naushad Forbes & David Wield(著)沈瑶ほか(訳):管理新興工業化経済的技術与創新 [M]. 北京:高等教育出版社、2005:p11を参照(From Followers to Leaders: Managing Technology and Innovation, Routledge, 2002の中国語版)

11 「技術が解決するのはさまざまな実際の問題であるため、実験室外のOJTである工業および生産基地で得られる知識はきわめて重要である。当地の生産で蓄積されてきた知識は『業務中』のいつまでも絶えない革新を誘発できる。」『実際から得られた』ローカルな知識と技術のもう一つの特徴である、技術の蓄積性と密接な関係がある。新技術はほとんどが以前の学習と知識(『業務中』の隠れた知識を含む)を基礎に生まれるものだ」前掲書 pp11-12

12 「企業の競争力の『より多くはその隠れた能力にかかっている』」。日本の野中と竹内は、「欧米企業と比べると、日本企業が成功している点は誰かの隠れた知識を別の誰かの隠れた知識に転化できる、知識共有モデルの構築にあり、そのため隠れた知識を動員してイノベーションを行うことにも長けている」と捉えている。前掲書 p12、p15

13 前掲書 p15

いった「投資性学習」のほうがさらに重要だということである[14]。企業はどうすれば外来の技術を導入して消化吸収すると同時に自社の創造能力を育成できるかという問題に答え、同書は技術移転を通じた技術力の創出について総合的に説明し、技術管理は革新の努力を動員する有効な方法だとしている。かつさまざまな国で成功を勝ち取った産業の詳しいケーススタディーを通じて、経済発展の後発国あるいは進歩が遅い国がリードを実現する現実的な経路について説得力ある論述をしている。その経路に含まれるのは、漸進的な革新のより早い実現[15]、製造技術の革新[16]、製造現場の革新[17]、組織、文化と管理[18]、研究開発の作用[19]、新しい設計の実施である[20]。同書ではこれを「技術で後れた者のイノベーション任務のいくつかの大前提」と呼び、伝統的な線形の行為モデルから脱却した技術後進者にひとつの基本的方向を提供するものと考えている[21]。得られた研究の結論は、フォロワーがリーダーになる可能性はあり、技術と革新能力は価値の増加を実現する核心でありキャッチアップの核心でもあるという

---

14 前掲書p16
15 漸進的な革新は技術後進者の長期的な競争力の主な源泉である。Naushad Forbes & David Wield（著）沈瑤ほか（訳）：管理新興工業化経済的技術与創新 [M]．北京：高等教育出版社，2005：p19を参照（From Followers to Leaders: Managing Technology and Innovation, Routledge, 2002の中国語版）
16 一つの工業の成熟に従って、革新の駆動力は技術の整備からコストの競争へと変わった。コストダウンがより重要になる時、製造技術の革新もより決定的なものになる。リッグスが1980年代中期に、日本が70年代中期まで工業の「奇跡」を続けられたのは主に技術革新のためだと指摘している。前掲書p19
17 日常の生産活動で発生し、「日常」業務の問題の解決を目指す革新は、生産現場のコスト節約の主な道である。前掲書p19
18 革新がどこにでもある環境を作ることは、フォロワーかリーダーかに関わらず企業の技術力に対してきわめて重要である。品質サークル（quality circles）、提案体制（suggestion schemes）、持続的改善（kaizen）およびその他の技術は常に日本の管理技術で、組織全体の中で創造力を獲得するシステマチックな方法であると考えられている。前掲書p19
19 技術後進者の研究開発の任務は吸収（学習）能力を育成して企業が効果的に他者の成果を得られるようにすることである。前掲書p21
20 技術後進者は新しい設計をしなければならない。設計により、企業に製造技術の革新から製品—製造技術の革新を互いに結合させたモデル転換の道ができる。新しい設計の開発は革新の連続システムの中の仲介点であり、能力の飛躍であり、ある既存技術の標準形の中にあって、すでに漸進的な革新を超えている。前掲書p21
21 前掲書pp18-21，問題の重要性に鑑みて、以降の各章の中で大量の紙幅を割いて逐一分析と詳しい陳述を行っている。

ことである。「発展が急速な国と緩慢な国の間の重要な違いのひとつは、本土の技術力（ITC）とその運用上の違いにある。本土の技術力そのものは革新を通じて絶えず付加価値を高めることを指す」。「字面の上から本土の競争力を理解することはできるが、しかしその本当の意味はある企業または国が絶え間ない価値の向上を通じて競争力を維持する能力である。価値の向上は生産効率の向上、新しいまたは改善された製品と技術の導入、マーケティングと購買など補完性のある活動の把握の結合として現れる。競争力は相対的な概念で、本土の技術力もまた相対的な概念である。他の国や企業もすべて絶えず発展しているため、持続的な進歩と革新を通じて価値の向上を実現し続けてこそ、競争力を維持して強めることができる」[22]。本書では、イノベーション経済思想の体系的な説明を通じて、直接あるいは間接的に日本の経験に対する多方面の解釈を含めている。言い換えると、日本が追いつき追いこす成長を通じて世界の工業強国となった事実がこの理論の観点を検証している。

2．日本の製造業の技術革新の過程を考察する２つの重要な観点

　日本の工業の発展の技術史の研究により、技術革新と産業の成長、自立した内在する論理とのつながりが示されている。近頃の研究により、日本の産業技術の発展には模倣しかなく革新はないという既存の見方が訂正されている。よく知られている伝統的な見方は「日本は模倣者で、ただ近ごろ、経済上で成熟してからようやく創造的な発明の過程に関わりはじめたと描写している。日本の現代技術の創造性を強調する傾向のある学者にいたっては、よくこうした創造性を新しい現象だと考えているようだ」というものである。日本の技術が拡散する過程の研究と考察によると、「革新」と「模倣」は明らかに対立した２種類の選択ではなく、「実際にはある種の発展系統の両端である。この発展系統では、外来のインスピレーションと内在する創造力が多種の複雑な方法で互いに結合する。日本が19世紀、欧米の技術と挑戦に対して見せた迅速で建設的な反応の能力は、日本国内の技術革新の遺産を基礎としていた。」事実上、

22　Naushad Forbes & David Wield（著）沈瑤ほか（訳）：管理新興工業化経済的技術与創新 [M]．高等教育出版社，2005：p3、p22（From Followers to Leaders: Managing Technology and Innovation, Routledge, 2002の中国語版）

日本が次第に対外開放に向かう過程は、「新しい生産技術が彼ら自身またはその属する地域の富を増やすこと、彼ら自身またはその属する地域の力をつける重要性を次第に認識する」過程でもあった。「19世紀中葉以来、欧米の技術が大いに採用されても本土で革新を行う重要性は低下しなかった」のは、日本による国外技術の導入は思索を加えない簡単な模倣ではなく、「ほぼ常にある程度の選択と調整があった。現地の原材料と現地技術の条件によっていくつか変更を行わないと、欧米の技術はほとんど日本で使用に供せないものだった。この変更の過程そのものが日本の会社に自社の研究能力を開発するよう強制し、反対にまた、導入の思想に対してより根本的に調整を行うという基礎を築いた。」そのため、現代の日本の技術の進歩は「導入技術を詳しく研究する過程」であるうえ、既存産業の中で「既存の本土技術に科学を応用する過程」でもある。外来のものと本土のもの、模倣と革新がここで共に効力を発揮して、特色ある日本の現代技術体系の形式を創造した」[23]。

振り返って改めて日本の技術革新を考察すると、かつて軽視または誤解されていたがより価値が大きいもの、技術の体系的革新あるいは技術革新システムの形式に気づく。それは具体的に関連技術の協力した革新、製品技術と生産技術の共同革新、技術の集成の革新として表れる。まさにこのような革新のため、製造業の成長に伴って日本が技術体系全体の飛躍を実現したのである。戦後の日本の自動車工業が環境保護、省エネという国際競争の特色を作り上げる過程で、サプライチェーン上の関連企業が協力して新技術を開発しており、その革新の成果はきわめて大きく自動車製品の市場競争力を強めただけではなく、関連する鉄鋼の製錬技術、ディーゼルエンジン技術、化学工業技術、機械加工技術、組み立て技術などを新たなレベルに押し上げた。製品の技術革新と同時に生産技術の革新も十分に重視していることが、日本の産業の技術革新の際立った特徴のひとつである。日米の工業革新を比較すると、アメリカが製品技術の改造を重視するのと対照的に、日本の会社が製造技術を改善する研究と

---

23 Tessa Morris-Suzuki（著）馬春文ほか（訳）．日本的技術変革：従17世紀到21世紀 [M]．中国経済出版社，2002：pp5-6（The Technological Transformation of Japan: From the Seventeenth to the Twenty-First Century, Cambridge University Press, 1994の中国語版）

発展の基金に用いる資金は、製品技術の改善に用いる資金の2倍である[24]。日本の産業の国際競争力は、生産技術の進歩が技術革新全体において持っている決定的意味を明確に説明している。同時に、日本の産業の生産技術での革新の中で各種の基本的な技術の集成を通じて、生産の高度なオートメーション化、インテリジェント化が迅速に実現された。ここから、日本の産業の技術革新は出発が導入であろうが自主開発であろうが、体系的または全体的な方法で行われていることが分かる。言い換えると、関連技術の協力した革新、製品技術と生産技術の共同革新、技術の集成の革新のいずれもが日本の産業技術と技術革新のシステムの性質を反映している[25]。それは日本の製造業が自立した持続的発展が可能な安定した技術の基礎を実現するものである。

第2節　イノベーション組織とその構造の変化を中心とする組織の進化に関する研究

イノベーション経済学の視野の中で、技術革新は組織構造の変遷と相互に作用する。「不均衡条件において、技術革新と組織構造の変遷の影響および決定要因の間には相互作用があり、革新はその広大な過程の一部に過ぎない。」[26]この基礎の上で、管理理論はさらに技術革新が組織と管理を行う重要性を強調している。フォーブスとウィールドは Managing Technology and Innovation の研究の中で、「企業の技術力を形成して維持し続けられるかどうか、企業の核心目標である価値の向上を実現できるかどうかの鍵は、企業が革新の管理を実現するこ

---

24 アメリカの有名な学者 E. マンスフィールドかつて米日の工業革新を比較し、日本の会社は工具、製造設備および装置に用いる資金が革新費用に占める比率がアメリカのほぼ2倍（日本44％、アメリカ23％）であることを発見した。日米の両国の会社の研究および発展の資金は、製品技術改善プロジェクトと製造技術改善プロジェクトの分布の上でも鮮明な対比を形成している。アメリカの会社は研究および発展の資金の約2/3を新製品と製品改造に用い、残りの1/3を新技術と技術の改造に用いるが、日本の会社ではこの割合がちょうど反対になる。羅天強、俞長春. 日本的技術系統創新策略 [J]. 科技進歩与対策. 2000（9）：p155を参照

25 羅天強、俞長春. 日本的技術系統創新策略 [J]. 科技進歩与対策. 2000（9）

26 Cristiano Antonelli（著）劉剛、張浩辰、岳志剛（訳）. 創新経済学新技術与結構変遷 [M]. 高等教育出版社，2006：p41（Economics of new technologies and innovative structural change の中国語版）

とができるかにある」と指摘している。「このため、組織、文化、管理の上から必ずイノベーションのインセンティブを作り、イノベーションをユビキタス環境に置かなければならない」[27]。学者達は技術革新の効果的に組織と管理が革新の効率を引き上げる鍵だと考えている[28]。そのためこの意味においては、組織構造の変化を中心とする管理の変革は、実際には組織学、管理学の互いに結合する産業イノベーション分析だと言える。同時に、進化経済理論が日を追って発展するのに伴って、産業組織の進化の問題に関する研究も徐々に学者達の研究の視野の中に入ってきている。そして異なる側面から組織が進化する動力と進化の法則性を探求する多くの試行的な研究が現れてきた[29]。

1．組織構造の特性とその製造業の産業発展における作用[30]

現代の経済理論を運用して企業の組織と管理の研究を始めたスタンフォード大学のミルグロム教授と経営大学院長のロバーツ教授は、2004年その重要な経済学の教科書『組織の経済学』[31]の中国語版まえがきの中で、「組織の経済活動、多数の個人の協調した行動と彼らが共に集団の目標を達成させるためのインセンティブなどの問題に対して経済学界が研究することは、新しくしかも意

27　Naushad Forbes & David Wield（著）沈瑶ほか（訳）：管理新興工業化経済的技術与創新 [M]．高等教育出版社，2005：中訳本前言：II、IIIを参照（From Followers to Leaders: Managing Technology and Innovation, Routledge, 2002の中国語版）

28　たとえばジェイムズ・アベグレン（James Abegglen）博士が シーヴァル・ハリスン（Sigvald Harrison）のキャノン、ソニー、トヨタの製品技術革新に行った分析を評価した際、技術開発上、欧米と異なる組織方法で深く研究しており、彼の仕事は我々の研究と発展の過程の認識を新しい段階に引き上げたと指摘している。

29　王軍．産業組織演化：理論与実証 [M]．経済科学出版社，2008、Nicolai Foss（著）．企業的演化理論：重新構建及其与契約理論的関係 [A]．Kurt Dopfer（編）賈根良ほか（訳）．演化経済学：綱領与範囲 [C]．高等教育出版社，2004：第十一章（Evolutionary Economics: Program and Scope, Springer, 2001の中国語版）など

30　組織構造の特性とは、ここではその存在の形態を指す。

31　「現在、経済学関連の書籍で『組織』や『企業』の類の語を含むテーマのものはいくらかあるが、本書は体系的に実際の企業と組織を探求してその複雑性を認め分析する初めてのテキストである。同様に、『組織』に言及する管理学の書籍は多いが、本書は完全な経済の観点を受け入れ、関係する厳格な経済理論にある鋭敏な洞察力を利用してまさに起こっている作用の基本原則を導き出す初めてのテキストである」．Paul Milgrom & John Roberts（著）費方域（訳）．経済学、組織与管理 [M]．北京：経済科学出版社，2004：前言を参照（Economics , organization & management. Prentice Hall, 1992の中国語版）

義が大きい。この本を執筆することにより、これらの研究を収集して総括する。ここで総括した研究成果は経済組織の基本的な特徴の分析を目的としている」、「目標は広範で普遍的に適用することさえできる理論の発展である」と述べている[32]。彼らは「組織の重要性」を巻頭の第1章に据え、トヨタ自動車の成長をモデル事例として、その作り出した「カンバン方式」あるいは「適時生産」と呼ばれる組織変革の形式および部品供給元との密接な協力が、同社と日本の自動車工業を強大にし、世界進出する過程で発揮する代わるもののない作用について分析している。ここから自動車工業の成長における「企業の規模、生産能力と市場戦略と整合のとれた緊密な組織の重要性」という結論が得られた。そこから進んで彼らはまた、ゼネラル・モーターズが優良な技術、豊富な資源、巨大な規模のフォードに競争で勝ちながら、規模がより小さく、技術がより弱いトヨタ自動車にシェアを奪われたなどの事例を通して、「成功する競争者の優位は一部が市場の中でとった戦略から来るが、より多くが革新的な組織構造と方針、特に戦略と構造の整合によるものである」と指摘している。つまり、「成功する組織の各部分の組み合わせ方と会社の戦略との適応の仕方が、組織の分析の中で最も挑戦的でまた最も収穫ある部分の一つである」[33]。組織構造の最適化はイノベーションの効率向上にある。「つまり人々は経済活動の日常の行為の中だけで効率を求めるのではない。効率はシステムレベル上、人々の活動する組織の中、人々の作り上げた機関の設計、経営と管理の中にも存在しなければならない」。組織の効果はイノベーションに取り組む中でのコーディネーションとインセンティブにある。「規範的な組織の存在とその構造、方針、手続きの細部すべてに、コーディネーションとインセンティブから効率を得る試みが反映される」ためである。「組織構造ごとにコーディネーションを得る方法は異なり、生じる結果も異なる」[34]。コーディネーションと効率向上を提供できる組織は発展し進化する中にあり、その進化の原因は企業が絶えず

---

32 前掲書の中文版序言を参照
33 Paul Milgrom & John Roberts（著）費方域（訳）. 経済学、組織与管理 [M]. 北京：経済科学出版社，2004：pp4-6、pp16-17（Economics, organization & management. Prentice Hall, 1992の中国語版）
34 前掲書 p22、p25、p26

環境に適応して各種の調整をすることにある[35]。これに対して、日本の今井賢一、伊丹敬之、小池和男は、新型の企業の理論により「内部組織の経済学」を構築したとしている。彼らは「すでに市場モデル以外に対して、日本のメーカーが使うその他の資源割当ての『組織』のモデルに総括を行っており」[36]、「企業の内部と外部を統一して研究ができる」ことを図った[37]。中国の王軍博士は産業レベルで組織が進化をする理論と実践課題の探求に重点を置いている。彼は進化経済学の分析方法を産業組織理論の研究に結び付け、産業組織理論の静態から動態の変革への基礎を考察した上で、制度要因と技術の進歩が産業組織の進化に影響する最も重要な要因であり、企業の自然選択の結果として、このような進化は変化、選択、複製を主な特徴としていると述べた。そしてこの三者を産業組織の進化メカニズムと呼んでいる[38]。

2．組織変革と構造の変遷に関する産業発展史の研究

近頃の研究により、この面での日本の製造業の事例分析はきわめて生き生きとして啓発性に富んでいることが示されている。岡崎哲二教授は編著『生産組織の経済史』の中で、組織を雇用契約ないし持続的な長期の取引関係の形成する経済の主体間の関係とみなし、生産組織はそのうち特定の製品とサービスの生産を目的とする組織だとしている。この基本的な認識の上で、紡織、化学工業、玩具、機械の産業を選び、歴史の発展順に従って、日本の生産組織の発展に対する新制度派経済学での詳しい説明を行っている[39]。イノベーションマネジメントの研究に従事するスウェーデンのハリスンは、その博士論文『日本の研究開発管理：ネットワーク全体法』の研究の中で、ネットワーク理論の概念

35　王軍．産業組織演化：理論与実証 [M]．経済科学出版社，2008：p9
36　Giovanni Dosiほか（編）鐘学義（訳）．技術進歩与経済理論 [M]．経済科学出版社，1992：412（Giovanni Dosiほか［編］．Technical Change and Economic Theory．Pinter Publishers. 1988の中国語版）
37　今井賢一、伊丹敬之、小池和男（著）金洪雲（訳）．内部組織的経済学 [M]．生活・読書・新知三聯書店，2004：前言（内部組織の経済学、東洋経済新報社、1982の中国語版）
38　王軍．産業組織演化：理論与実証 [M]．経済科学出版社，2008：p9
39　岡崎哲二．生産組織の経済史 [M]．東京大学出版会，2005。この著作は当論文の作成にあたって重要な参考となっており、その主な内容については以降の分析でさらに詳述する。

的枠組みのもとで[40]日本の特徴ある「対話式の研究開発」方式の作業の流れを紹介している。そして日本の家電、コンピューターとOA、自動車産業の著名企業であるキヤノン、ソニー、トヨタに対して実地で事例調査を行い、日本のメーカーが技術革新の組織上で採用する形式が欧米と異なる独特のものであると分析して示した。つまり組織内部に技術開発の主な責任を負う自己組織的な専門横断プロジェクトチームを設け、開発段階で互いにオーバーラップする方法で共同責任を負いながら部門間で協力し、ローテーション異動を通じて経験と価値を共有している[41]。これに応じて、情報管理と知識創造の組織は技術開発およびその管理に価値ある保証を提供する。組織の外部では、会社は大学、政府機関、同業企業と強く緊密なつながりを維持している[42]。技術の革新と開発の過程で供給元が当初から介入すると、開発周期が短縮できるだけでなく、不確定リスクを効果的に分散できる。彼は「この研究で分析する核心要素は知識の結びつけ方、つまり日本の会社が革新プロジェクトに従事する時、知識面

---

40 「会社はさまざまな資源を使用してその活動を完成させる。ひとつの行為主体である会社と他の会社との関係はネットワークモデルの中でつながっている」ということが「本項の研究を支える概念的な枠組み」である。Sigvald Harryson（著）華宏勳ほか（訳）. 日本的技術与管理創新：従尋求技術訣竅到尋求合作者 [M]. 北京大学出版社, 2004（Japanese Technology and Innovation Management: From Know-How to Know-Who, Edward Elgar Pub, 1998の中国語版）2004：pp24-25を参照

41 事実上、ハリソンのこの研究より前の1980年代初めに日本の今井賢一、伊丹敬之、小池和男が新型の企業理論により、「内部組織の経済学」という独特な視点から、日本企業の組織構造に対して深く体系的な研究を行い、多くの意味深長な見方を提示していることに指摘が必要である。今井賢一、伊丹敬之、小池和男（著）金洪雲（訳）. 内部組織的経済学 [M]. 生活・読書・新知三聯書店, 2004を参照（内部組織の経済学、東洋経済新報社, 1982の中国語版）。残念なことに彼らの研究の成果はあまり重視されていないか本当に理解している人がまだ少ない。

42 指摘すべきことは、アメリカのグラックが90年代初期の研究の中で「日本では、技術の変遷と経済の変化の中で一貫して平衡に努める企業と企業間の協力による優位が見られる」と指摘していることである。「多くの部門で技術の不連続により生じる不確定性により単一の企業ではどこも少しも生産投資を増やせないうえ、このような現代の技術と市場の発展による分散した要求は単独の企業が自社の力でできることを超えており、相互依存性の過程の求める協力の能力が求められる」。Michael L. Gerlach（著）林memuン山（訳）. 聯盟資本主義：日本企業的社会組織 [M]. 重慶出版社, 2003：pp240-241を参照（Alliance Capitalism : The Social Organization of Japanese Business, UC PRESS, 1997の中国語版）。彼は、現代の日本経済の会社間の関係の特徴は、会社あるいは企業が複雑な協調構造の結びつきによる協力と競争のネットワークの中に存在していることだと考えている。そのため彼は連盟資本主義と呼ばれるこのような組織構造と協力ネットワークの形成、運営とその機能を詳しく考察し、日本企業の環境とその内部組織との間の関係を考察して日米の企業を比較している。この重要な研究も同様に重視されるべきものである。

で協力する目的、タイプ、組織を結びつける特徴で、これらは逆に周囲の研究開発ネットワークに影響している」と強調している。ハリスンは他者の研究を基礎に、このような日本の技術と革新の管理の中できわめて重要な相互接続システムを図の形で直観的に示している（図2-1を参照）。その上で彼は革新の過程でこのような相互接続が重要である理由を明確に指摘した。その理由とは、協力によりイノベーション思想を呼び起こせること、協力で生じる発明は支持を獲得してイノベーションに変わる機会がより大きいこと、協力により企業の生産と研究開発における過度の専門化を克服して外部から知識の補充を求められることである。ハリスンはこの過程を日本の製造企業の「技術の秘訣の追求から協力者の追求へ」の過程と呼んでいる。要するに、「ネットワーク理論は以下の観点を支持する。すなわち、企業の研究開発の効果は企業の活動主体がどのように活動と資源を管理し、周囲の関係するネットワークの活動および資源と互いに結合、協調、集積させるかにかかっていると考えられる」[43]。

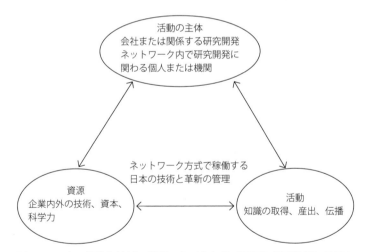

図2-1　日本の技術と革新の管理の中できわめて重要な相互接続システム

データの出典：Sigvald Harryson（著）華宏勛ほか（訳）．日本的技術与管理創新：従尋求技術訣竅到尋求合作者 [M]．北京大学出版社，2004（Japanese Technology and Innovation Management: From Know-How to Know-Who, Edward Elgar Pub, 1998の中国語版），p25ページの図．

43　Sigvald Harryson（著）華宏勛ほか（訳）．日本的技術与管理創新：従尋求技術訣竅到尋求合作者 [M]．北京大学出版社，2004（Japanese Technology and Innovation Management: From Know-How to Know-Who, Edward Elgar Pub, 1998の中国語版）：pp25-26

第1編　進化経済理論から見た日本の製造業のイノベーションに対する研究概要

　日本の産業の実例に対する深い分析は、組織的な革新の管理が産業の競争力向上と産業の発展推進の面で果たす重要な働きを強く支持している。トヨタの生産方式に対する多くの研究では、組織の変革と産業の成長の関係の実証がさらに進んでいる。神戸大学の延岡健太郎教授、東京大学の藤本隆宏教授が『製品開発の組織能力：日本自動車企業の国際競争力』と題して執筆した日本経済産業研究所のワーキングペーパーは、製品構造理論から出発して、自動車の製品開発の生産性データについて日、米、欧の国際比較を行った結論として、データを収集した1985年～2000年から見ると、日本の自動車産業の国際競争力は終始存在している。理由は自動車製品が複雑な組織のコーディネーションを必要とする製品に含まれるためで、日本の自動車産業が持つ強力なコーディネーションと統合の能力は、経済発展のそれぞれの時期の困難を克服し、競争の中で欧米企業に打ち勝つ重要なポイントである。後者の模倣しにくい理由の一つは欧米企業ではプロジェクト参加組織が過度に専門的なため業務範囲が極端に狭いことで、組織のコーディネーションと整合の機能に影響し、また労働市場の制度問題に関わるため、産業レベルでは変えにくい。技術開発の面では、関係者が多くコーディネーションが難しい。かつ、製品販売の面でも同様に専門化している欧米では、日本のヘビー級プロダクトマネージャーのように製品開発と市場調査の両面を同時に考慮した研究はしにくい[44]。

　経済産業研究所の三本松進シニアリサーチャーは、1990年代後半以降の経済のグローバル化、基礎技術のデジタル化、通信技術のネットワーク化による影響を最も受ける日本の電機産業について『革新と組織・経営改革：電機産業のケース』で事例分析を展開している。電機産業の企業の複雑な技術革新と組織の経営改革情況を統一的に分析するため、彼は企業の組織能力を「組織の創造能力」と「組織の管理運営能力」にまとめて定義した。それから企業活動全体の過程におけるこの2種類の能力の位置づけの考察と認識を行い、そうした全体的枠組みを基礎に電機産業の企業3社を選んで、技術革新のもとで発生する組織経営の変革の情況についてそれぞれ詳しい考察と分析を行い、仮説を検証し

---

[44] 延岡健太郎、藤本隆宏．製品開発の組織能力：日本自動車企業の国際競争力 経済産業研究所 http://www.rieti.go.jp．RIETI Discussion Paper Series 04-J-039

た。作者はこの全体の枠組みの中で、3社の90年代後期の複雑な技術革新と組織経営の改革状況は、上述した能力の概念で基本的に説明できるため、この2つの能力の概念の妥当性は確定したと考えている。論文では同時に、日本の産業が今後の知識経済時代、持続的にこうした組織の技術革新能力と組織の管理運営能力を維持できるよう、革新と経営の人材を育成する政策提案を出している[45]。

第3節　日本の革新をめぐる国家イノベーションシステムの研究

　国家イノベーションシステムは1980年代中期から次第に興ってきたイノベーション理論である。この理論はシステム理論の角度から革新が経済成長にどのように影響するのかを研究する経済理論の枠組みを持っているため、日本の製造業の産業イノベーションの研究に対して重要な方法論を示すものである。現在までのところ、日本の革新をめぐる国家イノベーションシステムの研究には2つの重要な代表的成果がある。

1．クリストフ・フリーマンの80年代後期の研究

　1987年、イギリスの有名な技術経済学者クリストフ・フリーマンが、まさに日本の経済発展の実績を十分に分析したうえで国家イノベーションシステムの概念を打ち出した。彼は1988年にG・ドーシーら5人の教授と編集して出版した *Technical Change and Economic Theory* の中で、『日本：新たな国家イノベーションシステム？』の論文を発表し、日本の国家イノベーションシステムの特徴を論述している。彼は「日本が重要な新技術の領域で前列にいる時、研究の発展の規模と関係がないことさえあるばかりか、たとえば社会あるいは制度の変革と関係がある」と指摘した。つまり、日本の経済発展は単純に技術革新に依存しているのではなく、官民機関の構成するネットワークに頼っている。それらの活動と相互作用が各種の新技術を促進、導入、修正、拡散するのだ。このようなネットワーク機構がすなわち国家イノベーションシステムである。そのため

45　三本松進．革新と組織・経営改革：電機産業のケース　経済産業研究所 http://www.rieti.go.jp.
RIETI Discussion Paper Series 05-J-003

彼は文中で次々と日本の国家イノベーションシステムにおける通産省（当時）の働き、メーカーの働きおよびその他の社会や教育などのイノベーションの効果について討論している。彼は技術の激しく変革する状況下で技術革新、組織変革と社会の革新を結びつけることにとても重要な意味があると強調し、「組織、社会、技術の革新を通じて、至る所で生産性向上を蘇らせ、広範な新しいまたは改善された製品とサービスを提供している」と指摘した。フリーマンのここでの分析は実際には社会の革新を70年以降に発生したすべての変化の中心に据えている。その社会の革新には情報の移動の方法、企業間の協力方法、企業内の疎通と学習、科学技術、産業および教育政策の促進の方法などを含む。彼が特に通産省が日本の技術キャッチアップで果たした重要な働きを尊重しており、「通産省の方向誘導が日本の経済構造の変革長期モデルとなっており、この作用は技術が将来進歩する方向に対して、各種の技術の相対的重要性の判別を基礎をとする巨大な影響力を持っている」[46]ため、日本が短い時間の中で国家経済を力強く発展させ、工業大国になったと指摘している。

2．フリーマンとソエテの90年代後期の比較研究

　アメリカの国家イノベーションシステムを討論したネルソン教授と同様に、フリーマン教授もマクロレベルの国家イノベーションシステムの研究に関心を持った。国家イノベーションシステムの理論を用いて国家間の発展と国際競争力の相違を説明するため、彼はソエテ教授と1997年に出版した『産業イノベーション経済学』（第三版）の革新のマクロ経済学の部分で、1970～80年代の日本と旧ソ連などの国に対して国家イノベーションシステムの特徴の対比を行っている。彼らはこの時期の日本の技術革新の情況の考察を通じて、日本では多数が漸進的な革新に従事しているが、技術、組織、制度の革新を通じて最終的には経済の躍進を獲得していることを発見した。研究により「革新の成功、伝わるスピードとそこから得られる高い生産性が効果的な研究開発だけではなく広範なその他の要因の影響を受けることが日を追ってはっきりしてき

46　Giovanni Dosi ほか（編）鐘学義（訳）．技術進歩与経済理論 [M]．経済科学出版社，1992：p402、p415、p403（Giovanni Dosi ほか［編］．Technical Change and Economic Theory. Pinter Publishers. 1988の中国語版）

た。『漸進的な革新』の特に生産エンジニア、技術員、オペレーターから起こるものの働きは、勤務先の形式の違いと密接に関連している。そのほか、製品とサービスに対する大量の改善もそうした改善と市場、下請け業者、サービスと原材料の供給業者といった関係する会社の相互の影響にかかっている」。日本が1950～60年代に成功したことについて、多くの人々がその研究開発の強さで説明しようとする問題に対しては、彼らは「日本がこれらの科学と技術の活動を展開してより品質のすぐれた製品、より高いレベルの新しい技術、より短い納期、より速い技術の普及スピードを得た方法を説明する」にはまだ足りないと考えている。1970年代の日本と旧ソ連の国家イノベーションシステムの対比を基礎に、彼らは「ただ簡単な大量の資源を研究開発に用いても、イノベーションが成功するとは限らず、技術の伝播およびより高い生産効率の獲得も保証できない。明らかに、純粋に研究開発と革新に関わる定量要因だけでなく、国家イノベーションシステムに影響する定性要因も考慮しなければならない」と考えた[47]。研究で得られた結論は、「研究開発に対して過度に簡略化した定量比較を行ってもはるかに足りない」、「新しい技術、製品、製造技術の導入、向上、発展、伝播の面で、各国の体制上に違いが存在し、そうした体制上の違いは経済成長速度のかけ離れたギャップをもたらす主な原因である」ということである[48]。

第4節　理論と歴史の結合を特徴とする新経済史学の関係する研究

1．経済史の分析から出発した進化変革モデルの経路依存の討論

　イノベーション経済学による産業の技術革新と組織改革に関する研究は、経

47　フリーマンとソエテはこれらの要素に言及した際、「1950～60年代に急速な経済成長のできた国は国家体制上にすべて共通したいくつかの特徴がある。そうした国では過去も現在も良好な教育体制を持っており、若者が高等教育を受ける割合が高く、国が科学と技術の発展を重視している。これらの国には科学技術体系（S-T-System）の発展上に遠大な見識があって、長期の発展目標を制定できる。」（フリーマン、ソエテ、2004）

48　Chris Freeman（著），Luc Soete（編）華宏勲（訳）．工業創新経済学［M］．北京大学出版社，2004：p382、p383、p400（The Economics of Industrial Innovation, Routledge, 1997の中国語版）

済史の研究から始まった。これは経済理論の最新の発展の傾向と合致しており、つまり進化変革モデルの経路依存問題をいっそう重視する傾向にある。イノベーション経済理論を興したシュンペーターは、商業サイクルを論じた著書をイギリスの産業革命から始め、彼の言う「連続した産業革命」あるいは技術革新の長期的波及効果を理解するためにはそれが非常に重要だと確信していた。イノベーション経済学の重要な代表的人物であるフリーマンとソエテが近頃の工業の革新の動態と傾向を分析した時も、そうした方法に従っている。たとえば、彼らは経済史に対して極めて大きい関心を持ち、『産業イノベーション経済学』の中でその論述に紙幅の1/3を割いている。彼らは経済史の分析を起点として、つまりイギリスの綿糸紡績工業の業績を分析して、産業革命の中の機械化を討論し、アメリカとヨーロッパの電力工業の出現を分析して、19世紀末の電化を討論した。20世紀の大規模生産の勃興を分析して、自動車工業の大規模生産からリーン生産方式への転換を討論し、現代の電子工業にいたるまで分析して情報産業と情報社会の到来を討論した。この基礎の上でさらに革新のミクロ経済学、革新のマクロ経済学と関係する革新政策の理論分析を展開している[49]。同時に、「1980年代以降、経済学の収益の逓増と経路依存に対する研究が技術の進歩と経済の歴史の分析から始まり」、「『経路依存』は今日の選択が歴史要因の影響を受けることを指し」（ノース）、「人々が過去に行った選択により現在ありうる選択が決定する」。「歴史上の事件の地位に対する承認はまさに経路依存の概念の根本のありかである」。「ここでは歴史はもはや『避けられない確定した結果のキャリア』というだけではなく、結果に影響する重要な要因である」[50]。管理理論の「組織が行った経済学の分析」さえも、「これらの簡単で短い歴史が示すいくつかの思想の基礎の上で入念に考慮したもの」である[51]。

---

49 Chris Freeman（著）, Luc Soete（編）華宏勛（訳）. 工業創新経済学 [M]. 北京大学出版社, 2004：第1編第1章～第7章を参照（The Economics of Industrial Innovation, Routledge, 1997の中国語版）.

50 張耀輝. 技術創新与産業組織演変 [M]. 経済管理出版社, 2004：pp265-266

51 Paul Milgrom & John Roberts（著）費方域（訳）. 経済学、組織与管理 [M]. 経済科学出版社, 2004：p17（Economics, organization & management. Prentice Hall, 1992の中国語版）

2．経済史と経済理論を統一する方法で観察した産業経済の過程

　日本の産業発展の研究の推進は、日本経済史を研究する方法論の革命と密に関わっていると言える。1960年代に始まった日本の新経済史学の発展に伴って、日本の学術界は日本の17世紀以来の産業発展を含む社会経済の発展史に対してまったく新しい認識を持った。つまり日本の産業発展が明治維新後の産業革命に起源するという従来の観点を打ち破って、日本の工業化と産業経済は、前近代の工業化の準備、近代の工業化と現代のポスト工業化の成長段階を含んだ一連の発展過程だということを客観的に示したのである[52]。その代表的作品は1980年代末〜90年代初期に梅村又次、速水融、新保博らが完成させ、90年代後半に中国で紹介された『日本経済史』(全8巻)である[53]。同書の意義は編纂形式上の革新だけではなく、より重要なのは経済史と経済研究との間の互いに閉ざされた状態を打ち破り[54]、経済史と経済理論の統一という方法論上の革命を実現したことである。同書は製造業の発展を専門に研究対象とした経済史の著作ではないが、後者の研究のために科学的な方法と客観的な観察の視点を提供している。政策研究大学院大学の大野健一教授は、その著書『途上国ニッポンの歩み―江戸から平成までの経済発展』の中で、同様の経済史を運用した方法により日本が後進国から工業先進国に飛躍するまでの独特な過程を探っている。彼は歴史の傾向の発展をとらえる目でさまざまな着眼点から歴史の細部を探求し、さらに内外の体制の相互作用の蓄積が日本の近代化する過程に及ぼした本質的影響を示した。日本の製造業の発展の研究に対してもかなり啓発性を持つものである。日本産業学会が数十年の研究を集め編纂した『戦後日本産業史』[55]は、戦後から90年代までの歴史的段階の日本の製造業の各主要産業の成長と変革の百科全書と見なせるものである。同書は以前の産業発展の

52　歴以平．日本経済史与新経済史学 [Z]．梅村又次ほか（編）歴以平（監訳）．日本経済史（8巻）代監訳序 [M]．生活・読書・新知三聯書店，1997（日本経済史1-8、岩波書店、1988-1989の中国語版）
53　梅村又次ほか（著）李星ほか（訳）．日本経済史（8巻）[M]．生活・読書・新知三聯書店，1997（日本経済史1-8、岩波書店、1988-1989の中国語版）
54　新経済史学が現れる前は、日本の経済史と経済学の研究には明治時代に区別がなされ、事実上切り離されていた。
55　日本産業学会．戦後日本産業史 [M]．東京：東洋経済新報社，1995

第1編　進化経済理論から見た日本の製造業のイノベーションに対する研究概要

歴史に対する研究の継続を基礎として、経済理論と産業の実践を結び付けることに努め、戦後半世紀来の景気回復、急成長、オイルショック、バブル崩壊の影響を含めた日本の産業の進化の歴史を探求している。同書を注意深く読むと、日本の産業の独特な成長の経路を詳しく分析し、現代技術経済の条件下での製造業の持続可能な発展の理論が考えてあり、豊富な史実の資料と有益な啓発が得られる。

第3章　日本を対象とするイノベーション経済学の産業への応用に関する研究の簡潔な論評

　1990年代以来のイノベーション経済学の理論を応用して産業経済、特に日本の製造業の問題を分析した関連文献（ここでは産業技術の革新およびそれによる産業組織変革のみ扱う）を読んで整理したところ、少なくとも以下で述べる2点の思索が引き出された。

第1節　産業発展の本質とその発展の法則性の認識に役立つもの

　基礎的分析ツールとしての進化経済学は、理論面での方法論の特徴により、先の日本の製造業の進化の歴史に対する理解および認識と合致する。当研究の構想をより明晰にする助けになると同時に、ここではっきりと以下の2点を助言している。①事物の発展変化に対する観察には客観的な視点が必要で、日本の製造業の進化について、必要なのは過程の観察、関心を持つのは相互作用で、軽視できないのは経路依存である。②事物の発展する過程に対する認識には戦略的思考があるべき、つまり産業のイノベーションと持続可能な発展に対する認識は能動的であること。行為の主体が学習と選択の能力を持つため、イノベーションに関わる各要素の間はコーディネートできるものである。

　よって、上述のイノベーション経済学を含む進化経済学の理論と産業への応用の研究から得られる有益な啓発は具体的に以下の4点である。

　①これらの研究文献には多くの著作と研究論文が含まれる。そもそもが技術革新の経済学、産業経済学、制度経済学、企業理論、管理理論、組織理論など異なる分野でなされた研究であるため、製造業の産業の問題に対する分析と観察は各自の異なる視点と観点から行われている。経済学者ハミルトンの言うように、人類のある種の領域での探求の進展は得てして他の領域での進展と補完

し合う。経済学多元化時代のこうした理論研究は、その特徴により、製造業の問題に対する認識の視野をきわめて大きく広げられるため、分析構想の空間上の拡大に役立つ。

②これらの研究文献が産業の発展の各種の問題に対する研究と分析を展開する際、特定の分析方法や分析の手段にこだわらず、研究対象の特徴、事物の発展の状態、事件の発生の過程に基づいて、その本質と本来の姿に最も近い方法で分析と記述を行っており、ある類の固定的な理論の枠組みに押し込めて証明しようとしてはいない。このような方法論上の革新は、以前日本の経済と日本の産業の問題のある種の格式化した分析方法から抜け出すのに非常に役立った。すなわち白か黒かという形而上学の見方を捨て、真実な日本と日本の製造業を示すことができた。

③経済システムの複雑性および産業が持続可能な発展を実現する需要のため、総括で挙げた文献の関連する分析の面で、大部分または多かれ少なかれ歴史的方法と体系的方法を採用して、産業の技術面と組織面でのイノベーションの動き、イノベーションを誘発する技術、経済、制度環境の誘因、イノベーションが招いた産業の進化の過程などを観察し解釈している。シュンペーターの強調する革新性競争は動的、長期的、根本的なものであるため、歴史の分析は、産業の発展する過程で発生した構造変革と技術変革の間の経路依存の研究に役立つ。同時に、深い経済史研究を通じた日本の製造業の時期ごとの発展の状況に対する深いレベルで論理的な一致した解釈から、人々の産業の経済活動に対する理論の認識の向上に進むことが奨励されている。

④事例研究は企業戦略管理理論の発展する一つの重要段階である。有名な『ハーバード・ビジネス・レビュー』の発表する論文は事例研究を得意としており、ケーススタディーはハーバードの伝統である。このような研究方法は明瞭で、産業内部でのイノベーションの展開とそれによる産業内部の構造的変化の過程を近くから観察できるため、産業経済史の研究に不可欠で重要な内容である。日本の経済産業研究所の学者と日本神戸大学、東京大学の2人の教授がそれぞれ日本の電機産業と自動車産業を対象としたケーススタディーを行い、産業が内部に持つ組織変革能力と製品構成理論に基づく製品開発の組織力が日本の製造業の国際競争力の鍵であることを本質的に示した。これは日本の産業

の問題の研究がすでに細部と相違に対して効果的に分析する段階に入ったことを表している。なぜなら、今日の競争において核心的効果を発揮しているのがまさに産業イノベーションの中で形成された製品、製造技術、構造の組織とその経営方法の相違だからである。

ここから、上述した研究文献は日本の製造業の進化の研究の推進に対して、主に革新的構想と研究方法の上での啓発となっているのは明らかである。新鮮な構想と適切な方法により、事物の本質とその成長の法則の認識に対して接近できることは多い。

第2節　産業イノベーションを探る研究の中でまだできること

最近のある時期以来、イノベーション経済学などの進化経済理論の影響のもと、多くの分野、多くの視点による分析の相互補完と交差の作用で、製造業の産業の進化に対する研究が新たに進展している。しかし、この面の研究にはなお弱点が存在し、探求に値する問題が存在していることに着目すべきである。方法論の基礎としての進化経済理論そのものを見ると、いっそうの発展、整備、理論の融合という任務がまだ存在している。歴史的な経緯により、進化経済学の多くは主流派経済学に対する批判あるいは論戦の中で発展してきた。もし新しい理論の標準形として生じる革命のような過程が避けられないとしたら、新興の経済理論としてさらに重い理論構築の任務に直面するだろう。理論構築にはその理論の枠組みのさらなる充実と進化経済理論の各派の総合のみならず、すべての現実の問題に対する分析について価値ある理論の吸収と融合を含めるべきである。実践中での理論の運用、検証と発展を重視して、現実に対する説明力を強めることを、より重要で有効な発展の道だと見なすべきである[1]。

同時に、具体的な産業イノベーション問題の研究にとって、存在する弱点または探求に値する問題は①フリーマン、ソエテらの作り上げた工業イノベーション経済学の体系の中には、企業活動と結びつく革新のミクロ経済学、経済

---

1 本書の研究はまさにそのような日本の製造業の進化の歴史の事実を分析する実践的な試みである。

第1編　進化経済理論から見た日本の製造業のイノベーションに対する研究概要

規模変化および経済関係と結びつく革新のマクロ経済学、政府のコントロールと結びつく革新の経済政策がある。企業の集合としての産業の全体レベルでのイノベーションの研究、特にシステムの研究にはなお不十分なところがあるようだ。製造業の進化に対する研究の実践から、産業レベルでのイノベーション理論の指導は非常に必要であることが示されている。産業レベルの運営にはそのミクロ面とマクロ面で異なる特徴があるため、ミクロ理論とマクロ理論で完全に置き換えることはあり得ない。②産業が進化する過程で発生するさまざまなイノベーションは互いにつながり、その展開には秩序がある。産業イノベーションのこうした特徴は産業の生産活動の特徴と密に関連したものだ。この意味から、産業イノベーションはその生産過程の各プロセスのイノベーションシステムを含むものだと言える。しかし現在までのところ、産業を中心とするイノベーションシステムの研究はあまり見られない。③産業発展の進化は歴史の進化の過程であると同時に、絶えず環境の動的変化に適応する過程でもある。イノベーションに対する理解、発展の規則に対する認識は、まさにこの過程の発展段階ごと、発展の時期ごとの産業活動の観察と比較から来ている。そのため、イノベーション経済理論の指導のもとでの製造業の産業発展史の研究は不可欠である。現在見られる産業の発展の面でのイノベーションの研究のうち、ある時期の発展状況、ある面での発展の問題に対する研究は多く、たとえば明治維新の時期、および戦後の日本の工業化に対する研究には、多くの著作と論文がある[2]。しかし日本の製造業を対象とする連続的な産業発展史のイノベーションの研究は見かけていない。これは欠陥だと言わざるを得ない。しかしそれは我々の直面している課題であり行いたい研究でもある。

2　牧野昇. 製造業は永遠です―日本企業の生存条件 [M]. 東洋経済新報社, 1992；日本インダストリアルパフォーマンス委員会. メイド・イン・ジャパン―日本製造業変革への指針―[M]. ダイヤモンド社, 1994など

第2編

日本の製造業における技術革新の特徴と軌跡の研究[1]

　製造業は一国の経済発展の重要な物質的基礎である。今や世界の多くの国が製造業を含む経済の持続可能な発展に努める過程にあり、技術革新の問題が国内外で広く関心を集めている。持続的可能な発展の意味には、その産業の成長における資源、環境、労働力の協調した発展だけではなく、さらに従来の工業経済に対する再考の意味を持つ製造業の生産様式の根本的な変革と革新も含まれる。製造業強国である日本は、工業化の時期に技術革新で製造業が持続可能な発展の実現を推進した方法を研究するための典型的事例を提供してくれる[2]。経済の進歩が遅かったため、日本の製造業の自主イノベーション能力の向上は、産業全体が技術導入から自立した発展を実現するまでの歴史の過程で完成した。日本の製造業が弱みから強み、劣悪な製品の代名詞から競争力あるブランドの象徴になるまでの産業運営と経路選択に含まれる、製造業の技術革新に内在する法則性は、この研究の関心対象であると同時に、現代の新技術経済という情勢の下で、イノベーションを通じて自ら問題を解決し国際競争力を維持向上させた方法については、詳しく観察し全力で探求しなければならない課題である。

1　この部分の冒頭は経済史の論文である。日本製造業の自主発展過程における技術革新の研究：経済史からの啓示 [A]. 佐賀大学経済論集 [C], 2007年12月。引用部の注釈は Tessa Morris-Suzuki（著）馬春文ほか（訳）．日本的技術変革：従17世紀到21世紀 [M]. 中国経済出版社, 2002 (The Technological Transformation of Japan: From the Seventeenth to the Twenty-First Century, Cambridge University Press, 1994の中国語版）より再引用

2　典型的事例として、成功の経験だけでなく失敗の経験も含まれている。

第2編　日本の製造業における技術革新の特徴と軌跡の研究

　日本の技術革新に関する研究成果は国内外で多く[3]、研究の提示する観点、見解と新しい分析の枠組みはきわめて啓発性に富んでいる。しかし現在までのところ、その工業化の過程での産業の発展に対する研究は、まだ大半が特定の時期のイノベーションに対する局部的分析に限られており[4]、技術導入から自主的に発展するまでの過程での技術革新能力の向上に対しては、なお詳しい体系的な研究や関連する要素の歴史的分析が不足している[5]。その結果、かなりの間、特に経済の低迷期、日本の産業にそもそも技術革新があったのかという問題について、国内外で見方が分かれ、その認識も表面的だった[6]。そのため製造業のイノベーションの法則を認識し有用な経験を効果的に参考にして吸収することに影響が出ている。ゆえに、経済史を運用する方法により、日本の製造業で技術が進歩してきた歴史の足どりを客観的に考察する中で、製造業の成長の過程でのイノベーションの法則性を探求できることを期待している。具体的には、本編では現代の日本の産業イノベーションの特徴の分析から出発して、この特徴を形成する技術革新の歴史を考察する。このような連続的なイノベーションについて探り、日本の製造業の自主発展の理論と実践的意義に対して、技術革新に対する経済史の認識を示す。

3　前編の理論研究の総括を参照。
4　最もよく見られるのは、日本が戦後の回復から80年代に工業経済のピークに向かう時期の革新に対する大量の研究である。
5　革新能力の向上は複雑な技術、経済、社会の過程だからである。
6　日本の製造業の技術革新に言及するとき、通常は人々の頭の中に2種類の習慣的な見方がある。一つは、後発の先進国である日本は技術発展の面では模倣のみで革新がなかったというものだ。たとえば国外の歴史学者が技術の発展を説明するとき主に関心を持つのは欧米であり、彼らは「たとえ今日極東の実験室で創造された発明であっても基本的な性質の上では欧米のものだ」と考えている。（摩吉尓．致富的杠杆 [M]．牛津大学出版社，1990：p304）；中国でも日本を近代技術の模倣者と考え、かつ日本の技術立国戦略に懐疑的な態度を持つ学者はいる。　もう一つは、日本に革新があることは認めつつ、そうした革新と発展は主に戦後に実を結んだもの、すなわち日本の製造業の革新は近年の現象だとする考えだ。（Tessa Morris-Suzuki（著）馬春文ほか（訳）．日本的技術変革：従17世紀到21世紀 [M]．中国経済出版社，2002：p5から再引用）。日本の産業発展史から、上述した見方は日本の製造業の技術に対する誤解であることが明らかである。日本の製造業の発展の過程に対する歴史の観点と深い理解が不足しているため、製造業の革新の法則の深い認識も不足しているのである。

第4章　日本の製造業における技術革新の傾向と特徴

第1節　世界の製造業強国である日本の技術革新の傾向

1．世界で最も主要な製造業強国である日本
1-1　製造業の日本経済における歴史的地位

　日本国内では、政府の政策実施の論法と日本産業学会の区分により、製造業は習慣的に化学工業、建築材料、鉄鋼、非鉄金属などの原材料工業、自動車、造船および多種の機械製造部門を含む加工業、化学繊維、紡織、食品などの消費財工業の三大産業に分けられる[1]。製造業は全体として、歴史的に日本の工業化を実現する主力を担ってきたが、現実にも日本が経済の持続可能な発展を実現するうえでの重要な産業の基礎を構成している。機械設備などの資本ストックと GDP との比率は部分的に日本の工業の実力とその経済発展における働きを説明できる。過去の統計データによると、日本の産業革命が大規模に展開され始めたのは1890年で、当時の機械設備の総量が GDP に占める比率はわずか0.10% だった。第一次世界大戦前の1913年、この比率は0.25% 水準で、第二次世界大戦の終結後、日本が経済の回復に入る時期の1950年には0.74% まで上がり、1992年の工業経済のピーク期になると、この比率は1.07% 水準に達した。これと対応して、1890年から1992年の間に、日本の労働者が占用する1人当たりの機械設備のストックは207倍増加し、その後ある時点でアメリカを上回っている[2]。明らかに、この1世紀という時間の中で、日本は欧米先進国と同様に、

1　日本産業学会．戦後日本産業史 [M]．東京：東洋経済新報社，1995：pp5-13
2　Angus Maddison（著）李德偉（訳）．世界経済二百年回顧 [M]．改革出版社，1997：p14表2-1、2-2（"Monitoring the World Economy, 1820-1992", OECD, 1995の中国語版）

第2編　日本の製造業における技術革新の特徴と軌跡の研究

表4-1　1890-1992年の日本の機械設備がGDPに占める比率（％）

年	1890	1913	1950	1973	1992
比率	0.10	0.25	0.74	0.58	1.07

データの出典：Angus Maddison（著）李徳偉（訳）．世界経済二百年回顧，改革出版社，1997，p.14 表2-1のデータを整理したもの（"Monitoring the World Economy, 1820-1992", OECD, 1995の中国語版）

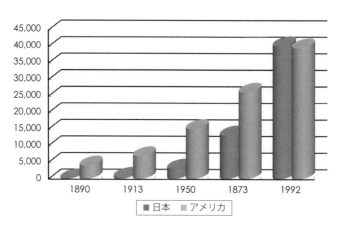

図4-1　1890-1992年の日米の就業者が占用する1人当たり機械設備の比較
データの出典：Angus Maddison（著）李徳偉（訳）．世界経済二百年回顧，改革出版社，1997，p.14 表2-2のデータを整理したもの（"Monitoring the World Economy, 1820-1992", OECD, 1995の中国語版）

　工業を通じて生産を提供して、工業が市場を創造し、都市を育て、農業を機械化して、経済のキャッチアップの中で工業主導の現代化を実現している。

　今日、現代産業構造の調整と経済構造のハイテク化に従って、製造業が国民経済に占める比重は下がっている。例えば日本の製造業の名目GDPが産業構成に占める割合は2003年の19.5％から2013年には18.5％まで下がっているが[3]、国民経済の最も基礎にある産業（ここではその生産による波及効果で説明、図4-2を参照）としての新型製造業の発達の程度は依然として日本の産業と経済の全体水準の向上を評価する重要な目印である。全産業を大幅に上回る労働生産性（図4-3、表4-2を参照）が、製造業の働きを最もよく反映している。

3　内閣府「国民経済計算確報」、経済産業省・厚生省・文部科学省『2015版ものづくり白書』、平成27年6月9日、p.26 図121-1

第4章　日本の製造業における技術革新の傾向と特徴

産業	生産波及の大きさ
全産業	1.93
製造業	2.13
サービス業	1.62

図4-2　産業別生産波及の大きさ

備考：「生産波及の大きさ」は、最終需要（国産品）が1単位発生した時に各産業の生産に及ぼす生産波及の大きさを示す係数
資料：総務省「平成23年度産業連関表」速報、経済産業省・厚生省・文部科学省『2015版ものづくり白書』、平成27年6月9日、p.27 図121-3
http://www.meti.go.jp/report/whitepaper/mono/2015/honbun_pdf/pdf/honbun01_02_01.pdf

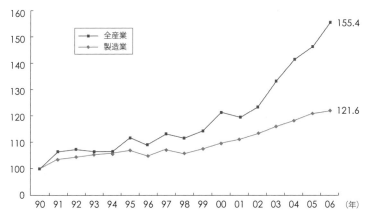

図4-3　日本の製造業と全産業の労働生産性の比較

注：労働生産性は実際の国内総生産を常用雇用指数と実際の総労働時間の積で割ったもので、1990年を100として算出している。
データの出典：経済産業省が内閣府『国民経済計算』、厚生労働省『毎月勤労統計調査』によって計算したもの。経済産業省『ものづくり白書』、2008、p.17より再引用。http://www.meti.gov.jp

表4-2　日本の主な産業の労働生産性の増加の比較

	1995〜1999	2000〜2004	2005〜2009	2010〜2012
製造業	3.5%	4.6%	0.6%	6.4%
建築業	-2.0%	-1.2%	-1.3%	0.9%
卸・小売業	1.2%	1.3%	-3.0%	2.5%
サービス業	-0.5%	0.4%	0.3%	0.3%

注：表中の労働生産性は各期間の幾何平均である。
データの出典：経済産業省が内閣府『国民経済計算』に基づいて作成、『2014年版ものづくり白書』、2014年6月、p.36より再引用。
http://www.meti.go.jp/report/whitepaper/mono/2014/pdf/honbun01_01_00.pdf

1-2 日本の製造業の実力の国際比較

ここでは主に図表の形式で、経済発展の歴史の過程と当面の発展状況の2つの面の国際比較から、世界の主要工業国である日本の製造業の実力について簡潔に述べる。

(1) 発展過程の国際比較

世界の主な工業国の製造業の発展過程について比較できる体系的データが少ないため、やはりマディソンの統計を使って、一国の工業経済の実力の基礎を直観的に反映する機械設備の資本ストックがGDPに占める比重の変化で、日本、アメリカ、イギリス、ドイツ、フランスの5か国を比較する（表4-3、図4-4を参照）。後発の工業国である日本の工業経済の発展が始まった遅さ、伸びの速さという歴史的特徴は非常に明らかである。上述した5か国の就業者が占用する1人当たり機械設備の比較でも同様の特徴が示されている（表4-4）。急速

表4-3 世界の主要工業国の機械設備の資本ストックがGDPに占める比重の歴史的比較（%）

年	1890	1913	1950	1973	1992
日本	0.10	0.25	0.74	0.58	1.07
アメリカ	0.46	0.52	0.64	0.65	0.86
イギリス	0.11	0.18	0.31	0.52	0.65
ドイツ	—	—	0.39	0.62	0.70
フランス	—	—	0.21	0.50	0.74

データの出典：Angus Maddison（著）李徳偉（訳）．世界経済二百年回顧，改革出版社，1997, p.14 表2-1のデータを整理したもの（"Monitoring the World Economy, 1820-1992", OECD, 1995の中国語版）

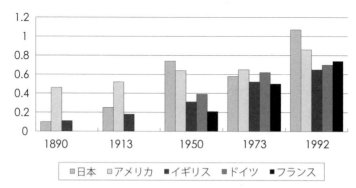

図4-4 5か国の機械設備の資本ストック増加がGDPに占める比重の歴史的比較（%）
データの出典：Angus Maddison（著）李徳偉（訳）．世界経済二百年回顧，改革出版社，1997, p.14 表2-1のデータを整理したもの（"Monitoring the World Economy, 1820-1992", OECD, 1995の中国語版）

表4-4　世界の主要工業国の就業者が占用する1人当たり機械設備の変化の比較

	日本	アメリカ	ドイツ	イギリス	フランス
1890	194	4,115	—	1,114	—
1913	695	6,932	—	2,021	—
1950	3,234	15,150	3,948	4,699	2,325
1973	13,287	26,259	18,513	13,893	15,778
1992	40,243	39,636	31,736	23,095	33,930

注：単位は1990年の国際ドル。
データの出典：Angus Maddison（著）李徳偉（訳）．世界経済二百年回顧，改革出版社，1997，p.14 表2-2のデータを整理したもの

に増加する資本ストックと1人当たり占用資本の水準が、日本の製造業の歴史的な成長を支えていた。

(2) 現実の発展状況の国際比較

現代の経済発展における日本の製造業の強大な実力は、生産、輸出、技術の研究開発など多くの面に表れている。国連統計部の資料によると、情報革命の浸透が進み次第に工業経済から情報経済へと時代が移るに従って、付加価値の中で製造業が占める比重は1970年の35.85％から2010年の17.6％まで徐々に低下したが、情報社会の重要な物質的基礎である日本のこの比重は、日米英独仏の五大工業国の中でほとんどの期間ドイツをやや下回る2位に位置している（表4-5を参照）。『米国統計摘要2012』における三大産業の増加額に対する貢献の統計の中でも一致する結論が得られた。

製品輸出が貿易輸出総額に占める比重は、製造業が一国の対外貿易に貢献する最も主要な経済指標である。OECDの行った『世界貿易商品統計』のデータによると、2006年の日本の工業製品が輸出に占める割合は93％に達して、ドイツを5ポイント、アメリカを9ポイント上回っており、日米英独仏の5か国

表4-5　1970～2010年の付加価値の中で製造業が占める比重の国際比較（％）

	1970	1975	1980	1985	1990	1995	2000	2005	2010
日　本	35.85	30.22	27.12	27.33	25.91	22.24	21.31	20.2	17.6
アメリカ	24.85	22.59	21.73	19.75	18.19	17.63	15.8	13.41	12.7
イギリス	31.7	27.2	25.48	23.06	22.43	20.94	17.25	13.01	11.5
ドイツ	35.13	31.35	29.92	29.96	28.04	22.64	22.95	22.46	20.7
フランス	24.82	23.4	25.29	22.81	20.09	18.47	16.02	13.02	10.7

データの出典：国連統計部 National Accounts Main Aggregates Database http://unstats.un.org/unsd/snaama/dnllist.asp，『米国統計摘要2012』

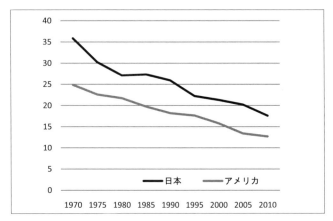

図4-5 1970〜2010年の付加価値の中で製造業が占める比重の日米比較
データの出典：表4-5に同じ。

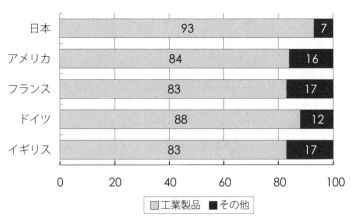

図4-6 2006年の主要国の工業製品輸出が各国の輸出に占める割合（％）
データの出典：OECDの"International Trade by Commodity Statistics"に基づいて作成、2008年度『ものづくり白書』、経済産業省、文部科学省、厚生労働省、2008年7月より再引用。

の中で1位である（図4-6を参照）。これは日本の輸出志向型経済の特徴と関係するものではあるが、高額の工業製品の輸出の比重により日本が強大な工業発展の実力を持っていることは否定できない。

　製造業の生産、輸出と同様に際立っているのは日本の強大な工業研究開発能力で、日本の特許出願の件数と種別から直接の反映を得られる。『米国統計摘

第4章　日本の製造業における技術革新の傾向と特徴

表4-6　一部の国がアメリカで申請した特許の種別の国際比較

	種別	総計	日本	ドイツ	イギリス	フランス
1995	特許総計	49,435	22,864	6,874	2,685	3,009
	発明特許	45,680	21,764	6,600	2,481	2,821
	意匠特許	3,461	1,026	221	182	169
2000	特許総計	79,064	32,920	10,824	4,089	4,173
	発明特許	72,426	31,295	10,235	3,669	3,819
	意匠特許	6,129	1,497	506	372	338
2005	特許総計	75,155	31,834	9,575	3,560	3,106
	発明特許	69,169	30,341	9,011	3,148	2,866
	意匠特許	5,397	1,384	474	370	222
2009	特許総計	96,896	38,066	10,363	4,011	3,805
	発明特許	84,967	35,501	9,000	3,175	3,140
	意匠特許	11,091	2,415	1,197	782	486

注：総計はアメリカ領土外の住民に公布されるアメリカの特許で、この表に記載していない薬用植物および再公布する特許を含む。この表では日独英仏の4か国しか記載していない。
データの出典：『米国統計摘要2011』http://www.census.gov/compendia/statab/tables/09s1346.xls

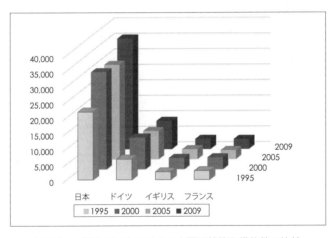

図4-7　一部の国によるアメリカ発明特許取得件数の比較
データの出典：表4-6に同じ。

要2011』のデータによると、一部の国が取得しているアメリカの特許件数のうち、日本は独英仏3国の特許取得件数の総計をはるかに上回っており（図4-7を参照）、しかも取得した特許は主に技術性の高いものである（表4-6を参照）。高い水準の工業研究開発能力は間違いなく日本の製造業の強大な実力を示す主要な目印である。

2．日本の製造業における技術革新の傾向

「技術の進歩は変化を引き起こす最も基本的な原因である」。世界でも有名な経済学者マディソンによると、フォロワーとして最も成功したモデルの日本の主要な方法はまさに「官民の巨大な努力を動員した技術の移転と応用の促進」である。「もしも技術の進歩がなかったら、1820年からの物的資本の蓄積はかなり限られていた」。「蓄積の主要なインセンティブは新技術による新製品と旧製品を生産するより良い方法から生じていた」[4]。

2-1 強大な国際競争力と巨大な研究開発投資

日本の製造業の国際競争力は効率の高い労働生産性に突出して現れている。内閣府と厚生労働省の資料から計算すると、日本の製造業の労働生産性の平均的水準は欧米各国相当で、その絶対値はいくつかの年度においてアメリカ以外の主要な先進国を上回ってさえいる[5]。これはOECDの発表している1990年代以降の主要工業国の労働生産性指数と基本的に一致する。しかも後者の統計データでは、日本は1990年代～2010年の間で労働生産性指数がアメリカを上回っている年さえある（表4-7を参照）。

高い労働生産性を基礎に、日本はその強大な製造業の競争力を反映する技術貿易の領域で著しい業績を得ている[6]。技術輸出の連年増加により、前の景気サイクルが終わった2007年の日本の技術輸出受取額は新記録の2兆4,823億円に

表4-7 主要工業国の労働生産性指数（2000年=100）

	1990	1995	2000	2005	2006	2007
日　本	80.5	90.2	100	111.8	113.4	115.1
アメリカ	84.8	89.8	100	112.5	113.5	115
イギリス	76.9	88.3	100	110	112.6	115.2
ドイツ	78.3	90.5	100	106.6	109.3	109.9
フランス	81.7	90	100	107.4	110	111.4

データの出典：『OECD統計摘要』http://stats.oecd.org/index.aspx

4　Angus Maddison（著）李德偉（訳）．世界経済二百年回顧 [M]．改革出版社，1997：pp.12-13（"Monitoring the World Economy, 1820-1992", OECD, 1995の中国語版）
5　たとえば2002年と2004年。データは2005、2007年度の日本『ものづくり白書』の統計比較を参照
6　いわゆる技術貿易とは、日本と外国の間の特許、実用新案、ノウハウなどの面の技術の提供または受け入れを指す。

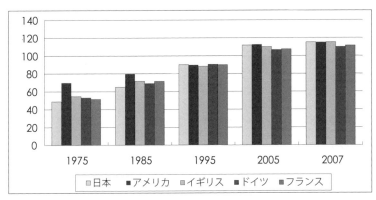

図4-8　1975〜2007年の日米英独仏の労働生産性指数の比較（2000年＝100）
データの出典：『OECD統計摘要』http://stats.oecd.org/index.aspx

達し、前年度に比べて4.4%増加した。対応する技術輸入支払額も前年度より0.7%増加し5年連続で伸びている[7]。新たな危機を経た後の2013年、その技術貿易輸出受取額は3兆3,952億円に達して前年度より24.8%増加し、技術輸入支払額の伸び幅は28.8%だった。総務省の統計によると、2004年〜2013年の9年間、日本の技術貿易収支額（輸出−収入）は1兆2,018億円から2兆8,174億円に上昇し（図4-9を参照）、伸び幅は2.34倍だった。しかも2013年の時点でアメリカの

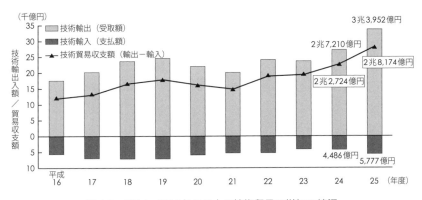

図4-9　2004〜2013年の日本の技術貿易の増加の情況
データの出典：日本総務省『平成26年科学技術研究調査結果』、平成26年12月12日、p.4 図3-1。
http://www.stat.go.jp/data/kagaku/kekka/youyaku/pdf/26youyak.pdf

---

7　総務省『平成20年科学技術研究調査結果の概要』、平成20年12月12日、p.24 表20

第2編　日本の製造業における技術革新の特徴と軌跡の研究

表4-8　主要工業国の技術貿易収支額（輸出−輸入）の比較

国	技術貿易収支額（億ドル）	統計年度
日　本	289	2013
アメリカ	359	2012
イギリス	226	2012
ド イ ツ	85	2012
フランス	20	2013

注：技術貿易収支額はIMFレート（IMF "International Financial Statistics"）により換算。
データの出典：日本以外のデータはOECD "Main Science and Technology Indicators" より引用。
総務省『平成26年科学技術研究調査結果』、平成26年12月12日、p4表3-3のデータを整理して作成。
http://www.stat.go.jp/data/kagaku/kekka/youyaku/pdf/26youyak.pdf

後に並び、この指標は米、英、独、仏を含める5つの主要工業国の2位に位置している（表4-8を参照）。

知識経済時代の日本の製造業に依然として強大な経済的実力がある重要な原因の一つは製造業内部での技術力向上にある。製造業の力強い国際競争力を維持するために政府が提供する研究開発に有利な税制と産業配置環境の中で、日本の民間企業の研究と発展への投資は上昇を続け高水準を維持した。たとえば2013年は12兆6,920億円で、前年度に比べて4.3%増加している。このうち製造業の企業の研究費用は11兆2,615億円で、前年度より5.2%増加し、産業全体の

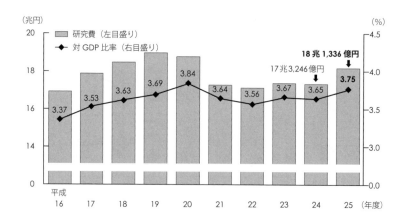

図4-10　2004〜2013年の日本の研究費用およびそのGDPに占める比率の変動
注：GDPに占める比率は内閣府の『平成25年度国民経済計算確報』(2014年12月8日発表) を使って計算した。
データの出典：総務省『平成26年科学技術研究調査結果』、2014年12月12日、p2図1-1。
http://www.stat.go.jp/data/kagaku/kekka/youyaku/pdf/26youyak.pdf

表4-9 主要工業国の研究費用およびそのGDPに占める比率

国	研究費（億ドル）	GDPに占める比率（％）	年度
日　本	1,767	3.75	2013
アメリカ	4,535	2.79	2012
イギリス	391	1.73	2012
ド イ ツ	1,022	2.98	2012
フランス	554	2.29	2012

注：①日本の研究費はOECD購買力平価"Main Science and Technology Indicators"によって換算している。
　　②日本のGDPに占める比率は内閣府の『平成25年度国民経済計算確報』(2014年12月8日発表)を使って計算した。
データの出典：日本以外のデータはOECD "Main Science and Technology Indicators"より引用。総務省『平成26年科学技術研究調査結果』、2014年12月12日、p.2 表1のデータを整理して作成。
http://www.stat.go.jp/data/kagaku/kekka/youyaku/pdf/26youyak.pdf

研究費用の88.7％を占めている[8]。また、日本の製造業が研究開発投資を増やす過程で、研究開発投資がGDPに占める比重は、日本が1999年にアメリカを上回って以降、日米独英仏5か国のトップの地位にある[9]。

2-2　絶えずイノベーションを続ける産業の事実とイノベーションの傾向

　大量の研究開発投資と勤勉なイノベーションの努力により、日本の製造業のイノベーション能力は絶えず向上している。一方では、持続可能な発展を実現するエネルギーと環境の要件に適応して、日本の製造業の各部門は環境に優しい省エネの新製品を積極的に開発している。日経BP社の報道によると、東レの開発したメタノール燃料電池に直接用いる炭化水素の電解質膜は、メタノールの透過現象を大いに抑えられる。アメリカのデュポン社が生産するフッ素系の電解質膜と比べると、陽子の伝導率が同じ条件で、メタノールの透過を1/10以下にできる[10]。2006年4月に同社が開発したリサイクル性の良い植物抽出成分を含むポリエステル膜は、家電、自動車、建築物などの保護向けに、さまざまな用途の工業サンプル供給が始まった[11]。2009年8月、長野日本無線が電気自動車（EV）およびポータブル端末などに向けたワイヤレス非接触給電システ

8　総務省統計局.科学技術研究調査 [R]．2014：13
9　経済産業省，厚生労働省，文部科学省．製造基盤白書 [R]．2005：9、日本総務省統計局．科学技術研究調査結果 [R]．2014：2
10　日経テクノロジーオンライン．http://china.nikkeibp.co.jp 2005-11-21
11　日本経済新聞．http://www.nikkei.co.jp 2006-2-14

ムを開発したと発表。給電側と受電側の距離の範囲は数十cm～1mで、伝送距離40cmのときの伝送効率は95%に達する。今後は出力レートを現在の数十Wから数kWまで高め、より多種の端末をサポートするという。2009年5月、日本はバイオ燃料とガソリンの混合燃料仕様車両が量産段階に入ったため、当該技術の産業への応用で世界の先端を歩んでいると宣言した。もう一方で、日本では自動車、メカトロニクス、ロボットを代表とする強力なイノベーティブ産業がすでに形成されている。ロボットは最初こそ輸入技術だったが、80年代にはすでに国際市場（工業用ロボット市場）を独占産業化していた。メカトロニクス産業そのものは、日本が技術革新を通じ機械と電気を結び付けて形成した新型産業である。自動車産業は1990年代の景気低迷による重い打撃と現在の実体経済の衝撃を防ぎ止めて以降、今後は機械製品から電子製品への転換を実現する見込みがある[12]。当然、日本の製造業のイノベーション能力のこのような向上も線形の軌跡をたどったわけではない。1990年代の技術の方向の選択上のミス、現在の深刻な世界的経済危機が製造業にもたらしている空前の打撃を経験して、当時の産業そのものの模索的な調整努力[13]にせよ、業界が行った今後の日本の製造業のイノベーションの方向に関する討論[14]にせよ、いずれもそのイノベーション能力の向上が産業構造の変遷に伴って絶えず発生する事実であることを反映し、不均衡から均衡への傾向を見せている。

第2節　日本の製造業の技術革新が見せる歴史的な特徴

1．製造業の産業の特徴と日本の技術革新

　イノベーション経済学の創始者シュンペーターの説明によると、イノベーションとは生産要素に関するかつてない「新しい組み合わせ」を生産過程に取り入れることである[15]。技術に関するイノベーションとは、新製品の製造、新

12　河村靖史．電子化技術で先端を行く日本自動車が「電気製品」と呼ばれる日 [J]．エコノミスト，（週刊5/5・12合併号2009）：pp.22-23
13　李毅．再煉基石：世界製造業発展的歴史大勢 [M]．経済科学出版社，2005を参照
14　世界不況が迫る日本の産業大革命 [J]．エコノミスト，2009（5.5/5.12）を参照
15　Joseph A. Schumpeter（著）何畏，易家詳（訳）．経済発展的理論 [M]．北京：商務印書館，

しい製造プロセスあるいは設備の初めての商業応用と関係する技術、設計、製造、商業の活動を指す。これらの活動はまた生産過程によって製品の刷新、プロセスの変革および拡散といった内容に帰納し始める[16]。そして産業の技術革新と技術の進歩の状況はよく産業そのものの構成の特徴と関連づけられる。製造業は一国の経済成長の基幹産業として、鉄鋼、化学工業、機械、電子などの各種の部門、設備、材料、技術などの各技術が密に協力し、協調した運営で構成する現代的な工業体制である。そのため、製造業の産業の特徴により決定する、その技術の進歩と産業の技術力の向上は、複雑かつ順を追って漸進する過程である。同時に、産業の持続可能な発展の目標によっても、製造業の技術革新は必ず持続的な過程であることが求められる。明らかに、この過程は一国の経済の発達程度と科学技術の発展水準の制約を受けると同時に、国際的な技術経済のレベルと政治経済環境の影響を受ける。日本は後発の工業国であるため、こうした内外の環境が日本の工業の発展そのものに及ぼす制約と影響はより明らかで、その製造業の技術革新の過程ではこうした漸進的で持続的に発展するという特徴もより鮮明になる。そのため、日本の技術革新は製造業という産業の特徴と関連づけられた産業の発展の過程である。この意味の上では、一国の製造業の技術水準の向上はその国の工業技術の蓄積水準を反映していると同時に、その国が国際的に進んだ技術を創造し利用する能力も反映していると言える。

2.「日本型」技術革新の特徴の観察

　具体的な技術革新の特徴について述べると、経済発展の過程ごとに技術革新の示す特徴は異なる。独特な経済発展の過程と長期にわたる産業の実践が、日本に特有な技術革新の特徴を育んできた。ここではその産業発展の事実に対する観察のみにより、欧米と異なる「日本型」技術革新の特徴として明らかに現れている2点を指摘する。日本型技術革新の特徴の一つは、産業化を実現する技術に用いられることで、外部から導入した先進技術と内部で発展した固有技

　　　1990：p73（Theorie der wirtschaftlichen Entwicklung, 1912の中国語版）
16　柳卸林．技術創新経済学 [M]．中国経済出版社，1992：第1章導論

術の統一として表れる。日本が欧米の先進技術の導入を通じて自国の産業発展における技術供給を増やしたことは誰もが気づいており、統計資料でも実証されている。たとえば表4-10は1950～70年代の日本の製造業の主要工業部門の技術導入の情況を明らかに反映している。導入した後に十分な改造、すなわちいわゆる「1号ユニットは導入、2号ユニットは国産化」を行うのが日本の技術導入のシンボル的な特徴と見られている。しかし、これらの積極的な技術導入の招いたイノベーションに伴って、同時に行われたのは日本の固有技術を応用したイノベーションである[17]。事実上、先に挙げた技術革新の取り組みと対比すると、後者の従事するイノベーションは普遍的かつ日常的なもので、かつこれらのイノベーションは大半が地方企業と在来の中小企業の中で発生し、途絶えることがない。付加価値の創造において中小企業の占める割合が十分にこの点を反映している（図4-11を参照）。特に経済情勢が厳しい時期は、中小企業のイノベーションの努力がより重要である[18]。最近活発な投資も同様の問題を説明している（図4-12を参照）。明らかに、日本の中小企業がその製造業の発展において置き換えが利かないという事実は、ある重要な側面からその製造業の技術革新のこの特徴を反映している。これは日本の技術革新が連続した発展の過程を形成した重要な原因でもある。日本型技術革新のもう一つの重要な特徴は、そのイノベーションの連続性が産業の自立した発展と同期していることである。外部から導入した先進技術と内部で発展した固有技術の有機的な融合を基礎に、日本の製造業は連続的なイノベーションの中で産業の自立した発展という目標を実現した。明治維新初期の技術の選択が妥当でなかったための失敗など、技術導入の上でも回り道はあった[19]が、いずれも適時の調整により是正でき、大量の技術導入による国中の産業の発展上での外部依存性が現れなかった点は非常に考えさせられる。導入能力と発展能力が日本の技術革新の持続的な過程を形成したことにより、製造業が自立した発展を実現する頑丈な基礎を

---

17 すなわち在来産業の技術革新である。

18 2009年版の『中小企業白書』では特に中小企業の革新（技術の研究開発だけでなく製品の改善も含む）の働きが強調されている。白書では、過去の景気後退期にも中小製造企業の研究開発費用が売上高に占める割合は低くならなかったことが、厳しい環境の中で将来の革新を把握する努力を十分に示していると特に強く指摘している。

19 明治維新の前後の鉄鋼プラント導入など。

表4-10　1950～70年代の日本の工業の技術導入の概況

	年		1950-1954	1955-1959	1960-1964	1965-1969	1970-1975	1976-1980
技術導入	件数	総数	965	1370	4124	6848	10721	10064
		年平均	191	274	825	1370	2144	2013
	費用 (億ドル)	総額	0.49	2.05	6.13	12.80	29.26	49.91
		年平均	0.098	0.41	1.22	2.56	5.85	9.98
	導入の重点産業		石炭、電力、鉄鋼、造船		自動車、石油、化学工業、家電		電子、原子力、バイオ	

データの出典：1985年の科学技術庁『外国技術導入年次報告』のデータを整理したもの。

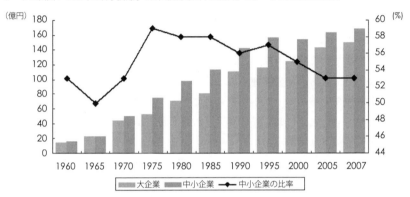

図4-11　付加価値の創造において中小企業が占める割合の変化

注：①資本金1億円以下を中小企業、1億円以上を大企業とする。②付加価値額は2000年を基準としている。
データの出典：財務省の法人統計、経済産業省『中小企業白書』、2009のデータにより作成。

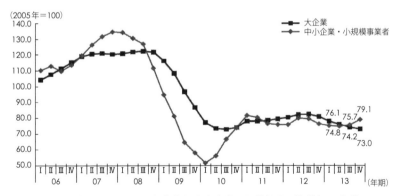

図4-12　製造業における大企業と中小企業の設備投資（指数）の変動

注：1. 資本金1億円以上を大企業、1億円以下～1千万円以上を中小企業・小規模の事業者とする。
　　2. ここでの設備投資にはソフトウェアを含まない。
　　3. 図上の数値は各四半期の平均値である。
データの出典：財務省『法人企業統計四半期別調査』、経済産業省『中小企業白書（2014年版）』、p.11より再引用。
http://www.chusho.meti.go.jp/pamflet/hakusyo/H26/PDF/03Hakusyo_part1_web.pdf

築いた。

　直観的な角度から観察すると、「日本型」技術革新の特徴の発生にはそのマクロな経済発展の必然性がある。それはつまり後発国の産業が始まった歴史環境と後発の優位な条件により、外来の技術を吸収してイノベーションと結合させ、固有の技術の発展と併用することが決定され、最大限に発展の資源条件を利用することで産業の革新効率が最大限に向上したため、経済のキャッチアップ過程が短縮し経済発展の足並みが加速した。同時に、ミクロから主体の行為を観察すると、近代産業の形成と発展の始まった時期、欧米で早くからの工業化により形成された成熟市場を前にした弱い立場により、絶え間ないイノベーションによって自ら生存の空間を切り開き、連続的なイノベーションによって自らの市場競争力を高めるしかなかったことが、自立して発展する産業体系の構築につながっている。明らかに、イノベーションを離れて日本の製造業の飛躍はなく、世界の製造業の中のトップを超えることもなかった。日本は資源が元から不足しており、近代産業の市場の形成が比較的遅いため、要素の生産性の反映する生産関数が大幅に増加したことは、伝統的経済学の理論の中で解答が見つからないものである。本書では日本の製造業の進化の過程に対する研究の中でそのイノベーションの特徴に対して詳しい分析を展開する。

第5章　日本の製造業における連続した技術革新の歴史の観察

　日本の製造業における技術革新の歴史の特徴はその産業イノベーションの歴史の進化に由来している。日本の製造業の強大な競争力も、歴史の上で形成されたイノベーションの観念と持続的な産業イノベーションに由来する。製造業の産業のレベル別構成という特徴により、製造業での技術革新の取り組みの多様性が決定されている。つまり、この領域の中に、新しい科学の発見を基礎とした、既存製品とは製法の全く異なる根本的なイノベーションがあり、前者の提供した技術の軌道上に既存技術を変更する漸進的なイノベーションがある。まさに両者が産業の発展する過程で交互に現れ相互に影響したからこそ、製造業の技術革新は連続した過程を形成した[1]。本書ではつまりこの意味の上でイノベーションの連続性という概念を使い、またこの構想に従って日本の製造業の発展と技術革新の歴史の軌跡を分析し探求していく。ここでは日本における製造業発展の歴史のなかから3つの重要な時期を選び取って、対応する3つの異なる側面からその産業の技術革新の歴史の連続性を観察する。

第1節　近代製造業の確立期：日本の産業イノベーション

　ここでは日本が農業社会から工業社会に移行する過程で製造業がおこったという視点で、その技術革新の発展の状況を観察する。この時期の日本の技術革新の主体の内容と主な特徴は、固有の技術を基礎とした技術導入の選択から始まったことである。

---

[1] 一国の科学技術の進歩を基礎とする科学技術の成果の創造だけでなく、企業が新技術を応用した製品機能に対する革新も含む。つまり新しい思想の革新、フィードバック連動過程の実現を含んでいる。

1. 近代製造業の確立——日本社会の根本的イノベーション

　明治時代（1868～1912年）に確立された近代製造業は、日本の現代製造業の発展の重要な基礎である。1868年に封建体制を排除した明治維新の革命は日本社会に巨大な変化をもたらし、同時に日本の工業技術の発展史上の大きな進歩をもたらした。近代工業が急速に発展し機械製造業が徐々に築き上げられていったことが、この歴史の巨大な変化の時期において最も重要な経済事件である。初期の日本の近代機械工業は江戸末期にも藩営工場の形で見られたが、本当の意味での近代製造業の確立は、やはり明治維新の後の産業革命の時期である。明治政府が既存の工場に対する再編と改造を行うと同時に近代工業の発展を促進する一連の措置をとったため、新しい企業が急速に設立された。1868～1877年の間に新設された10人以上の民間企業は487社で、1877～1886年には760社に増加している。明治維新の各改革が完成した80年代中期に企業創設ブームが現れ、1884～1893年の9年間で、工業企業の数は7倍近く増加した[2]。

　機械を使った近代化学工場が設立され工業化が始まるに従って、1885～1915年の間に日本の製造業は年平均5%以上のスピードで拡大し、工業部門がGDPに占める比重は1888年の13%足らずから1910年には20%近くまで上がった。経済発展の後進性のため日本の臨時政府は技術を輸入して鉄道の建造、設備の輸入、鉄鋼工場の建設、企業の創設に対してリスクを負い、それによって日本が先進的な工業技術の道に足を踏み入れるための道を敷いた。同時に、地方政府が支える民間小企業主体の末端のイノベーションも、市場要因に動かされ広範に展開された。統計によると、1899～1905年の4708件の特許のうち73%は日本の発明である[3]。

　日本が農業経済から工業経済に移行する歴史の過程を産業革命が開いたという意味からすると、近代製造業の出現は産業技術の発展史上の根本的なイノベーション（Radical Innovation）だった[4]。農耕社会にはなかった手工業の新製品、

2　樊亢、宋則行. 外国経済史（近代現代・第2冊）[M]. 人民出版社, 1981年3月第2版：pp.236-237

3　Shigeru Nakayama. Characteristics of scientific development in Japan (Lecture series - Centre for the Study of Science, Technology, and Development. Centre for the Study of Science, Technology, and Development, CSIR,1977：pp.213-226

4　イギリスのサセックス大学科学政策研究所が1980年代に提示した重要性に基づくイノベーショ

それらの製品を生産する新技術、そこから形成されるいくつかの工業生産組織を日本社会にもたらしたからである。

2．近代製造業を築いた技術の基礎——江戸時代のイノベーションの蓄積

　経済史の1980～90年代以降の研究成果により、日本の工業の発展には固有の基礎があることが明らかになっている[5]。日本の製造業の技術の進歩は江戸時代の技術の基礎を起源とする。江戸時代（1603～1868）は日本の封建社会の前工業化期である。この時期、日本は以前ユーラシア大陸から受けた科学技術の影響を利用して、武士階層の中で形成された科学技術と手工業人材により、日本の近代工業の重要な基礎である各地の伝統手工業を作り上げた。当時の製造業の生産は主に金、銀、鉄の採掘、綿と絹の加工、陶磁器、酒造に集中している。1540～1700年の間の日本にはすでに14か所の大型の金銀銅の鉱山が開かれていた[6]。生産は依然として人力を主体にしていたものの、分業はすでに比較的高いレベルに達していた。商品経済の発展につれて鉄鉱の採掘と製錬が行われ、鉄製工具が広範に使われたことにより日本の鋳造業が急速に拡大した。生糸の生産では18世紀中葉からすでに歯車とベルトコンベアのある糸繰り装置の使用が始まっていたが、国情が原因で、技術の進歩の重点は欧米の前工程とは異なり専業化生産に置かれていた。これと類似して、木綿の生産加工技術の進歩も、主に木綿の生産タイプの多様化の上で行われている[7]。酒造業は17世紀の末に日本で機械化を採用して大規模生産を行った典型的な産業である。人々は念入りに所在地を選んで工場を設け、水力を利用して挽き臼を動かし、実験を通じて酒の各種の成分の割合を確定することで、製品の品質と生産効率を高めた[8]。陶磁器の生産を代表する有田焼は、17世紀後半にはすでに日本の数少な

ンの分類を参照。G.Dosi et al(eds): Technical Change and Economic Theory, London: Pinter Books,1988

5　梅村又次．日本経済史（全8巻）[M]．岩波書店，1989-1992
6　佐々木 潤之介．技術の社会史第2巻 [M]．有斐閣，1983：179-181
7　Kageo MURAOKA, and Kichiemon OKAMURA. Folk arts and crafts of Japan[M]. New York: Weatherhill; Tokyo：Heibonsha,1973：56
8　加藤弁三郎（編）．日本の酒の歴史：酒造りの歩みと研究 [M]．東京：研成社，1977：239-255

表 5-1　幕末・明治の織布生産の成長

年	輸入綿布	輸入糸使用綿布 A	手紡ガラ紡糸使用綿布 B	国内機械紡糸使用綿布 C	国内生産による綿布 A+B+C
1861	31	3	278		281
1867	78	23	142	2	167
1874	173	115	134	7	256
1880	182	315	271	11	597
1883	104	271	141	39	451
1888	157	522	271	106	899
1891	117	191	198	528	917
1897	209	177	167	1,225	1,569
1900	313	100		1,438	1,538
1904	121	10		1,409	1,419

注：単位10万斤＝60トン（使用繰綿換算量で表した生産量）
データの出典：中岡哲郎ほか．近代日本の技術と技術政策 [M]．東京大学出版会，1986，p.84から再引用。

い重要な輸出製品になっていた[9]。同時に地区間の経済競争により、知識と技能の全国への伝播が推進された。

　日本の幕末から明治にかけて近代製造業が形成された過程は、漸進性のイノベーションと相俟って行われた過程である。江戸時代、製造業のイノベーションは事実上すでに比較的広範に展開されていた。たとえばこの時期、農業技術の改良に伴って絹と綿の生産がさらに拡大し、新型の紡織設備が発明され使われた。漆器、陶磁器などの手工業部門でも、多くのローカルな実験とイノベーションの事例が現れている。当時の社会経済の発展のレベルと労働力の特徴に適応して、日本の近代製造業の形成の中で採用されたのは多くが小規模で労働集約型の技術革新である。すなわち、より生産における技能と技巧の革新が重視されていた。製鉄業では送風機の技術が絶えず革新され、紡織業では多種の技術の組み合せを運用して異なる市場に適合する多様化した製品が作り出されるなど、いずれもイノベーションの形がいきいきと表れている。明治維新後に機械化された大規模な工業が確立される過程でも、こうした漸進的な革新の形式は日本にとって非常に有効であり続けた[10]。こうした具体的なイノベーショ

9　データは佐賀県立九州陶磁文化館による。
10　Tessa Morris-Suzuki（著）馬春文ほか（訳）．日本的技術変革：従17世紀到21世紀 [M]．中国経済出版社，2002：第4章を参照（The Technological Transformation of Japan: From the Seventeenth to the Twenty-First Century, Cambridge University Press, 1994の中国語版）

ンの技術と比較して、江戸時代の技術の進歩で最も重要な貢献はやはりイノベーションそのものの価値が認められ、人々が技術の知識を財産として認識し始め、新しい技巧を探求し新しい技術を発明する伝統が次第に形成されたことである。

3．近代製造業の技術革新——輸入技術の選択から開始

　日本の近代製造業の始まりと発展は、技術の導入とほぼ並行して進められた。経済発展の後進性のため、知識と技術の輸入を通じて自国の発展需要を満たし欧米工業国とのギャップの短縮を加速したのは必然である。導入はイノベーションではないが、導入した技術を使用して自国の産業の基礎を確立して強化し、自国の産業水準を向上させ、国内と国際市場に適合した新製品を開発する取り組みには重要なイノベーションの過程が含まれている。近代日本の製造業の技術革新は輸入する技術の選択から始まった。国としての死活的な需要から、初期に日本が導入したものの多くは、当時の日本の資源の条件に適した技術で、目的はこれらの技術を運用して地方色に富む差別化製品を開発することだった。たとえば当時、東北南部では磁鉄鉱の精錬にスペイン、ポルトガルから導入した金属製錬の知識を日本の伝統的な製錬方法と結び付けて生み出した木炭灰精錬法（charcoal ash flux）が利用されていた。発展の需要から、日本は導入を「殖産興業」の重要な措置として扱い、導入する技術に対しての構造上と技術上の改革を通じて、伝統的な手工業生産と導入する欧米の技術を有機的に接続し、民族産業の発育を推進した。紡織機の革新が当時の有名な例である[11]。こうして長所を利用し短所を克服して導入した技術と知識を使用し、徐々に自国の資源を国際市場が占領できる製品へと変えていった。

　19世紀初めの外来の脅威により、日本は欧米とのギャップをよりはっきりと意識して、欧米の技術の研究に一段と力を入れた。かつて日本初の反射炉を建造した佐賀藩は、1852年に「精錬方」と呼ばれる試験センターを設け、金属の製錬、造船、紡織、製紙、陶磁器などを含む広範な外来の先進技術を探求した。1853年の黒船来航と開国により日本の開放が加速された。江戸時代の技術

11　中岡哲郎、石井正、内田星美．近代日本の技術と技術政策 [M]．東京大学出版会，1986：p.78

の進歩により、この時期の日本に欧米の工業技術を導入するための基礎はできていた。この時に日本がとった方法は外国人材の招聘と国内人材の留学を互いに結合させた導入だった。前者は外国の技術者を招聘して技術の伝授や洋式企業の創設に当たらせたことを指す。たとえば工業連合体「集成館」を築いた薩摩藩は1866年にイングランドのプラット兄弟と協定を結び、綿糸紡績の機械を買うと同時に外国の専門家の助力のもとで洋式の綿紡績工場を設立した。こうした導入の方法は明治維新直後、ほぼすべての官営産業分野に拡大されている[12]。統計によると、1873年に明治政府の雇用していた外国人技師は204人にも達し[13]、また日本での導入先も多様化した。1872年に地方政府が招聘した160人の外国人専門家のうち中国人は43人である[14]。後者は日本が留学生を派遣して技術指導を受け国際博覧会に参加する方法により外国の先進技術を学習していたことを指す。多くの人がのちの日本の工業化において重要な働きを見せた。

第2節　現代製造業の発展期：技術の発展方式上の革新

　ここで考察するのは第二次産業革命以降の日本が現代製造業の発展段階に入ってからの技術革新の史実である。その主な内容と特徴は、完全な現代技術体系の確立から着手して、導入と革新を結合させたことである。

1．科学に基づく現代工業を確立する努力

　19世紀末から20世紀初め、電気の発見とエンジンの発明が巻き起こした第二次産業革命の波に伴って、電力、電気設備工業がおこり、自動車、飛行機が登場して、材料、製造技術、制御といったエンジニアリングが急速に発展した。欧米では絶えず新しい工業領域の事実が開拓され、日本は新しい技術の進歩の成果を掌握するには科学を基礎とする現代工業体系の確立が必須であると理解した。そこで、日本は教育、人材育成を行い自国の研究実験室を設ける方

12　大蔵省．工部省沿革報告 [R]．大蔵省．明治前期財政経済史料集成 [Z]．改造社，1931：第17巻
13　中岡哲郎，石井正，内田星美．近代日本の技術と技術政策 [M]．東京大学出版会，1986：174
14　梅渓昇．お雇い外国人1：概説．鹿島研究所出版会，1968，p.227

法をとった。前者は初等教育の義務化と工部省が1873年に創設した工部大学校などの技術者を育成する学院の創設を含み、企業が自社で行った科学者の育成と技術人材の訓練も含む。1910年、民間企業における大学あるいは技術学院の卒業生の数は、すでに10年前の700人から約2,500人に増加していた。技術労働者の育成訓練により日本は手作業の技能から現代工業技術に転換する重要なプロセスを順調に完了した。最も早く技術学校を創立した企業は三菱造船所で、20世紀初めには日立製作所、日本鋼管、芝浦電気などの大会社が次々と企業の訓練機関を作り上げた。同時に企業での科学研究の取り組みも、個人の研究から実験室を創立するまでに発展し、また科学研究から実業まで発展した。

　指摘すべきことは、科学を基礎とする現代工業体系を確立する過程で、日本には汲み取らなければならない重い歴史の教訓があったことである。それは経済の後進性と戦略資源の不足である。日本政府は開国以来「富国強兵」を発展の目標にしていた。日清戦争、日露戦争、満州事変から太平洋戦争まで、いずれも誤って対外侵略の道に発展している。彼らは政府の意志を技術の進歩の道の上に押しつけた。軍事動員、経済統制、科学研究力の配分を通じて、軍事工業と関係する重工業部門の発展を強力におし進めたため、相応する技術の発展にはずっしりと軍事拡張の印がおされた。零式艦上戦闘機などの軍事殺傷武器の開発と生産がその例証である。科学技術が軍事の強権に属すれば必ず人類の平和に危害を及ぼし深刻な報いを受けることは事実が表明している。明らかに、日本の敗戦は人類史上で科学技術を侵略戦争に濫用した典型的な事例である。そこには科学技術が平和のために発展するべきであるという観念を人々に気づかせる、重要な歴史と現実の意義がある。しかし、だからといって科学技術の発展の連続性という重要な特徴を軽視することはできない。このような特徴は決して戦争の非道さのために変わるものではない。たとえば戦争による危機、外来の資源や技術の遮断のため日本の企業は続々と自社技術の発明と革新を強化している。結果、民間と国家が制御する研究機構の数は激増し、それに応じて科学研究の総支出も1942年には約3.5億円に達した。戦争条件下で求められる企業が単独で重大な技術の難題を解決しなければならないという現実は、客観的には大学を含む公共研究機関と会社の間の密接な技術のつながりと交流をも促進して強化した。交流の方法は多様で、民間企業のために新技術の

表5-2　1942年の工業実験室の研究プロジェクト

研究テーマ	公共実験室	民間実験室
機　　械	444	1,404
電気設備	451	1,428
金　　属	236	1,092
化学工業	1,264	3,205
織　　物	282	107
採　　鉱	126	487
建　　築	130	16
総　　計	2,960	7,739

注：軍事研究は含まない。数字はプロジェクトの件数である。
データの出典：工業技術庁『研究白書』1951、p.46。

サポートを提供する政府研究機関があり、大学教授を技術顧問として招聘して技術の難題を克服するための指導を仰ぐ企業もあり、また政府が直接、公共および民間の研究機関から優秀な技術者を選び出して重大な技術の難関攻略に派遣することもあった。こうした産学間の結びつきは、日本の現代科学研究体制の革新の最初の試みとなっている。明らかに、これらの重大な科学技術の発展と変化はいずれも科学を基礎とする現代的な工業体系に適応するものである。この時期に設立された科学研究機関、集まった科学技術関連の人材、発展した生産技術は、戦後の日本の科学技術の進歩と工業の急速な成長のために重要な発展の基礎を打ち立てている。

2．経済の民主化を基礎とする科学技術の復興と重化学工業化への投資

　日本が戦争中に技術力を軍事工業に投じるよう強制していた頃、ちょうど欧米では新しい技術革新の波が巻き起こっていたため、戦後の日本の製造業の発展と技術の進歩は、欧米とのギャップが改めて拡大する背景のもとで、戦争の中で残存してきた工業設備を基礎として行われた[15]。戦後の経済の民主化と非軍事化措置が[16]、日本の工業と科学技術の発展を正しい方向に向かうように促したのである。たとえば経済民主化の改革は客観的には「競合条件の平等化」をもたらし、財閥が解体されて独立した企業と新設されたベンチャー企業が、

15　森谷正規. 現代日本産業技術論. 東洋経済新報社, 1979, p.3
16　非軍事化措置とは、アメリカが日本の占領期間にとった、軍事科学技術研究の禁止、戦争のためにサービスしてきた科学技術動員体制の解散などの措置を指す。

第5章 日本の製造業における連続した技術革新の歴史の観察

表5-3 戦後初期の日本と世界の技術レベルに差がある部門の比較

	世界水準	日本の状況
石油工業	・採掘スピード　1000mで20日、2000mで30日 ・設備1組あたりの石油精錬処理能力　毎日5000〜10000バレル ・ボイラーの熱効率80%（流動触媒接触分解法）（アメリカ）	・採掘スピード　1000mで50〜60日、2000mで150日 ・設備の処理能力　毎日2000バレル前後 ・ボイラーの熱効率　60〜75%
造船業	・高速自動溶接法が完全実用化 ・燃料の自動遮断装置に著しい発展 ・船体の建造に段階的溶接法を採用	・かつて造船技術はとても高いレベルに達していたが、戦時の標準船の量産により技術の進歩が停滞 ・溶接技術が後れていて、高温技術で特に顕著
鉄鋼業	・溶鉱炉1基で毎日1700tの銑鉄を生産、2000tの溶鉱炉が設計中 ・製鋼炉の平均容積150t、最大で400t前後 ・鋼1tあたり燃料100万kcalを消費（自動調節装置を使用） ・1923年に帯鋼の圧延機を装備し、運転中の高性能、大容量の設備は30数台（アメリカ）	・溶鉱炉1基で毎日1000tの銑鉄を生産 ・製鋼炉の平均容積50t、最大で150t前後 ・鋼1tあたり燃料160万kcalを消費（勘で作業） ・1940年に帯鋼の圧延機を導入、わずか2基で、稼動率も低い
化学工業	・アンモニアの生産能力109万t、日本の4倍 ・水酸化ナトリウムの生産額は日本の20倍 ・アンモニアを原料とする各種の化学製品の生産が先進的（アメリカ）	・設備の生産技術と工業物理学では世界と大きいギャップがあり、高分子の合成は萌芽段階 ・単位当たり化学工業製品の生産に必要な労働者数がアメリカの約20倍 ・温度、圧力、流量、濃度などの計量化にほぼ何も進展なし ・アンモニア合成の主な目的は硫酸アンモニウムの製造で、アンモニア合成触媒の寿命は半年〜3年
自動車工業	・高精度、大量生産の流れ作業生産様式を確立（アメリカ）	・関連産業の技術レベルが後れているため製品性能が悪く、生産高はアメリカの1%のみ ・原材料の鋼板の品質が悪いため、加工しにくく、厚さが不均等で裂けやすい ・動力装置が重く、ガソリン消費などの経済性能が悪い

データの出典：科学技術庁『科学技術白書』、1995から抜粋。

技術革新で開発した新製品によって市場に立脚し、それらを代表とする民間企業が日本の戦後の製造業の技術革新の主体となった。40年代末に工業技術庁が設立され、科学技術組織に対していくつか改革が行われたことも、戦後の日本の科学技術の発展に一定の影響を及ぼした。1950年に外資法の制定で戦後の日本の技術導入の新時代が開かれた。たとえば鉄鋼業では帯鋼の圧延機、大型の平炉が導入され、電力部門では先進的なレベルの火力発電所建設に着手さ

れ、造船産業では段階的造船とアーク溶接などが極力採用されている。技術導入に伴って日本に入ったのはアメリカの品質管理などの科学的な管理方法である。朝鮮戦争の特需景気を利用して、日本は急速に生産設備の現代化を進め、経済は急回復に向かった。

　1950年代中期以後の経済急成長期、企業の高収益と大規模な設備投資に伴って、研究開発の投資も急速に増加した。たとえば1956年～1961年の間は一部の年を除き、企業の研究開発投資が毎年30～40%に達するスピードで増加している。同時に企業は自社の研究開発機関の開設にも着手し、当時61施設あった中央研究所のうち40施設がこの時期に作られたものである[17]。研究開発機関が設立された重要な成果のひとつとして、特許出願件数が急増している（図5-1を参照）。企業の規模の拡大に従って、日本の技術研究開発は主力商品の売上拡大に力が注がれ、商品の品質と性能の改善面で、導入しやすい技術の消化、吸収が重点的に行われて、改良へと発展していった。トランジスター白黒テレ

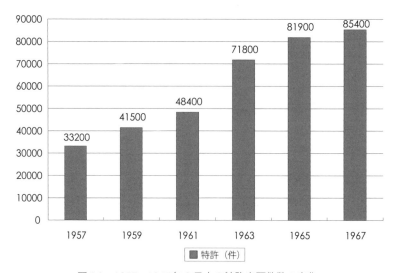

図5-1　1957～1967年の日本の特許出願件数の変化
注：①『特許庁年報』によって作成。②特許出願には実用新案を含まない。
データの出典：科学技術庁『科学技術白書』、1966

17　森谷正規. 現代日本産業技術論, 東洋経済新報社, 1979, pp.11-12

ビの小型化、大型タンカーの建造、小型乗用車の性能面と価格面での国際水準到達、欧米の技術で設立した新型鉄鋼工場を運用しての取扱技術の欧米輸出開始などである。この時期、製品の改良と製造業部門の使用する生産技術が国際レベルに達した。同時に労働生産性も明らかに向上している。たとえば1960年の日本の鉄鋼業の労働生産性は欧州の1/2、アメリカの1/3しかなかったが、80年代初めには、日本の労働生産性が5倍以上向上し、反対に欧米を超えている[18]。労働生産性の大幅な向上においては、技術の進歩が主な作用を果たした[19]。こうした漸進的な革新が重化学工業製品の大量輸出を推進している。

3．ハイテク産業の発展における技術の導入と自主革新

1970年代の初めにオイルショックを経験し、日本は調整で発展を促し始めた。製造業におけるイノベーションの努力は主に産業技術が省エネ型、効率型に転換するように促すものだった。1968～1973年の製造業での全設備投資のうち、生産能力の強化と拡大のための投資の比重が65.5％を占めていたが、調整を経て1974～1983年度にはこの比重が35％まで低下し、省エネ、公害対策、研究開発に向けた投資の比重が65％まで上がった[20]。こうした調整に対応して、この時期の日本では、経済力と技術レベルの向上を基礎に、自主的な能力開発の必要性が明確になり、実施されていった。工業で新規技術を導入する比重は1965年には半分近くあったが1970年には1/4まで急減し、同種技術の自主開発が占める比重も59％から70％まで上がった[21]。工業製品の構造上で「重厚長大」から「軽薄短小」への転換を実現すると同時に、日本は積極的に新しい産業の発展、新しい領域の開拓を進め、電子工業、新素材工業などの技術集約型産業が急速に発展した。1982年に日本は世界一の自動車生産王国になって、同時期に旋盤の生産額も世界トップとなり、世界のロボットの主要供給元にもなった。

18　Kent Albert Jones. Politics Versus Economics in World Steel Trade [M]. HarperCollins Publishers Ltd, 1986：p.63
19　経済企画庁調査局．資料：経済白書の25年 [Z]．1972：p.183
20　李琮．当代資本主義世界経済発展史略（1945-1987）（下冊）[M]．北京：社会科学文献出版社，1989：p.137
21　科学技術庁．わが国技術輸入年次報告 [Z]．1970：第Ⅱ章

表5-4　1982年の世界の主要工業国の工業生産比較

	自動車		旋盤		化学繊維		工業用ロボット	
	万台	％	億ドル	％	万t	％	台	％
日　　本	1,073.2	29.3	38.0	25.7	168.4	12.9	31,900	71.7
アメリカ	698.6	19.0	37.5	25.4	286.8	21.9	6,300	14.2
西ドイツ	406.3	11.1	35.1	23.7	—	—	4,300	9.7
フランス	314.9	8.6	—	—	—	—	993	2.2
イギリス	115.6	3.2	7.8	5.3	—	—	977	2.2
全 世 界	3,665.9	100	147.9	100	1,308.2	100	44,470	100

注：①旋盤の生産額の「全世界」欄の数値は、日本、アメリカ、西ドイツ、イギリスと旧ソ連5か国の生産額の合計である。②工業用ロボット設置台数の「全世界」欄の数値は日本、アメリカ、西ドイツ、フランスとイギリスの5か国の総設置台数である。
データの出典：国勢社『数字でみる日本の100年』改訂第2版、米国ロボット工業会（RIA）の調査。李琮（編）．当代資本主義世界経済発展史略（1945-1987）（下冊），社会科学文献出版社，1989．p.125の表を整理したもの。

表5-5　1990年の世界大手集積回路メーカー上位12社（百万ドル）

番号	会社	売上高	番号	会社	売上高
1	日本電気（日）	4,145	7	モトローラ（米）	2,750
2	IBM（米）	4,100	8	テキサス・インスツルメンツ（米）	2,715
3	東芝（日）	3,570	9	三菱（日）	2,035
4	日立（日）	3,205	10	National（米）	1,611
5	インテル（米）	2,915	11	サムスン（韓）	1,335
6	富士通（日）	2,765	12	松下（日）	1,285

データの出典：ICE（集積回路工業協会）『1991現状』、（Status1991）データをまとめて編集したもの。Konrad Seitz（著）張履棠（訳）．争奪世界技術経済覇権之戦 [M]．中国鉄道出版社，1998，p.17より再引用。

　　1986年3月に第2次中曽根内閣が「科学技術政策大綱」を採択し、日本のその後の科学技術発展の国際性を強調した。80年代後半から、強大な自主技術開発能力を後ろ盾に、日本は戦略的意味を持つ半導体工業、集積回路分野での生産額で欧州を抜きアメリカに猛追した。1983年から、日本の半導体メーカーによる資本投資が競争相手のアメリカを連年上回り始めている。世界の集積回路市場で、1980年の最大手メーカーは3社ともアメリカの会社だったが、1990年には3社のうち2社が日本の会社である。技術革新の努力、長期的な発展を基礎とする構造調整と新製品開発がこの時期の日本を工業経済の頂点に推し進めた。同時に、日本の研究開発活動が大型プロジェクトと大型企業に集中する局面も徐々に形成されていった[22]。

22　総務省統計局．科学技術研究調査 [R].1990：pp164-165

第5章　日本の製造業における連続した技術革新の歴史の観察

第3節　現代製造業の変化期：技術体系上の革新

　1980年代後期から特に90年代以降、日本の経済発展モデル転換に伴い、日本の製造業の発展も本質的なモデル転換期に入った。巨大な挫折と苦しい探求の中、日本の産業の技術革新が次第にはっきりと現れ、知識経済時代の産業の特徴を認識し把握するところから着目して、統一的特徴を持つ改造と革新を実施している。現在の深刻な世界的危機の衝撃のもとで産業イノベーションは厳しい課題に直面しているが、技術体系の革新に関する討論とその産業での実践に対する努力は続いている。

1．1990年代の製造業の技術革新に関する歴史の教訓
1-1　情報化時代に直面した矛盾と衝突
　欧米に追いつくことを目標として形成された日本型の経済構造と経済体制は、戦後日本が工業化を実現する過程で独特な効果を発揮した。すなわち驚異的なスピードで歴史的なキャッチアップを実現する過程で、日本は世界2位の経済大国という地位を打ち立てている。しかし、前世紀末に人類社会が工業経済から知識経済に転換する時期を迎えると、情報経済を主な特徴とする知識経済の発展との間に矛盾が生じ、さらには新しい経済成長方式との衝突をもたらすことが避けられなかった。たとえば、経済を急成長させたことにより、日本には導入、応用から超越までの技術構造の発展様式が形成されていた。こうした技術の発展様式がすみやかにキャッチアップすることを目的とする日本の工業化にきわめて大きい促進作用を果たしたことは間違いない。しかし同時にその長い時間、外部から提供される先進的な科学技術に頼ることに慣れ、日本自体の基礎技術の創造能力が削がれてしまった。また、後発国である競争面での弱みにより日本には安定的な企業組織構造が形成されていた。そうした組織構造は単独の企業の競争力不足と資源を十分に利用できない弱点を見事に補えるものだった。しかし、外部の企業に対して明らかな閉鎖性と排他性を持つというその特徴により、科学技術面で情報の横方向への効果的な伝播を遮断していた。さらに、長期間にわたるキャッチアップ型の発展と競争のため、日本の産

業構造に製造業を主とした第2次産業の比重が高すぎるという特徴が表れた。世界一流の技術レベルを持つ強大な製造業は、日本が国際市場の上でトップの地位を得て、アメリカに次ぐ世界2位の経済大国に発展した重要な基礎である。しかし今日の新技術革命の中では、製造業の偏重ゆえに日本が厳しい製造業のモデル転換と企業改造という重大な課題に直面していることも間違いない。

　この一連の矛盾と衝突を前に日本は1990年代の経済低迷期に入り、製造業は真っ先に激しい衝撃を受けた。まさに発展しつつある新技術革命の波の中で、日本には新しい産業も製品もなく、既存の産業と市場はずるずると敗れていった。この時期にも日本の製造業は決して技術革新の展開を止めてはいなかったが、その取り組みにミスが生じた。つまりイノベーション効率が低下し技術の方向の選択でもミスをしたのだ。アメリカでは科学技術が商業界と共に情報スーパーハイウェイという新しい生産ツールの構築に力を尽くしている時、日本は国を挙げた第五世代コンピュータプロジェクトが膠着した局面に陥っていた。企業はアナログ技術の製品ばかりを追求する中で、情報産業のコア技術で

表5-6　日本の製造業の比較優位の低下（10億円）

		1986	1990	1993	1995	1998
製造業全体	生産高	279,975	348,695	355,123	329,596	328,041
	輸出額	35,280	41,013	49,708	40,826	49,267
	輸入額	12,307	22,709	18,877	24,027	28,139
	輸出指数	0.48	0.29	0.45	0.26	0.27
一般機械	生産高	29,235	41,719	39,111	38,064	38,801
	輸出額	5,259	6,945	6,868	7,808	8,540
	輸入額	526	1,198	871	1,099	1,624
	輸出指数	0.82	0.71	0.77	0.75	0.68
電気機械	生産高	39,296	52,846	50,267	53,707	55,673
	輸出額	9,452	12,342	12,334	13,989	15,079
	輸入額	1,045	2,489	2,607	4,629	6,389
	輸出指数	0.80	0.66	0.65	0.50	0.40
輸送機械	生産高	34,465	45,175	45,365	42,725	42,892
	輸出額	10,540	10,584	10,311	8,650	12,083
	輸入額	699	1,753	1,238	1,570	1,991
	輸出指数	0.88	0.72	0.79	0.69	0.72
精密機械	生産高	3,971	4,803	4,289	4,031	4,465
	輸出額	1,280	1,520	1,349	1,406	1,832
	輸入額	291	550	545	709	1,112
	輸出指数	0.63	0.47	0.42	0.33	0.24

注：輸出指数は産業の輸出競争力の大きさを表し、（輸出額 - 輸入額）/輸出入貿易総量と等しい。
データの出典：経済企画庁『国民経済年報』各年版，薛敬孝、白雪潔ほか『当代日本産業結構研究』[M]、天津人民出版社2002, p.117より再引用

あるデジタル技術の好機をみすみす逃してしまう。こうしたことにより、戦後の度重なる衝撃をすべて調整で乗り切ってきた日本に、初めて産業構造改革上の未開の分野が現れた。企業の競争力はひたすら下がり、またかつて誇っていた半導体などの事業で占拠していた技術の優位が改めてアメリカに持って行かれた。そうして90年代の日本の産業の競争力は深刻に落ち込んだのである。

1-2 イノベーションが挫折に遭遇した原因の討論

実際には、1980年代末から90年代初めにかけて、新しい国内外の環境の中で、日本はすでに経済発展モデルの転換期に入っていた。その経済構造および生産の運営方式、技術体系の基礎など重要なプロセスを含む製造業の発展は、いずれも環境の変化に適応して根本的に変革するという歴史的な任務に直面していた。しかし、日本の企業と政府は、こうしたモデル転換に対する認識が遅れ、行動が遅かった[23]。日本経済の低迷は、こうした「停滞」と「緩慢」がもたらした。この時期の日本の製造業の技術革新の方向選択上のミスについては、多くの複雑な技術経済の要因がある。経済構造と産業のモデル転換に関係した問題については指摘しなければならないことが2点ある。一つは、よく言われる長期的に応用を重視し基礎を軽視してきたことが、日本が新しい技術の方向を正しく把握するのにかなり影響したことである。同時に、長期にわたり他国を追いかける状態での思考モデルと技術の発展様式も日本の手足を縛り、新技術を捕捉する鋭敏さを損ねた。もう一つは、経済構造の転換と製造業のモデル転換が適応しないという事実が結びついて、ただちに技術革新体系の変革をすることができなかったことである。つまり、工業経済時代に製造技術を極致まで発展させた日本の技術革新体系は、明らかに情報経済時代の技術革新の新しい要求に適応しきれず、新型の製造業に適応して技術革新体系を発展させることもできなかった。当然、技術開発の主体である企業が巨大な金融バブルの影響と利潤に誘惑されて次々と不動産に投資し、相当の力を世界中の企業買収と利益を追求した拡張に用いたことは、より直接的にその後の日本の新技術、新製品に対する開発に影響した。これもまた実施レベルでの実際の問題で

---

23 李毅. 日本経済面臨的難題及解決前景 [R]. 世界経済考察 [Z]. 経済管理出版社, 1998: pp.244-245を参照

ある。そのため、改革せざるを得なくなったのである。

2．構造転換と産業モデル転換に伴った体系革新の面での有益な探求

　日本では1990年代の経済モデル転換期、製造業を含む経済発展が脱線して技術革新も問題に遭遇したが、技術大国である日本は徐々に考え直すと同時に、知識経済時代の産業技術の特徴を認識するところから着目して、新型の製造業の技術体系を革新する過程の探求を始めていた[24]。

　「失われた10年」以来の調整の情況から見ると、日本での技術体系の革新に対する探求は以下3つの面での動きが目立っている。①既存の経済力、技術力と科学技術水準によって、科学技術発展の高い目標をクリアできるか応用でブレイクスルーを得られる可能性のある分野を研究開発の戦略的目標として重点的に開発を実施した。ハイテク産業の発展の国際比較によると、日本は情報技術、バイオ技術など多くの産業分野でアメリカより遅れているが、新素材などの分野では強みの発展を維持していることが分かる。そのため日本は得意分野で苦手分野を率いて新世紀の製造業の国際競争に参加する戦略をとった。すなわち超高速の光ファイバー通信を発展させることにより産業全体の情報化を強く推進し、前途のある苦手分野は極力キャッチアップして、バイオ技術産業の確立と発展を戦略目標の一つに据える一方、優位の維持に努め、ナノテクノロジーの研究開発をできるだけ早く産業化に向かうよう推進するというものだ。②国情の特徴と産業発展の実情に基づいて、熾烈なハイテク競争時代における製造業の日本経済内での地位に対して改めて位置付けを行い、法律の形で製造業の基礎技術の向上と革新の取り組みを推進した。製造業が日本経済全体に占める割合と経済生活への貢献により、現在の国際競争の中でも豊かな文化と産業の優位、および新型の製造業が現代産業経済の発展の中で演じる重要な戦略的役割を持ち続けているため、日本は依然として製造業を新世紀の経済発展の基礎産業としている[25]。この新しい産業発展の位置づけのもと、日本は1990年代から次第に露見してきた問題に対して、製造業の基礎技術革新の努力を3つ

24　新型の製造業の意味に関しては、李毅．再煉基石：世界製造業発展的歴史大勢 [M]．経済科学出版社，2005: pp.201-206を参照

25　李毅．製造業依然是日本経済的基礎 [R]．世界経済調研 [Z]．2003(4)

の面に集中させた。すなわち産業の面での基礎技術の研究開発と基礎産業の育成、労働力の面での職業能力開発と就業の安定、教育の面での基礎技術の学習の奨励と多様な職業教育の推進である。イノベーションを通じて企業が発展の中で直面する現実的な問題を解決し、今後の知識経済時代の長期的発展の有機的な結合に努めている。③工業経済の時期から伝わる技術革新体系が発展の中で遭遇する現実的な問題、および運用中に露見する弊害に対して、製造業の技術革新と組織改革の多層的な探求を行った。本書では第3編の関連する部分でこの点に対する分析を展開する。

　ここでは、日本の成熟産業である繊維工業のみを代表例として、イノベーションに対する調整と変革が産業の姿に及ぼす重要な影響を見ていく。繊維工業は国民経済の基礎部門で、日本で最も早く開発された産業でもある。繊維工業が市場進出を始めたのは前近代の江戸時代である。明治維新より前の1868年には、技術設計と商業流通を含むひととおりの製造技術体系ができあがっていた。1890年代には日本の初期工業化の中核産業となっている。日清戦争の後、アジア市場への生糸の輸出が始まった。第二次世界大戦前の時点で生糸の輸出は日本の輸出総額の20%を占めている[26]。侵略戦争の失敗により繊維工業のレベルも戦前の1割足らずに低下したものの、戦後初期の民主化などの一連の改革を経て、以前の発展の基礎を頼りに、繊維工業は日本経済の回復に従って迅速に復活した。戦後1960年代、繊維工業は日本を代表する輸出産業として、日本の経済成長と輸出による外貨獲得促進の面で重要な効果を発揮した。典型的な在来産業である繊維工業は、技術革新上の変革と構造調整が1970年代初めのオイルショックの頃すでに始まっていた。重化学工業の急成長に従って繊維工業が日本の全製造業に占める比重は低下傾向を見せ始め、また円高と周辺国での繊維工業の発展に従って、日本の繊維生産は下落し、輸出も減った。繊維工業では調整し対応すべく2つの措置をとった。一方で生産高を減らし労働生産率を上げ（技術の飛躍的改善による）ることで[27]従業員を大幅に減ら

26　吉川弘之（編）. 日本製造：日本製造業変革的方針 [C]. 上海遠東出版社, 1998: p.174（メイド・イン・ジャパン—日本製造業変革への指針, ダイヤモンド社, 1995の中国語版）
27　技術改造と新技術の運用についての詳細は、李毅主編. 世界製造業変革的歴史大勢 [C]. 経済科学出版社. 2005: pp.178-183を参照

し、他方では生産構造の調整を通じて生産性の低い部門と低品質低価格製品の生産を減らし、生産高中心から高付加価値中心の産業へと転換を始めた。結果として繊維工業は以前の大規模生産の輸出産業から国内市場を満足させることを主とし高級製品の生産に重点をおいた産業へと転換した。変革によって産業の素質が向上したのである。1980～90年代の新しい価値の創造と海外市場戦略の推進を基礎に、今日の新しい国際環境と経済モデル転換に直面して、日本の繊維工業は産業の発展状況を全面的に詳しく捉えるところから繊維工業の国際競争における優劣の詳しい対比分析に着手し、体系の革新の面での努力を試みている。具体的には、国際競争の中で産業の分業構造の変化に直面して、元からある非効率、高コストの供給体系が打ち破られ、新しい製造業の各産業の求める重点が文化を反映したソフトウェア要素での競争力に転向するといった新しい情況のもと、繊維工業は国際的にも最前線に位置する新素材技術、高付加価値の技術、環境対応技術の3つの領域の優位を発揮して[28]、欧米と比較して弱い技術開発と協力の面での問題を的確に解決することで、自らの新しい技術革新の方向と産業調整の戦略措置を確定しようとしている。すなわち技術開発を21世紀の社会目標と融合させ、環境と調和して循環型経済を助ける繊維技術を開発し、人々の生活の質を高め医療衛生と看護を助ける技術を開発して、高度情報化を基礎に情報通信に向けた各種繊維技術を開発し、エネルギーと資源の安定供給を実現できる各種の技術を開発する。そして技術開発の重点は汎用繊維の高力化技術や再生利用技術など7つのプロジェクトに確定している。同時に、基礎技術の整備および技術革新の各プロセス間の連絡と協調の強化の面で具体的な措置が制定された。

　日本の製造業が調整と革新に行った上述のような努力は、国情に着目して特技を発揮し流行をリードするといった特徴を体現している。彼らの重点は生産の高付加価値プロセス、技術力を投じた新しい製品開発、設計と生産の過程でのノウハウの伝承、後に続く研究開発および生産の人材育成である[29]。たとえ

28　たとえば日本は高力繊維と高性能繊維の多目的の産業用途を実現し、生理機能と感覚的需要に適したテキスタイル素材技術では世界をリードしている。有害な化学物質の排出を制御するための技術開発などの環境対応技術も得意分野である。
29　李毅. 当前日本製造業的産業政策動向与製造企業的調整和変革[J]. 日本学刊. 2005(6): pp.112-

第5章　日本の製造業における連続した技術革新の歴史の観察

ば、日本が得意とするナノテクノロジーの生産と生活への応用に関しては、多くの企業の研究開発が世界の前列を歩いている。また、高齢化社会の到来に伴って、各企業で産業向け以外の多機能介護ロボット開発の進展が続いており、非常に人目を引いている。企業の掌握する資源、エネルギー開発、再利用の先進技術は、絶えず新しいプロジェクトや新製品製造の実践に応用されている。燃料電池の自動車と通信製品での実用化が最も分かりやすい事例である。こうしたイノベーションの努力に伴って、日本の製造業は1990年代の後、着実に回復し競争力を高めている[30]。

3．現在の世界的危機の衝撃のもとでの技術体系の変革の新たな課題
3-1　危機の衝撃のもとで製造業が直面している厳しい情勢

2008年第4四半期以来、サブプライム危機に誘発された世界金融危機の衝撃のもと、日本の実体経済、特に経済発展を支える製造業は巨大な打撃を受けた。9月の「リーマンショック」を分界点に、世界の需要市場が急激に萎縮し、日本の経済情勢が急に悪化した。2008年第4四半期の輸出は前年同月比で13.8%減り、年率計算で12.1%下落している[31]。内閣府の発表した2008年12月の景気動向指数速報によると、生産と雇用情勢の悪化のため、景気の現状を反映する一致指数は5か月連続で下落した。同時に、物価上昇、円高、輸出減少といった不利な要因の影響のため、向こう数か月の景気の状況を反映する先行指数も3ヶ月連続で下落している。消費者信頼感指数は2008年12月に過去最低水準となった。日本の景気の重要なエンジンである設備投資先行指標（船舶・電力を除く民間需要の季節調整値）は前期比で16.7%下落し、1987年4月以来最大の下落と見られている。日経BP社が『テクノロジーオンライン』で発表した2008年第4四半期の企業決算情況によると、トヨタ自動車、ホンダ、日産自動車、キヤノン、松下、ソニー、京セラ、三菱電機などの有名メーカーを含む34社のうち、任天堂など2社を除く各企業の売上高の成長率はすべてマイナス

30　李毅．当前日本製造業的産業政策動向与製造企業的調整和変革[J]．日本学刊．2005(6): pp.112-127

31　新華網東京．日本経済衰退程度為何重于欧米 http://www.xinhuanet.com 2009-pp.4-5

だった[32]。情勢は2009年も引き続き悪化した。内閣府が2009年6月公表した同年第1四半期のGDP改定値によると、2009年1～3月は「戦後最悪」のマイナス成長期のままである。とは言え政府がとったいくつかの景気刺激策が発効し企業が積極的に在庫を調整した上、国際市場にもいくらか変化があり、4月に入って以降、日本の生産と輸出などの経済指標に相前後していくつか変化する兆しが現れた。例えば5月の機械受注統計によると、製造業全体の受注は前月のマイナス成長から5.4％のプラスに変わり、稼働率指数も前月に比べて8％上昇した。財務省が公表した6月の貿易統計速報では、貿易輸出額は引き続き減ったものの、減少幅は前月に比べて5.2ポイント縮小している。しかし、この時期の製造業の生産水準はまだリーマンショック前の70～80％に相当する程度に過ぎず、特に景気の重要な指標である失業率が依然として当時の日本経済で最も深刻な問題だった。総務省が2009年6月末に公表した5月の完全失業率は5.2％で、前月に比べて0.2％上昇し、引き続き悪化する局面を示している。ここから、日本の製造業が直面している情勢は依然としてきわめて厳しいことが分かる。今回の危機の中で日本経済の低下速度が以前を上回り、下げ幅が震源地のアメリカさえも上回っていることに鑑み[33]、政府とメディアには「戦後で最も深刻な」、「百年に一度」の危機と呼ばれていた。

3-2 製造業が直面する新たな課題と新たな産業イノベーションの探求の実践

厳しい情勢を前に、日本の製造業の企業が直面している革新の環境と備えている革新の実力を客観的に認識し判断することは重要である。日本が歴史上で経験してきた重大な危機と今回を比較して、製造企業の運営と発展を利する要素は、内外の環境がまだ根本的に逆転していないことである。危機の打撃を受けて減収減益となるのは企業に普遍的な現象であるが、上で列挙した日本の大企業数社の四半期決算情況からみると、危機の深刻な2008年第4四半期でもなお20％近くの企業が純利益を得ている[34]。企業の蓄積してきた新しい価値の創

32　日経BP社.テクノロジーオンライン[Z].2009年2月17日公表の企業の決算データを参照
33　内閣府.平成21年度年次経済財政報告[R].http://www5.cao.go.jp/j-j/wp/wp-je09/09p00000.html 第1章のデータ，2009-7を参照
34　日経BP社.テクノロジーオンライン[Z].2009-pp.2-17で発表した2008年第4四半期の企業決算についてのみ述べている。

造力は依然としてその機能を明らかに見せており[35]、持っているブランドの価値という無形資産は依然として企業経営において重要な働きをしている。企業運営に必要な資金ルートの保有も、企業の経営活動を一定以上のレベルに維持している。こうしたことを基礎に、世界的危機の巨大な衝撃が製造業の技術体系の変革にもたらした新たな課題に直面して、日本は2つの面での行動をとった。一方では、情勢の変化に適応して、実施中の技術経済戦略に対して相応の調整を行っている。2008年9月、日本は『新経済成長戦略2008改訂版』を発表した。情勢と環境に対応する変化が目立っており、資源の生産性向上を目的とする集中した研究開発と投資、およびグローバル化と国際市場の拡大を進めるため製品とサービスの高付加価値の革新機能の実現を強化するとある。実際には、その前の2007年1月、経済産業省の産業構造審議会が『イノベーション促進策の実現に当たっての緊急提言』を発表している。「イノベーション・スーパーハイウェイ構想」の中核的概念である双方向、融合、出口とのつながりを実現するための研究と市場開発を強調し[36]、イノベーション主体と相応の機関が行うべき取り組みとしている。より明らかに産業イノベーションの構想を体現している文献は経済産業省の発表した2009年度『ものづくり白書』である。日本の製造業が危機の中で直面している情勢を集中的に分析したうえで、白書では、日本は現在ある充実した財力と経営能力を基礎に、今後の長期発展に着眼して、技術革新を主な手段として、現在の危機を変革するきっかけに変えるよう努力するべきだとしている。日本企業に対して行った最新の情況調査と結び付け、白書は資源環境の制約への対応をめぐって、全面的に製造業の製造能力を高め、国際生産体系の構築を進めて、次世代の成長産業とその産業の発展を支える新技術を確定し、具体的な分析と計画を行った。もう一方で、産業界と学術界も新しい情勢における日本の今後の技術革新の根本的な方向という問題に対して深い討論と模索的な実践を展開している。東京大学の木村英紀名誉教授は2009年5月12日に刊行された『エコノミスト』誌に寄稿し、彼は「転

---

35 たとえば電子ではソニーが今なおデジタル新製品を出し、繊維では東レが導電膜の新技術を作り出しており、メモリ業界は依然として開発が活発である。
36 つまり科学-技術-事業の結びついた双方向の知識の移動、異分野の知識の融合と協力、出口とつながる実用化開発のことである。

換期に直面する日本の産業」の全段抜き大見出しの下で、日本の「労働集約型」の技術に対して質疑を呈した。日本の技術の理論、システム、ソフトウェアでの弱みを克服するため、日本の伝統的な技術の文化を変え技術の「普遍化」、つまり技術の科学化を実現する努力をするべきだと指摘している。彼は技術の主役が「ハードウエア」から「ソフトウェア」に変わるべきで、それが技術立国を堅持する日本のすべきことだとしている[37]。同時に、産業界はより多くの製品と製造技術の革新の方向上で模索的な実践を積極的に行っている。日本の製造業発展の重要な支柱である自動車産業は、日本の電子化技術が持つ先端の優位を利用して、安全と環境保護を目標に、自動車をそれまでの機械製品から高い付加価値を持つ電気製品の方向へ本腰を入れて進めている。将来このような製品の革命的な変革の実現に伴って、消費者にもたらされる自動車の運転はきわめて大きな安全性と快適性を楽しめるものとなるだろう。また、エネルギー節約型戦略も企業の実際の研究開発行動を変えている。たとえば、三菱自動車と富士重工が2009年7月23日に発売した電気自動車の新車種は、大容量高性能のリチウムイオン電池を搭載し、長距離走行が可能である。両社は世界で初めてこのような実用型電気自動車の量産を実現した。このような製品コンセプトの革新の探求と同時ビジネスモデル革新、産業構造の基礎の変革の探求なども行っている。これらいずれも関心に値するものである。

世界的危機の発生後から5年余りのうちに、各国の実体経済の捉え直しと産

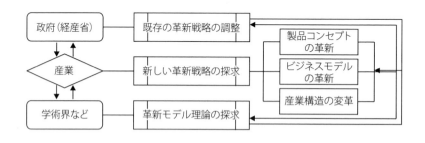

図5-2 産業界を中心とする危機対応型技術革新の探求

---

37 彼の文章は日本の技術の発展方向に対する見方だけであるが、関係する技術体系の変革を討論する雰囲気が明らかに見られる。

業構造に対する調整に伴う新しい技術経済条件のもとで、日本も製造業の発展と経済の再興の両者の関係のさまざまな討論と摸索を経験した。これに対して、一つの新しい課題として、筆者は経済のモデル転換と危機以降の産業発展の選択という視点から新たな一連の研究を行っている。

第6章 連続的イノベーションの日本製造業の発展に対する理論と実践の意義

本章では主に、日本の製造業が発展する過程での技術革新の理論と実践から得られる思考と啓発を討論する。

第1節 導入を梃子(てこ)として作り上げた革新の経済学上の意味[1]

1．技術革新は動的な学習と知識の融合の過程[2]

イノベーション経済学者は通常、技術革新の過程を、技術の商業的潜在力の認識から始まり最終的にそれを完全に商業化した製品に転化する行為全体の工程と見なしている。例えば、理論の深い研究では、ソロー(S.C.Solow)が"Innovation through the procedure of capitalization:thecomments on the theory of Schumpeter J.A"の中で、技術革新を新しい思想の出所と後の段階の発展の実現という2つの過程に分けている。このうち先の過程である新しい思想の出所は、産業の内部からの技術のアイデアでも、外部からの学習と導入でもよい[3]。新しい技術、製法、生産方法を導入する必要性と可能性は、各国の経済が発展する過程でのアンバランスさ、一国の経済発展の側面や時点ごとに直面する問題の多様性原因によって決まるものである。製造業は国民経済の基礎産業であり、その巨大な生産体系と分類ごとのさまざまな製造技術おいて一国の工業部門が完全に優位を占めることはあり得ない。特に経済発展が遅かった国では、できるだけ短時

---

[1] この節で重点的に日本の技術導入を詳しく解釈する理由は、日本の製造業での技術革新の過程でのみごとな導入のためであり、独特な理論探求の価値と本質的な現実の参考という意義がある。

[2] 「伝統的理論の主な弱点」はちょうど「十分に注意が払われていない社会の学習過程にある」(Christopher Freeman（著）．緒論 [A]．Dosi.Gほか（著）鐘学義（訳）．技術創新和経済理論 [C]．経済科学出版社，1992；p.3)

[3] 日本の技術革新の特徴はちょうどここでの表現が際立っている。

間で産業の技術レベルを高め、労働生産性を高めるために、適切な技術導入は必要な選択である。欧米諸国との技術経済発展上での巨大なギャップと生存競争の厳しい環境により、日本は歴史的に技術導入をイノベーションの梃子として選び、キャッチアップのコストを下げ自国の発展を早めた。経済発展の後進性と他国の技術経済とのギャップにより、日本の工業化の始まりと戦後の回復期は経済活動が低水準だったが、日本はみごとにこの点を利用して、学べるすべての先進科学技術の知識を勤勉に学び、すべての利用できる導入の機会をとらえて、発展するための栄養を幅広く汲み取ると同時に自国の成長を促進した。例えば工業化の初期、一定の科学技術知識を持っている在日外国人をできる限り任用して、得られるすべての科学技術の書籍を利用して発明とイノベーションに従事した。戦後のキャッチアップの時期にも、リスクを回避し、費用と時間を節約するため、また積極的に国外先進技術の導入を基礎とする吸収型の科学技術発展戦略を推進した。発展当初の劣勢がみごとに後発の優位へと転化したのである。ここから、科学技術の発展が国際的に伝わる特徴を利用して、人類の創造したすべての科学技術知識で自らを武装してオープンな発展を実行することは、経済体がすばやく勃興する鍵であることが分かる。

2．合理的な資源統合による技術革新効率の合理化

技術導入の過程は決して簡単な資源の移転の過程ではないため、広義では役に立つ技術のふるい分け、これらの技術を使ったイノベーションに従事する能力の準備など、一連のプロセスの資源を統合する過程を含んでいる。具体的な各製造業部門にとっては、それぞれが持っている各種の資源だけでなく、それらの資源を使う方法も含む。そのため、たとえ既存技術に余裕がある部門でも、外部から技術を得て自身の技術使用能力の向上に投じる必要がある。技術革新の取り組みの不確定性とその革新に求められる経済技術の条件に基づいた技術導入の実施は、多くの国の製造業部門にとってコストと収益を比較して考えれば必然の選択である。日本製造業の技術導入は一貫して自国の技術力の運用と並行して動いていた。元からある技術の基礎と新技術を取り扱う能力により、日本は戦後に多様化した技術導入運用モデルをとった。消化吸収能力の許す前提のもとで、各製造業部門の実際の需要によって、多くの経路から導入を

実行したのである。例えば戦後初期に導入された工業技術は、日本が戦前すでに作り上げていた鉄鋼、造船、電機といった産業の技術だけでなく、欧米で戦前から発展していた自動車、家電産業の技術も含み、当時欧米で応用が成功していた電子工業、高分子合成材料、原子力工業の最新の技術もあった。さらには実験が完了しているものの生産にまだ応用されていない、あるいはまだ商業化を実現していない技術から実験中の技術まであった。技術導入の上でこれだけ広く受け入れて吸収したからこそ、日本は可能な限り短時間、最低のコストで完全な新技術の基礎を打ち立てることが可能となった。1950〜1975年の25年間に導入を通じて全世界の半世紀かけて開発された先進技術を吸収し、支払った総額は60億ドルに達する。日本自身の推計によると、こうした方法により時間の2/3と研究開発費用の9/10を節約できた。結果として日本は1960年代に欧米諸国との科学技術のギャップを10〜15年まで短縮し、70年代には大部分の製造業部門の技術レベルが欧米先進国に接近して、80年代には工業の技術レベルが国際市場でトップの地位に到達した。

3．イノベーションを選び確立する国際的起点

　より意味があるのは、このような幅広い有効な技術導入により欧米に追いつき追いこすという目標が早期に実現され、日本が世界の先進技術を深く理解したうえで自主革新の取り組みを高い水準の国際的起点上で始められたことである。産業の技術革新という前提のため、産業化の潜在力を持った先進的な科学技術の成果に対して客観的にふるい分けを行うと、産業部門と企業には選ぶ成果とその発展する潜在能力に対する十分な理解が求められる。成果の商品化して生産を実現する将来性に基本的な価値判断があり、さらには技術選択の機会費用を真剣に計算しなければならないのである。したがってそれも客観的には技術導入で行う作業である。この意味から言うと、技術をふるい分ける複雑な過程は、同時に産業と企業が先進技術を十分に認識し比較研究する過程でもある。たとえば、日本は導入の中で関連する産業部門の世界最新の技術動向を知るだけではなく、比較を通して世界の先進技術国家の同類技術の異なる特徴、およびその技術の開発過程で遭遇した問題に対する解決の過程を理解してもいた。このことは、日本が必要とする新技術を正確に選んで本国の技術革新の突

破口を確定するためにきわめて重要な助けとなる。そのため後発国である日本が鉄鋼、造船、自動車といった従来の製造業分野で強大な国家競争力を獲得できただけでなく、短期間で半導体、ロボット、集積回路などの先端分野で突出した業績を得られた。技術導入を通して、日本の製造企業は国際的視野を広げ、現実にある先進技術、さらには潜在技術の産業化の将来性に対する正確な判断力を鍛えた。それによって本国の製造業の技術革新の中で可能な限り重複する研究や遠回りを避け、直接世界レベルの重要技術に対する攻略を始めることができた。そのため最大限に貴重な物質的資源と人的資源を利用して、熾烈なハイエンドの国際競争を勝ち上がることができたのである。

4．在来技術の優位の発揮は導入を梃子とするイノベーションの支点

上述の分析を行った後に強調しなければならないことは、導入を技術革新の梃子とする行為は、優位な在来技術との比較が重要ではないことを決して意味しないことだ。事実は正反対で、「革新は新しい現象ではない」ため、日本の技術革新は前工業化期からすでに展開されていた。「人類の発展する過程には固有の駆動力が存在するようで、人類は問題を解決する新しい方法を探し求めるよう駆り立てられ」、「かつ努力して実現する」[4]。江戸時代から始まった3世紀にも及ぶ製造業の歴史の進化の中で日本が行った豊富な技術革新の取り組みは、まさにそのような固有の駆動力が形成した在来技術の優位を基礎に展開されたものである。江戸時代の技術革新の重点が製造工程の末端の専業化生産に置かれていたところから始まり、産業革命期には導入される欧米の技術と従来の生産方法が有機的に結合した。それから自国の技術、科学研究人材を育成して科学を基礎とする現代工業体制の核心プロセスとし、現場の技術問題解決能力と労働生産性の向上を重視して実現した戦後の経済キャッチアップ段階に至るまで、技術革新が前進するたび、またはその各発展段階で、日本の在来技術の優位と緊密につながっている。在来技術の優位を重視し発揮させることは、産業の輸入技術の消化、吸収、さらにイノベーションを支えただけでなく、日

4　Fagerberberg（著）．創新：文献綜述引言 [A]．Jan Fagerberg , David C. Mowery, Richard R. Nelson（編）柳卸林，鄭剛，藺雷（訳）．牛津創新手冊 [C]．知識産権出版社，2009：p.1（The Oxford Handbook of Innovation, Oxford University Press, 2006の中国語版）

本の製造業が自主革新と自立した発展を実現する足並みを自然と加速した。まさにその技術革新に特有の「内外の結合」のため、日本という領土面積にも資源にも恵まれない、近代化の始まりも早くはなかった太平洋の島国が、とても長い歴史の中でその製造業の連続的なイノベーションを実現できた[5]。それによって欧米諸国よりも短い時間で製造業強国の道に足を踏み入れることができたのである。導入を梃子にしたイノベーションの経済学上の意味を理解するとき必ず関心を持たなければならないのはこの点である。

第2節　連続的イノベーションが日本製造業の自主的で持続可能な発展の実現に対して持つ意味

1．完全な工業技術を基礎とする発展の主導権

　「技術の進歩は経済の構造転換を形成する基本的な動力である」ため[6]、イノベーションは導入したものをさらに高いレベルで発展させる手段でもあり、日本の多くの成功企業は、イノベーションを企業、さらには国の生存と発展を決定づけるプロセス、最も重要な生産経営活動と捉えている。彼らは皆、特殊な歴史の背景に鑑みて、日本の工業技術は多くが欧米を模倣して発展したもので、模倣だけにとどまっていては、たとえ模倣がうまくいったとして他者の後に続くほかなく、もしも完全に欧米の方法を模倣したなら倒産するのは日本企業でしかないと考えている[7]。そこで各企業は導入した技術と結び付けて、絶え間ない製品、製造技術、組織の革新を通じて製造業の隆盛と自主的な発展の実現を図った。「勇敢に他人のしたことがない事をする」挑戦者のソニーは、この認識のもとで現れたイノベーション型の企業である。まさに発展の主導権をしっかりと握っておく方法により、設立当初は資本500ドル、従業員20人だけの小企業だった同社が、続けざまのイノベーションを通じて迅速に成長し、世

5　その間に深刻な挫折があったものの、決してその連続的なイノベーションの歴史の事実を変えるものではない。

6　Christopher Freeman（著）．緒論 [A]．Dosi.Gほか（著）鐘学義（訳）．技術創新和経済理論 [C]．経済科学出版社，1992：p.2（G. Dosiほか [編]．Technical Change and Economic Theory. Pinter Publishers．1988の中国語版）

7　ソニーの創始者、初代会長の井深大の談話。井深大．創造への旅 [M]．佼成出版社，1986を参照

界の電子企業の巨人になったのである。このような独立性は第二次世界大戦前の日本が採用していた各種の新技術獲得方法にも集中的に見られる。つまり資本提携による株式と技術の交換、特許技術の購入の許可、単独での既存技術の改造、単独での新製品の市場開発である。「たとえ外国企業との協力を選んだ企業でも、単なる既成の外国の観念の受動的な受信者ではない」[8]。例えば、当時51%の株式をGEに売却した東京電気は、GEが研究を主導し東京電気は後期開発のみ担当して生産に集中するというGEの主張を拒絶している。日本企業は、技術革新は日本の国益であり、独立して設けた自社の実験室が必須だと考えている[9]。特許の購入を選んだ企業は、自社の創造能力が向上するに従って特許技術に対する依存を減らし、絶えず強めている独立性を頼りに、世界の工業の最新の発展の中から情報を補足することによって自社の生産技術を開発した。こうした情況は1920〜30年代の日本の化学工業の企業に比較的よく見られる。このことは日本の企業が初めから現代製造業の発展を自立した基礎の上に築いていることを表している。

2．自社の強みを発揮した発展の主導権争い

　技術を導入した後のより高い段階の創造では、自社のブランドと技術の特色、産業の優位を確立して、日本製造業を率いてアジアから世界に向かう。生産の面では、日本は導入よりも革新に長けている。持続的なイノベーションを頼りに、日本は自らの技術の進歩という方法で近代工業化の歴史に足を踏み入れ、持続的なイノベーションの力により、自国の持つ独特な優位で現代の製造業大国を創りだした。日本の戦後の自動車製造業の発展は、経済回復期に国外の組み立て技術を導入し革新を通じて外国の車種の国産化を実現するところから始まった。1960年代前半の急成長期の大量生産体制の中で、国産新車種の品質面と性能面の革新によって、日本の乗用車が国際市場に進出を始めた。のちの経済成長の過程で日本は革新の足どりを加速し、車体設計と汚染物質排出制

8　Tessa Morris-Suzuki（著）馬春文ほか（訳）．日本的技術変革：従17世紀到21世紀 [M]．中国経済出版社，2002：137（The Technological Transformation of Japan: From the Seventeenth to the Twenty-First Century, Cambridge University Press, 1994の中国語版）
9　東京芝浦電気．東京芝浦電気株式会社八十五年史 [M]．1963を参照

御の面で技術の優位を作り上げた。最後には環境に優しく省エネ、経済的、実用的という特徴により国際市場で勝利を収めた。トランジスター技術はアメリカの実験室がまず発明したが、日本企業はこの技術の将来の実用価値に対する正確な判断により、トランジスターの発明からわずか4年で、発明者の本国ではまだ補聴器の類の生産用に限られていたころ、高品質の革新的製品であるトランジスターラジオを世界に展開し、消費者分野の電子革命を誘発した。日本企業がトランジスターラジオ、ラジカセ、テレビ製品を開発し、そして激烈な競争の中で家電製品の小型化、高性能化、低価格化を進めるに従って、日本は世界で最も強大な電子技術の保有国となった。同様に、ロボティクスは1968年に日本とアメリカの企業の協力を通じて日本に入り、1970年に日本初の国産ロボットが開発された。それ以後一連の革新と開発の努力を経て、今日最高水準の工業用ロボット製品は日本の特許となっており、日本は世界のロボティクスの最先端にいる。まさに怠らない努力と生産過程の経常的なイノベーションの力で、人々の頭の中に組み込まれた能動的な発展の意識に頼って、日本は欧米に追いつくという歴史の任務を比較的短期間で完了し、工業技術分野でアメリカ、ドイツに劣らない国となり、さらには製造業の国際競争における歴史の地位を確立し始めた。

3．発展モデルを堅持する柔軟な選択権

　日本での技術革新の歴史でよく見られる現象は、企業と地域、導入と革新とを問わず、いずれも国の資源条件と人的資源の特徴に基づいて行われていることである[10]。日本の国情の明らかな特徴に鑑みて、つまり国土が狭く、資源は欠乏しているが、人口、予期される寿命、経済活動人口が総人口に占める比重、1万人あたりの大学生数が主に表すように人的資源が豊富なため、日本の技術導入と革新は、十分に豊富な人的資源の優位を発揮することと既存の資源を最大限に保護して利用することを中心に一貫して展開されてきた。たとえば欧米と異なり、その前工業化期に行われた多くのイノベーションは、実際にはより多くの労働を必要とするものだった。経済史学者の目に映るこうした「勤

10　これも日本の製造業が連続的な革新を実現できる基礎である。

勉な革命」は、日本は大部分の原材料が不足し農業労働力も十分に利用できなかったことを反映している。現代の経済発展の中で、日本が現場人員のてきぱきとした問題処理能力と伝承する生産技術のノウハウを利用して競争の主動権を勝ち取っているというのも、上述した問題の現実的な解釈である。通常であれば、日本の各種企業はすべて革新の方向を柔軟に選択できる。連続的イノベーションの中に自社の研究機関と相応の科学研究手段を持っており、かつ新技術の発展する情勢に適応してちょうどよい時期に研究開発機関を調整できるからである。一部の有名な大企業は専門ごとの研究所さえ持っており、それによって企業が使う技術の独創的な特色を保証して、絶えず新技術を適時高品質の革新的製品に転化している。長期にわたる連続した導入と革新の実践の中で、日本は自国の工業技術を基礎に国情の特徴と適応した技術革新体系を作り上げた。その特徴は民間を主体とする技術の研究開発の方式、吸収と開発を結合し生産と革新を並行して進める行動モデル、漸進的なイノベーションと大幅な進展を一体化した経常的な取り組み、秩序があり質の高いイノベーションの実施を確保する研究所と開発本部の二重のイノベーション体制である[11]。

4．連続的なイノベーションを保障する発展の自主権

　進化経済学理論から見るとイノベーションは非線形の発展過程のひとつである。製造業の技術革新において見られる特徴は2つあり、産業の成熟度と企業の発展状況の影響により、行われる時期ごとに革新の展開される深さが異なることと、製造プロセスや製品のライフサイクルの影響により、革新も代わる代わる行われることである。同時に、この2つの面での革新の状況は産業内外の技術、経済社会環境の影響と制約も受ける。そのため革新の過程に複雑性が表れ、関連する調整過程の発生が避けられない。日本製造業の技術革新が経験した調整の過程は非常に明らかである。たとえば19世紀の末から20世紀の初め、科学を基礎とする技術発展方式に対する調整が伝統的なイノベーションにより行われている。戦時から戦後の科学的な民主化にかけてはイノベーションの経

11　李毅. 跨向新時代的企業競争力：日本企業経営機制的微観探析 [M]. 北京：経済管理出版社, 2001：pp.22-32を参照

路の調整もあった。1970年代のオイルショックの前後には技術の発展方向が調整されている。1990年代の経済低迷期と現在直面している危機の前では、経済モデル転換と結びついた技術体系の調整が行われている。調整がほぼ日本製造業の連続的な技術革新の経常的な内容のひとつとなっているか、製造業の連続的な技術革新そのものに絶えず調整する過程が含まれている。日本の産業発展史から、連続的なイノベーションの過程に絶え間ない調整がなければ、日本が今日のような自立して発展した強大な製造業を持つことはあり得ないことが分かっている。

　調整は日本製造業の進化と技術革新の発展に対して非常に重要な歴史的意味を持っている。まず、調整を通じてミスを是正し、技術革新を正しい発展の軌道に戻すことができる。本来、前近代以来の日本の技術革新は一貫して労働集約型の技術を中心に展開され、実り多い成果を得てきた。しかし、明治初期の工業化の時期、政府が欧米の技術を導入して釜石製鉄所などの企業を設立したときは、日本自体の資源条件から乖離していたため失敗した。のちに民営企業に払い下げられ、輸入した技術と現地技術を結合させた方法で運営に従事するようになってから利益を得られるようになった。次に、調整は産業と企業が技術革新の世界的な発展潮流を見極め、新しい技術革新の発展モデルを構築するのに役立つ。19世紀末から20世紀初め、日本は固有の技術と導入した外部の先進技術の結合を発展させ、イノベーションと工業体系の構築を現代科学の基礎上に置いて、技術のありようとイノベーションの方法を根本的に作り替えた。さらに、調整する過程は内外の技術や経済情勢の変化に適応して新しい技術の発展方向を選ぶ過程でもある。1970年代のオイルショック後に日本が選んだ省エネ型の技術革新の方向、および1990年代の景気低迷の打撃に遭遇した後のデジタル技術と既存技術の情報化に向けた努力などは、いずれも日本の技術革新の発展に対して深遠な影響を及ぼしている。これらの調整は本質的にいずれもイノベーションを新しいレベルと発展段階に進めるものである。その結果、日本の製造業の自主的な革新と自立した発展の実現が推進された。有効な調整の過程は産業イノベーションの法則を徐々に認識する過程であり革新の能力を引き上げる過程でもあるからである。このような法則性の認識と能力の向上は、産業が受動的な外部技術依存の局面から脱却し、革新を取り入れて自主

的に発展するための力強い保障となる。

第3節　技術革新の問題に対する経済史の認識

1．技術革新に対する経済史における理解

　日本製造業の技術革新の歴史に対する考察と分析を通じて、経済史における意味での技術革新に対する本質的な理解が深まった。

　まず、技術革新は発明の初めての応用であると同時にそれまで蓄積されてきた技術の本質的な検証でもある。シュンペーターのイノベーションの定義によると、技術革新は発明の初めての産業への応用で、こうした応用は製品の革新と技術の革新を含み、さらに革新のさまざまなルートでの伝播を含む完全な過程である。しかしこれもイノベーションのさまざまな発現様式における定義でしかない。一国の産業と経済の発展史の角度から観察すると、技術革新はある地区または一部の企業がそれまでの学習と技術の蓄積に頼って実現する技術の推進、さらには質的な変化の意味を持つ技術の飛躍的改善である[12]。たとえば、日本では早くから佐賀で反射炉の建築に成功しており[13]、また戦後日本の電子企業がトランジスター技術を運用して行った一連の新製品開発も、このような学習と蓄積に基づく技術革新を実現した典型的な事例である。ここで強調しているのは、技術革新によって発生する技術の蓄積と歴史の基礎である。これは時期ごとの技術の発展水準および知識の発達程度と呼応して内生する過程で、さまざまな形の技術革新の発生では超越できない基礎と起点である。

　次に、技術革新は一国の経済発展に内生する過程であり、製造業の産業構造調整と有機的に結合しなければ、産業全体の技術の進歩と産業の発展水準の向上を推進できない。イノベーション経済学では技術革新の概念に対する解釈に技術の拡散、すなわちイノベーションが伝播を通じ経済に影響を及ぼす過程と

12　伝統的な理論がこうした技術の蓄積を軽視していることは、まさにイノベーション経済学と進化経済学の学者が厳しく批判している。Christopher Freeman（著）．緒論 [A]．Dosi.G ほか（著）鐘学義（訳）．技術創新和経済理論 [C]．経済科学出版社，1992：3を参照（Technical Change and Economic Theory. Pinter Publishers. 1988の中国語版）

13　長野暹．佐賀藩と反射炉 [M]．新日本出版社，2000を参照

いう内容を含んでいる。しかし、製造業の技術革新が産業全体の進歩に及ぼす影響は、産業構造の変化を通じて実現される。言い換えると、技術経済の成長する歴史全体の過程から見て、ある特定の企業や地区のある時期の行為ではない。工業文明における最終製品は各部門、各工程が互いにつながり協調して工業体系全体として生産するものだからである。それに応じてイノベーションの波及も技術革新が各産業部門間で互いに伝わり、改革が引き続き起こることによって産業全体の変貌を促進する過程である。日本の製造業が局部ではなく全体で競争力を得られたのは、まさにこのような内生する発展の過程でのイノベーションを通じて、産業構造の変化を推進した結果である。この点を知っていると産業レベルでのイノベーション運営の法則性を認識することに役立ち、イノベーションの実際の発生過程を客観的に評価できる。

　さらに、産業の発展を推進できるイノベーションは必然的に連続的なイノベーションの取り組みであり、技術革新を持続的に絶えず行うことができるイノベーションは、自国ならではの特色を持つか自国の経済発展に合うことを実際の特徴とするはずである。イノベーション経済学が革新に与えた意味から見ると、技術革新は本質的に科学技術を現実の中で絶えず応用していく過程である。それは新しい機能を備え新しい用途を持つ製品が絶えず開発されること、新型のアイデアを持つ製造プロセス技術が絶えず製造業の生産過程に投入されること、およびそうした新しい製品、新しい技術が絶え間なく同業界や地区間で学習され普及していくこととして表れる。資源が乏しく経済発展の始まりが遅かった日本の製造業が発展の過程で経験したのはまさにこのような連続的なイノベーションの過程である。連続的なイノベーションを実現できた理由は、前近代に始まり、明治の時期を通じて戦後に至るまで、一貫して自国の特徴に適した技術革新の道を探求してきたからである。その間に挫折と失敗も経験し、現在も依然として変革のリスクと不確定性など課題に直面してはいる。歴史の結論は明らかに、自国の国情と文化の伝統に合致した技術革新だけが強大な生命力を持ち、持続できるということである[14]。

14　無論こうした持続的なイノベーションの前提は時代の技術発展の潮流に合致していることのはずである。

2．技術の導入と革新の関係における経済史の観点

2-1 イノベーション運営の本質的な特徴を認識するところから出発し、漸進的なイノベーションを軽視せず、導入をむやみに排斥しない

有名な技術革新の研究機関であるイギリスのサセックス大学科学技術政策研究ユニット（Science Policy Research Unit）が、1980年代に技術革新の分類を行った時、漸進的イノベーションを根本的イノベーションと区分した。前者は直接生産に従事する労働者や技師が行う、漸進的な連続したイノベーションを指し、後者は研究開発機関が行う、観念上に根本的な飛躍的改善のあるイノベーションを指す。後者はよく製品の革新、プロセスの革新、組織の革新の連鎖反応を伴って、一定の間に産業構造の変化を引き起こす[15]。両者は発生する時間と空間が異なり、製造業の成長における働きも経済への影響も異なるが、互いに関連し作用し合って有機的に融合するものである。日本の製造業の近代から現代までの発展とモデル転換は、技術の変革の角度から観察すると、漸進的なイノベーションと根本的なイノベーションの有機的な融合の歴史である。日本の経験が示唆するものは、製造業が自主革新に力を尽しているとき、漸進的なイノベーションのような日常よく発生するイノベーションの形を軽視するべきではないということである。歴史の伝統と国情の特徴に適した漸進的なイノベーションを実行し続けることは、産業イノベーション能力を高めるには必須の過程で、一国の製造業の根本的なイノベーションを実現するうえでのしっかりとした技術の基礎である。

技術革新そのものの過程にとって、関係する技術の成果をふるい分けることは企業が技術革新に取り組む第一歩である[16]。ふるい分けする新技術は経済体内部からのものであってもよいため、企業の研究開発部門の技術であっても外部の別部門からの技術でもよく、他の企業あるいは大学などの専門研究機関の技術であっても、さらには国外から導入する技術であってもよい。この意味の上から言うと、導入と革新の両者に明確な境界線はない。したがって、自主革新を強調するためむやみに導入を排斥し、開放された経済条件の下で技術革新

---

15 G.Dosi et al (eds). Technical Change and Economic Theory[M]. Pinter Books, 1988：45-59
16 王春法．技術創新政策：理論基礎与工具選択 [M]．経済科学出版社，1998：p.137

を囲い込むことはできない。その上、適切な導入によって産業技術の発展の時代の足並みについていくことができる。問題の要は、どのような技術をどのように導入すれば自主的な技術体系の確立に役立つかである。日本製造業は現代の欧米の技術をみごとに導入できたが、その際立っている特徴は、独立した自らの現代技術体系の確立を一貫して目的としていることである。そのため、完全な工業技術体系の構築に効果的に役立ちさえすれば、導入も自主革新を実現する有力なツールとなり、自国の飛躍的な発展と製造業強国の確立を実現する有力な手段となる。

2-2　日本の産業が自立して発展した史実を通じた技術革新の必然性と必要性の認識

日本製造業が導入から自主的に発展する産業に成長するまでの過程で同様に教えてくれる事実は、技術導入は一国の製造業の発展水準の向上、さらには産業構造の調整に対して時間の短縮、コストの節約、回り道の回避といった重要な影響と推進作用を持つが、導入がイノベーションに取って代わって一国の技術を進歩させる主な経路に発展することは結局できないということである。日本が世界の主要工業国に成長できたのは、欧米の技術の導入に成功したからだけではないことは明らかである。なぜならば、技術導入は各時期に産業の成長を構成するある種の基礎と前提にすぎず、自国の産業部門が当時の国外の先進技術を理解していた程度しか意味しないからである。導入した先進技術を自国の資源環境のもとで製造業の生産過程に応用し、さらに新しい製品または産業を形成する過程では、設計から生産、販売、サービスまでの完全なイノベーションの過程を通らなければならない。日本で成功している企業のように、イノベーションの過程で新しい思想を溶け込ませ、創造性を追加する働きが既存の技術を昇華させ、既存の工程を再生して、全く新しい思想の形成に至る[17]のはつまり、イノベーションを通じて自ら核心的能力とコア技術を形成しているのである[18]。こうした核心的能力とコア技術がなければ、「すべてのイノベー

17　李毅．跨時代的企業競争力：日本企業経営機制的微観探析 [M]．経済管理出版社，2001：pp.24-25

18　核心的能力とコア技術に関する明確な定義は、C. Harris（著）黄建軍（訳）．超級創新：緊密聯繋的経済体系中的多元化企業 [M]．経済管理出版社，2006：p255（Hyperinnovation: Multidi-

ションができないかほとんど有効な商品化を行うことはできないだろう」。[19] 同時に、革新的産業の概念が強調するのは技術の有効性、つまりイノベーションを通じて導入した新時代の技術を自身の産業発展の需要に即した役に立つ技術に変えることである。こうしたイノベーションを通して、導入した技術を本国の資源と市場の条件に合わせ、先進技術の溶け込んだ産業を自国の特徴あるものに発展させることができる。そのため、この意味の上からは、技術革新は導入後の要であり、導入した外来の技術が本土で発展するために必然的な過程である。

明らかに分かることは、ただ技術を導入してその後の過程で革新を伴わない類いのいわゆる導入は、産業経済の発展に対して無益どころか有害ですらあるということである。まず、導入した技術の本国の各産業部門の発展における有効な運用に影響する。たとえ先進的な技術であっても、本国の人的資源と物的資源と有機的に結合できなければ、現実の生産力の発展による需要に適合できないため、このような導入は資源の有効な配置を実現できず、資源の浪費となる。これも日本の近代の工業化の初期にあった技術導入からの本質的な教訓である。次に、本国の製造業が技術の持続的な進歩と発展を実現しにくくなる。いつ先進技術を手に入れ、いつ発展する可能性があるかしか言えないのでは、製造業の技術の進歩が足踏み状態となり、産業発展の主動権を握れない。さらに、一国にとって最も深刻となるのは、自国の本当のコア技術と新技術の基礎を形成できないことである。先進技術は永遠に他人のもので、技術の保有者が技術移転してもその産業と製品の競争力を損なわないと考える条件下でなければ得られない。言い換えると、技術の上で人に束縛される。こうした状況では、技術導入そのものが産業経済学上の意味を失い、同時に一国の独立と将来発展する技術の基礎を喪失して、他人の技術に追従することになる。技術革新能力がなければ経済のキャッチアップと飛躍的発展を実現できないうえ、本当

---

mensional Enterprise in the Connected Economy, Palgrave Macmillan, 2002の中国語版）を参照

19　C. Harris（著）黄建軍（訳）．超級創新：緊密聯繋的経済体系中的多元化企業 [M]．経済管理出版社，2006：p. 255（Hyperinnovation: Multidimensional Enterprise in the Connected Economy, Palgrave Macmillan, 2002の中国語版）

の先進的な技術を導入することがあり得ず、さらに国として自立することもあり得ないことを事実は証明している。

第3編

イノベーション組織とその組織構造の進化に対する分析

　連続的イノベーションはイノベーションを実行する効果的な組織により実現する。技術革新の運用実践における組織に対するこのような依存関係は、世界各国の学者と産業界がかつて日本企業の組織に対して強く興味を持った重要な原因の一つでもある。もっとも、当時は組織の経営の側面のほうが注目されていたのではあるが[1]。ロッド・クームズは技術の進歩と産業組織の関係を分析したとき、イノベーションはつながりがあるものと見なされると明確に指摘している[2]。事実上、日本の製造業の運行過程において、組織はイノベーション体制が運用するものであり、組織はイノベーションを実現する道具である[3]。この意味から言うと、組織の産業イノベーションにおける重要な位置は軽視できない置き換えの利かないものである。これは日本の産業イノベーションの問題を理解するうえできわめて重要な側面である。技術革新の重要な制度面の支えとして、組織構造に対する理解はさらに日本の製造業全体のイノベーションと発展の問題に対する一連の認識にも関わっている。

1　時期によって異なる結論が出ることも、やはり組織問題の日本の産業経済発展における重要な位置を説明できる。

2　Rod Coombs（著）鐘学義（訳）．"技術進歩与産業組織"．技術進歩与経済理論．経済科学出版社、1992、p.362、（Giovanni Dosi ほか［編］"Technical Change and Economic Theory" の中国語版）

3　ここでのイノベーション体制は、革新の動的な調整体制と理解できるもので、進化経済理論を研究する学者も認めている（Christopher Freeman（著）鐘学義（訳）．"緒論"．技術進歩与経済理論．経済科学出版社、1992、p.2を参照）

第3編　イノベーション組織とその組織構造の進化に対する分析

本書ではこの基本的認識に基づいてイノベーションを中心とした日本の製造業の組織構造の進化について研究していく。すなわち、組織およびその構造が連続的イノベーションの中で担う役割を動的な観点で認識する。歴史における日本の製造業の組織構造の多様性、および市場構造の不安定で変わりやすい条件における構造調整と進化の手段に対する考察と解釈を通じて、組織構造の選択条件と選択過程、およびイノベーション効率との関係を探究する。

第7章 連続的イノベーションの組織と組織構造に対する動的な認識

日本の製造業の組織構造の進化の研究に入る前に、研究の基礎として、まず日本の産業の実際の運用状況と結び付け、技術革新と密接に関わる組織、組織の構造およびその変化について簡単な分析と説明を行う。

第1節 連続的イノベーションとイノベーションに適した組織

ここでは理論研究と産業の運営のそれぞれの面から、連続的イノベーションと密接に関わるイノベーション実行組織の認識について討論する。

1.「日本型」組織の論争から見るイノベーションと組織の密接な関係

日本の製造業における技術革新の過程で、組織との不可分で密接な関係を最もよく反映するものは、製造業の組織形式の優劣について発生した巨大な論争である。1980年代、西側諸国が軒並みスタグフレーションに陥った経済に対する調整で疲弊していたとき、日本はその調整における持続的なイノベーションにより、絶えず新しい領域を開拓し新しい市場を広げて、製造業の主要な各部門が継続して優れた業績を作り、世界の工業技術トップの座を次々と奪い取っていた。そこでアメリカを含む多くの国が学習と模倣の対象にすべく続々と日本へ視察団を送り、製造業の「日本型組織」の効率性の源泉を探し求めた。しかし日本が90年代のバブル経済崩壊後の低迷期に歩み入ると、日本型組織は「政府、官僚、財界の庇護下にある閉鎖的体制の産物」と責められ、この時期の日本でイノベーションが停滞し、競争力が衰退する主な原因となった[1]。つま

---

1 青木昌彦、奥野正寛. 経済システムの比較制度分析. 東京大学出版会、1996、p.3-4

り、同じ事物が経済発展時期によって社会からまったく異なる評価を受けたのだ。そのため、日本型組織の是非はかなり長い間、認識の難しい問題となっている[2]。現実の経済生活の中で、日本の製造業のイノベーション（発展か挫折かを問わず）とその組織の運営がおのずと関連づけられてきたのは、まさにこの事実が技術革新の組織と革新による業績の間に存在する密接な関係を反映しているからである。その上、理論研究でも「イノベーションの社会における性質は組織内の技術の変遷が常に組織の改革を伴っていることを意味する」ことが示されている[3]。

2．組織の問題に対する日本などの学者の関心と研究

まさに組織と産業イノベーションおよびその運営に存在しているこうした密接な関係のため、日本の経済学者の一部も比較的早くから組織問題に関心を持ち、多くの関連する研究を行ってきた。たとえば飯野春樹が1970年代からバーナード組織理論の紹介と研究を始め[4]、奥野正寛、岩井克人らは組織に対する純粋な学術的分析を行い、今井賢一、伊丹敬之は関連する論文を70年代に発表している[5]。今井賢一、伊丹敬之、小池和男はそれまでの研究を基礎として、1982年に『内部組織の経済学』を出版した。同書では内部組織の経済学に対する詳しい説明があり、「企業という組織の内部、およびその内部と外部（市場）との境界に注目し、そこでの資源配分ないし意思決定のプロセスを情報や取引という鍵概念を用いて新たな観点から解明しようとするもの」とある[6]。純粋な理論上、学術上の研究と違い、彼らは日本企業を例に、問題研究の手法で取引

---

2 この問題の観点と見解について、以下の分析と探求から得られた知見のうち、ここで主に指摘したいのはイノベーションと組織の密接な関係のこうした事実である。
3 Kevin Bryan（著）賈根良，劉剛（訳）．促進創新：就演化経済学和系統研究方法応用於政策問題的一種総的看法．演化経済学前沿：競争、自組織与創新政策．高等教育出版社、2005、p.370（John Foster, J. Stanley Metcalfe［編］．Frontiers of Evolutionary Economics: Competition, Self-Organization, and Innovation Policy, Edward Elgar, 2003の中国語版）
4 飯野春樹．バーナード研究 [M]．文真堂、1978、バーナード組織理論研究 [M]．文真堂、1992
5 今井賢一、伊丹敬之が1977年に『経済学研究』で発表した論文および小池和男と1980年に『現代経済学叢書』で発表した文章
6 今井賢一、伊丹敬之、小池和男（著）金洪雲（訳）．内部組織的経済学 [M]．生活・読書・新知三聯書店、2004：pp.3-4（内部組織の経済学、東洋経済新報社、1982の中国語版）

コスト理論における市場と組織の選択、エージェント理論におけるインセンティブと監督のメカニズム、内部労働市場、資本取引の内部化、中間組織の問題、内部組織と市場との相互作用などの問題を分析した。この研究で際立っている特徴のひとつが、「『物の見方』を具体的に提供することに力点を置い」ていることである[7]。これは本書のイノベーションと密接に関わる組織の問題に対する研究の出発点とぴったり合致している。この側面に関する研究には他にも青木昌彦の『日本企業の組織と情報』と『現代の企業―ゲームの理論からみた法と経済』、国領二郎の『オープン・ネットワーク経営―企業戦略の新潮流』シリーズ、企業行動研究グループの編纂した『日本企業の適応力―現代企業研究』三輪芳朗の『日本の企業と産業組織』、橋本寿朗の『戦間期の産業発展と産業組織Ⅱ　重化学工業化と独占』といった経済史の成果や、野中郁次郎、竹内弘高の『知識創造企業』、他国の学者では D. Eleanor Westney の *Imitation and Innovation : The Transfer of Western Organizational Patterns to Meiji Japan*、Ron Ashkenas らの *Boundaryless organization*、Mary A. O'Sullivan の *Corporate Governance Century: The Evolution of U.S. and German Corporate Governance*、Ralph D.Stacey の *Complexity and Creativity in Organizations* などがある[8]。

3．産業の実践におけるイノベーション実行組織の働き

日本の製造業の産業の実践において、イノベーションを実行する組織は主にイノベーション体制の運営を通じて反映されている。ここで言う技術革新体制とは、具体的には産業と企業の持つ、技術革新を展開し、絶えず高いレベルへ発展するための意思決定、組織、管理などすべての機能を指す[9]。日本の産業がこのようなイノベーション体制の育成を重視する理由は、いくつかの新しい製品と新しい製造技術だけではトップの地位を維持できず、製品と製造技術には結局のところ更新の問題とライフサイクルがあると彼らが考えているからであ

7　今井賢一、伊丹敬之、小池和男（著）金洪雲（訳）. 内部組織的経済学 [M]．生活・読書・新知三聯書店，2004：p.2
8　関連するその他の研究については巻末の主な参考文献を参照
9　日本の技術革新体制の具体的な働きについては李毅. 跨向新時代的企業競争力 [M]．経済管理出版社,2001：pp.22-32を参照

る。絶えず先進技術を新しい製品、新しい製造技術に転化することを実現できるイノベーション体制を作らなければ激烈な国際競争の中で優位を維持できない。この意味から言うと、製造業の技術革新体制の運営は、イノベーション実行組織での新技術の転化（商業への応用）能力の向上および資源の効果的な配置と密接に結びついている。イノベーション体制の運営を通じて形成する技術革新の実行組織は、日本のような経済発展の始まりが遅かった国、特に天然資源が欠乏し人的資本の充実した国の産業発展にとって、特殊で重要な意味がある。「フォロワーからリーダーへ」の必ず通る道なのだ。そのため、日本で巨大な成功を得たさまざまな製造企業は、いずれも技術革新体制の運営をしっかりと掌握している。これまで見てきた例では、戦後に創立されたベンチャー企業のホンダとソニーの技術革新体制の構築は企業の成長と同時進行だった。比較的歴史のあるトヨタ、パナソニックなどの技術革新体制の運営と整備も、企業の競争力の維持発展と一体に結びついている[10]。

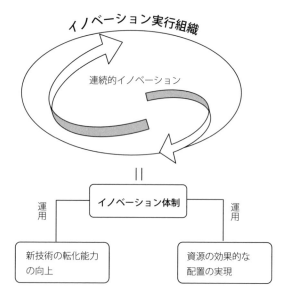

図7-1　連続的イノベーションと適切なイノベーション実行組織

10　李毅. 跨向新時代的企業競争力 [M]. 経済管理出版社，2001：pp.15-22、pp.33-39（企業発展的案例）を参照

第2節　組織構造の認識に対する動的な観点

技術革新と密接に結びついた組織の状況は通常、その組織の構造を通じて観察する。そのため構造の問題は日本の製造業の組織の進化に対する研究の関心の中心である。ここでは組織構造の多様な変化の考え方を分析するところから着手し、ミクロの実例を通じて組織構造の変化とイノベーションに対するその影響を見ていき、日本の組織構造の問題の動的な観点を分析して詳述する。また、進化経済学の観点を用いて組織構造の新しい理論の解釈を試みる。

1．組織構造の多様な変化の思想に関する主張

産業経済に対する静的な分析方法と違い、ここでは日本の製造業のある時点において既存の組織構造を絶対的に優位の客観的存在と見なすのではなく、その出現の客観的必然性およびその発生に影響し決定づけた各種の要素の役割を討論する。もっとも、このような方法で組織構造を研究することも、従来の主流の方法として評価されてはいる[11]。生物進化の思想の上に確立された進化経済理論を用いて産業経済の運行と発展を理解し、経済現象と行為の変遷の法則性を研究する。なぜならそれぞれの環境の下で形成された組織構造は自身の特徴を持つだけでなく、発展し変化してもいるからである。この考え方に従って、異なる時点に存在している産業組織の持つ相対的な優越性を観察する[12]。日本の比較制度学者、青木昌彦教授は有名な著書『経済システムの進化と多元性』の中で、「どのような環境条件においても絶対的に優れた唯一無二の最適組織というものはありえない」とより明確に指摘している[13]。ここから、進化経済学から見た組織構造の優位は歴史的な、進化の概念であることが分かる。現実の中の複雑な経済システムを単純化して簡単な線形システムに抽象化する

---

11 目的論や決定論と呼ばれる制度分析では一般に、現存する組織を研究対象として、特定のモデルを選び取り、そこから典型的な組織の存在する決定的な原因を解釈する。（岡崎哲二．生産組織の経済史 [M]．東京大学出版会，2005：p.292）
12 岡崎哲二．生産組織の経済史 [M]．東京大学出版会，2005：pp.292-293
13 青木昌彦．経済システムの進化と多元性：比較制度分析序説 [M]．東洋経済新報社，1995：p.12

ことによって競争の過程の同調性とシステムの安定性を強調する伝統的な一般均衡理論の分析とは違い、進化経済理論では、現実の中に広く存在する経済構造の多様性を認め、市場活動の不安定さ、多変性から出発して経済システムの進化の過程を観察し、均衡に到達するまでの過程の研究を強調する。さらに言うと、動的不均衡の分析により組織構造の多様性と各経済主体間の相互作用を示し、変化している現実の世界に基づいてその組織構造を調整する過程がどのようなものか研究する。「もしも人類の動機を考慮に入れたなら、イノベーションを通じて新しい経済組織を創造する形式には多くの方法がありうる」からである[14]。明らかにこれは複雑な経済現象を説明し経済体系の変革と発展を研究する理論である。

2. イノベーション経済学のミクロの基礎である企業視点での組織構造の変動および影響

進化経済理論の重要な内容であるイノベーション経済学は強いミクロ経済学の基礎を持つと考えられており、「企業の行為と知識の蓄積、新技術の導入と拡散についての経済学上の特徴、特に技術と企業の間の局部的な外部性、相互依存性と補完性の動的な変化に着目して研究する」[15]。企業は技術革新の最下部組織であり、イノベーションの実現さらにはイノベーション能力の形成を反映するその組織構造は、長い目で見れば発展と変化である。そして技術革新の効率（経済体の競争力の重要な尺度のひとつ）を向上させるには、企業組織構造の最適化が頼りとなる。つまり、「新技術はその採用される経済、産業、制度の環境の中で分析する必要がある」。企業の組織という最も基礎の環境に対する研究を通じて、「新技術はある環境の中では他の環境に比べてより価値が大きく、

---

14 Brian Morgan. 評論：成功經濟組織的起源——一種為自組織提供空間的達爾文主義解釋 [A]. John Foster, J・Stanley Metcalfe（編）賈根良、劉剛（訳）. 演化経済学前沿：競争，自組織与創新政策. 高等教育出版社, 2005：p.162（Frontiers of Evolutionary Economics: Competition, Self-Organization, and Innovation Policy, Edward Elgar, 2003の中国語版）

15 Cristiano Antonelli（著）劉剛、張浩辰、岳志剛（訳）. 創新経済学新技術与結構変遷. 高等教育出版社, 2006：p.158（Economics of new technologies and innovative structural change の中国語版）

効率がよい可能性がある」理由を理解することができる[16]。そのため新技術を作り出しまたは育て、その効果を十分に発揮させられる企業の組織構成の探究に努める。この意味から言うと、企業の組織構造の状況は技術革新の効果が最も直接的に影響する要素となる。世界でも有名な技術革新学者、エジンバラ大学日欧技術研究院の院長のマーティン・フランズマン教授は日本 ICT 産業の進化を研究した著作 Japan's Computer and Communications Industry: The Evolution of Industrial Giants and Global Competitiveness の中で、この業界の重要な企業 NEC が新技術の変化の特徴に適応するため、1945～1995年の50年間に企業の組織構造に生じた3種類の形式の変化を列挙している（図7-2を参照）。彼は分析の中で「会社の能力は一連の価値を創造する取り組みと知識の寄せ集めで、競争力の保証である」、「しかし、会社の能力は会社の組織構造の上に築かれるものである。会社の組織構造の進化は会社が外部環境の変化に応じた調整を行う過程である」と指摘している[17]。NECが成長の途上で経験したこれらの組織構造上の調整と変化こそが、同社を強大な創造能力を持つ国際競争型の企業に押し上げた。多くの日本の成功企業も同じ経歴を持っている。

図7-2　1945～1995年の NEC の企業組織構造形式の変遷
データの出典：M.Fransman（著）李紀珍，呉凡（訳），贏在創新：日本計算機与通信業成長之路，知識産権出版社2006，p.245（Japan's Computer and Communications Industry: The Evolution of Industrial Giants and Global Competitiveness, Oxford University Press, 1995の中国語版）

3．日本の組織構造の認識に対する動的な観察

NEC の組織構造の変化の事例から、日本の製造業の組織は歴史の概念のひ

---

16 Cristiano Antonelli（著）劉剛、張浩辰、岳志剛（訳）．創新経済学新技術与結構変遷．高等教育出版社，2006：p.156（Economics of new technologies and innovative structural change の中国語版）
17 M.Fransman（著）李紀珍，呉凡（訳），贏在創新：日本計算機与通信業成長之路，知識産権出版社2006，p.245（Japan's Computer and Communications Industry: The Evolution of Industrial Giants and Global Competitiveness, Oxford University Press, 1995の中国語版）

とつで、その組織の構造は動的なものであることが分かる。経済史の角度からこの問題を見ると、日本の経済と製造業の近代から現代にかけての発展過程に対応して、組織構造が伝統的な形態から現代的な形態へ移行する中で、その組織構造の構成の骨組みと発現様式は絶えず調整され変化している。通常、人々に見えるのはある時点での断面か、ある時期のある種の特定の形態だけである。実際には、日本の製造業が1世紀余り発展してきた過程の中で、そこに発生した組織の構造形式の変化には、欧米諸国で工業化の時期に通常採用されていた階層制組織も、日本の産業の歴史の特徴を反映したグループ型の組織構造もあり、在来産業の成長の中で絶えず外部から学習し吸収して形成した組織形式もあれば、自国で実践されてきた伝統に適応して自ら創造したのもある。まさに組織構造上のこのような発展と変化が連続的イノベーションの需要に適応し、日本の産業は成熟と発達を成し遂げたと同時に、調整とイノベーションのなかに存在する問題のため、持続可能な発展という面での挫折と打撃に遭遇してもいる。そのため、日本のイノベーション実行組織の形式に対する認識とその働きに対する評価を硬直化し形骸化したものとするべきではない。その産業組織の成長の歴史の軌道に従って、客観的に発展の視点でその成功や失敗と損得を探究するべきである。さもなくば、ここまで言及してきた全体との矛盾により自力で抜け出せない論理の混乱に陥ってしまう。日本の製造業のイノベーションの経験と教訓に対する分析は、その組織構造の進化に対する動的な観察を必要とする。

　このように日本の製造業の技術革新の問題を探究する時、その組織構造とその変遷に関心を持たないわけにはいかず、「構造の要素は事実上、イノベーションの導入後に生じた実際の結果を形作り評価する」[18]。「効率のよい経済組織を持つことは成長の重要な要素である」[19]。

18　Cristiano Antonelli（著）劉剛、張浩辰、岳志剛（訳）．創新経済学新技術与結構変遷．高等教育出版社，2006：p.159（Economics of new technologies and innovative structural change, Routledge, 2002の中国語版）

19　Douglass C. North, Robert Paul Thomas（著）厲以平、蔡磊（訳）．西方世界的興起 [M]．華夏出版社，1999（The Rise of the Western World: A New Economic History, Cambridge University Press, 1973の中国語版）．ノースは西側世界が興ったのは効率のよい経済組織が発展したことによると考えている。

第3節　組織構造の進化の一般的過程：組織学の既存の研究

　組織構造が進化する一般的過程に関する組織学での研究は、日本の製造業の組織構造の進化の軌道と特徴を研究するための起点、およびその後の比較研究の対象とすることができる。日本の製造業の組織構造が進化する過程を観察して分析する前に、組織学の理論における組織構造の具体的な内容、およびこの理論における組織構造の進化の過程に対する既存の研究を知っておく必要がある。

1．組織学の理論における組織構造の本質および関連する研究

　組織理論での組織構造に対する理解にはさまざまな観点がある[20]。通常は専業的分業と等級を含み、技術、文化、管理方式などから構成される組織形式と見なされる。組織内の各要素を組み合わせた形式と見なされることもあるため、組み合わせによって組織構造の形式は異なる。組織構造に対するこのような解読で着目されているのは、明らかに、その静的な構成である。動的な観点では、組織構造は組織内の職務と権力関係に関わる形式化されたシステムであると考える。それが体現するものは業務の配分方法、情報の流れかた、誰が誰に責任を負うかといった内部の協調構造である。そのため、組織構造には基本的な構造だけではなく、その構造を強化して構造の意図の実現を確保するための運営体制も含まれる。つまり、インセンティブ体制、規則手順を含めた広範囲に渡る領域であり、組織能力の強弱を反映する動的な運営の過程でもある。これは進化経済理論の事物に対する認識と観察の方法に合致している[21]。事実上、競争環境が動的に変化するのに従って、組織構造の本質に対する人々の認識の重点は静態から動態に進みつつあり、構成図から運営体制と組織能力により理解する方向へ変化している[22]。

20　林由、黄培倫、藍海林．組織結構特性与組織知識創新的関係研究 [M]．経済科学出版社，2005：pp.24-26を参照
21　本書は組織構造に対する研究で十分に組織学の研究上のこの成果を吸収している。
22　林由、黄培倫、藍海林．組織結構特性与組織知識創新的関係研究 [M]．経済科学出版社，2005：

組織能力の角度から組織構造の重要性を分析したものについては、組織学の成果がすでに多くある。この研究では企業が持続的な競争力を獲得するには核心的能力が必須で、核心的能力は価値、異質性、模倣や代替が不能といった特徴を備えるべきであると考える。特定の組織構造レベルの産物であるこうした能力は、組織の資本であると同時に社会の資本でもある。前者は組織構造の中で体現され、後者は企業文化の中に反映される[23]。組織構造の働きは、資源、権限と情報の分配、正式な関係性、業務に用いる技術を通じて組織の構成員の行為に影響し、そして目的を持って組織の戦略と能力を支持するところにある[24]。

2. 組織構造が進化する一般的過程に関する組織理論の研究

産業経済の発展史上、組織構造は長期的な進化の過程を経ている。この過程は通常、組織理論学者が3つの連続した発展段階に帰結させている。すなわち集権型構造から、分権型構造、フラット型構造へと発展している[25]。

いわゆる集権型の組織構造とは、機械化された大規模工業の発展後、産業の成長上の専業的分業と業務上の機能分担に伴って、監督と業務手順の標準化が直接結びついて形成された集中的な組織構造で、縦方向管理、階級ごとの責任、集中制御の機械的な管理モデルである。その特徴は等級の区別が明確なことで、上から下への管理、部門間の厳格な独立、業務機能の細分化、垂直型管理が実行され、計画、方針、実行はすべて最上位層が掌握する。長所は業務に秩序があり、安定した環境では高い効率を発揮しやすいことである。短所は、内部的には知識、情報の交流と共有がしにくく、対外的には効果的に有用な知識を吸収することと突発事態へすみやかに対処することが難しいことである。

---

p25を参照

23 Barney, Jay. Firm Resources and Sustained Competitive Advantege[J]. Journal of Management, 1991(17): pp.99-120 林由ほか．組織結構特性与組織知識創新的関係研究 [M]．経済科学出版社，2005：p.25より再引用

24 Galbraith, Jay R. and Edward E. Lawler. Organizing for the Future: The New Logic for Managing Complex Organizations [M]. Jossey-Bass, 1993. 林由ほか．組織結構特性与組織知識創新的関係研究 [M]．経済科学出版社，2005：p.25より再引用

25 林由、黄培倫、藍海林．組織結構特性与組織知識創新的関係研究 [M]．経済科学出版社，2005：pp.33-40

分権型組織構造は、1920年代に所有者と経営者の分離を特徴とする現代企業の出現、および工業化の進展に適応した企業の組織規模の拡大に伴って、集権型構造に存在する問題を克服するという基礎の上で形成した組織構造の形式である。分権型組織構造の形式には事業部制、マトリックスなどがある。このような長期にわたる産業の発展の実践の中で、組織間の横方向のつながりを強調し権限委譲を特徴とする企業の組織構造の形式は、企業が職業経営者を導入し分権型の階層制度を採用したことにより、一手に握られていた意思決定と情報の権力を組織内での適度な共有に変え、最上位層による垂直型管理を次第に部門間のコントロールへと転向させていった。分権型組織構造は、構造が簡単でフィードバックが速いといった特徴のため、多様化した製品と複雑な市場環境に対応できる。

フラット型組織構造は、現代の情報技術の急激な発展、経済のグローバル化を背景とする組織構造の変革の産物である。情報を基礎に知識型専門人材がネットワークを作り上げ、同じクラス間の協調と管理を重点にしていることが、現在発展中のフラット型組織構造の際立った特徴である。命令制御からの徹底的な脱却に努めることを基調に組織の行為を調整するという階層管理を目的とすることがフラット型組織構造の特徴である。企業組織に十分な融通性と

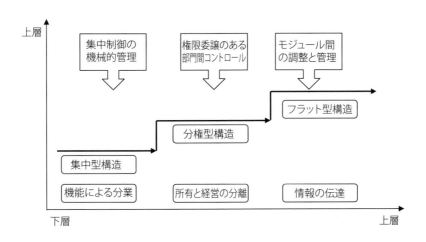

図7-3　組織構造が進化する段階的軌道

イノベーション能力を持たせるため、フラットで情報の伝達が多様な、組織能力の向上と組織資本の蓄積を重視した、内外のネットワークを通じて企業と産業の競争力を作り上げる効果的な組織形式が構築された[26]。

上述した組織学の研究成果は、以下の日本の組織構造の進化の研究に深い啓発と良質な比較研究対象を提供している。

---

26 呉偉浩、呉伯田、許慶瑞. 企業組織結構創新的歴程和規律 [J]. 科学管理研究, 1999(6): pp.1-4

第8章　日本の産業組織構造の多様性とその構造の変遷

　中国の有名な経済史学者の陳振漢は、社会問題の複雑性のため、できる限り正確に研究対象に対して事実の陳述をなさなければならないと述べている[1]。産業経済史の重要な構成部分である日本の製造業の組織構造は豊富で深い発展と変革の過程を経てきた。組織理論では基本的な構造および運営体制と見なされているが、その形式と内容は産業の性質、市場競争の状況、資源の条件、技術経済のレベル、社会や文化の要因といった産業成長のさまざまな内外環境の影響と制約を受ける。そのため、日本で製造業の組織構造が進化する過程には、産業の成長の共通性（あるいは共通の規則と呼ばれるもの）を反映するいくつかの組織構造の形式に加え、その産業自身の特徴を体現する日本式の組織構造も含まれる。進化の過程の豊かさはその多様性と特色性にある、あるいは複雑性として理解される。日本の製造業でイノベーションをめぐって発生する組織構造の進化の軌跡をここで考察し分析するが、やはり産業発展の主要な時期、代表的な組織構造の形式を選び、その組織構造の進化を探る研究を行って、日本の製造業の成長と革新の組織構造の進化する経路を示し、戦後の組織構造の形成と歴史および戦時とのつながりを示そうと試みる。

第1節　近代製造業の発展における日本らしい産業の組織形式

1．「問屋制」──農村家庭の工業生産の組織形式
とい や

　日本の生産組織に関する日本語の文献を研究する中で、組織に対してさらな

---

[1] 経済史学者の陳振漢はそれを歴史的方法と呼んでいる。陳振漢『歩履集』（北京大学出版社、2005）、p.7を参照

る定義をした文章を見つけた。組織を「雇用契約ないし持続的な長期の取引関係の形成する経済の主体間の関係」として評価し、さらに生産組織を「物質とサービスの生産を目的とする組織」と見なし[2]、それによってより広範囲に渡る本質的属性を生産組織に与えた。ここでは同じ定義を使って、近代工業の主導産業である紡織業の絹織物生産を例に、近代日本製造業の初期の組織構造形式である問屋制（卸売組織）にクローズアップして観察する。

　近年の経済史の研究から、後発工業国である日本は、近代産業発展において欧米の工場制集中生産とまったく同じ組織形式はとらず[3]、日本の在来産業、たとえば織物の発展の中で形成された特徴的な生産組織である問屋制は、かつて主要な組織構造の形式として、比較的長い間、生産に関する重要な組織としての効果を発揮していた。19世紀後半には、日本の織物はいくつかの地方的な市場で取引が行われていたが、生産は主に農家に分散しており、家内工業の形式で行われていた。一般的な生産過程は原料調達から始まり[4]、織物の図案の確定を経て、染色加工した原料を使用して織物を製造するというものだった。生産者に原料を提供することを主として生産に加わる組織は、「問屋」の組織と呼ばれた。このような近代の製造業の生産は当時、農村の季節的余剰労働力と産地の家庭内の熟練した絹織物技術の存在[5]、および地域の市場の専業化された分業の形成を前提とする。群馬県山田郡桐生町（現在の桐生市付近）を中心とする絹織物の生産はその中の代表の一つである。幕末から近代にかけて、この地区の製品生産には高級な贅沢品から相対的に大衆的な紬へと転換する傾向が現れた。同時に、織り上げ、撚糸、最終加工から設計に至るまで次々と独立した工程となり、専業化生産を形成していった。徐々に買い取り業者（織元）と各生産プロセスの生産者からなる「作業の賃貸借」関係である問屋制が形成された。つまり織元が現地の市場で地元の生糸生産農家と生糸商人の提供する原料を調達してそれに対する加工、製品の生産を「賃機（ちんばた）」と呼ばれる農家に委託

2　岡崎哲二．生産組織の経済史 [M]．東京大学出版会，2005：p.5
3　中林真幸．問屋制と専業化：近代における桐生織物業の発展 [A]．武田晴人．地域の社会経済史：産業化と地域社会のダイナミズム [M]．有斐閣，2003：第1章を参照
4　ここでの原料は主に紡ぎ糸である。
5　たとえば群馬県の前橋、桐生、伊勢崎、栃木県の足利、埼玉県の入間などの絹織物の産地

表8-1 群馬県山田郡の絹織物業の生産組織と生産形態（1）

年度	工場					家内工業			
	戸数	織機		職工		戸数	織機		職工	
		力織機	手織機	男	女		力織機	手織機	男	女
1905	39	152	438	58	648	302	0	898	37	1,078
1906	35	152	388	70	897	394	0	1,245	91	1,297
1907	33	173	418	59	876	418	0	1,367	95	1,447
1908	32	330	432	60	872	390	0	1,298	81	1,382
1909	41	356	503	54	1,005	423	5	1,369	64	1,463
1910	73	420	625	63	1,195	385	0	1,291	60	1,384
1911	66	163	569	46	754	375	12	1,399	51	1,377
1912	59	204	555	33	816	377	12	1,357	35	1,341

表8-2 群馬県山田郡の絹織物業の生産組織と生産形態（2）

年度	織元					賃機業				
	戸数	織機		職工		戸数	織機		職工	
		力織機	手織機	男	女		力織機	手織機	男	女
1905	199	0	417	13	529	3,450	0	4,202	65	4,630
1906	109	0	293	26	382	3,663	0	4,161	217	5,002
1907	139	0	388	37	468	4,034	0	5,650	263	5,562
1908	124	0	343	40	418	4,070	0	5,594	301	5,473
1909	97	0	280	24	446	4,155	0	5,439	293	5,433
1910	104	0	322	32	405	4,560	0	5,950	324	5,892
1911	70	0	0	0	0	4,713	0	6,176	279	6,029
1912	99	0	76	21	76	5,337	0	7,347	287	7,144

データの出典：『群馬県統計書』、伊丹敬之ほか（編）．日本の企業システム第Ⅱ期：第1巻．組織とコーディネーション，有斐閣2006，pp.88-89の表から再引用。

し、作業費（織賃）を支払って、製品を市場で販売したのである。そして、生産規模が拡大を続けるにつれ、機織り技術を受け継ぐ農家を初めとして、図案デザイン、撚糸、染色、最終加工など各プロセスの従業者がみな問屋と作業の賃貸借契約を結んだ。問屋制が専業化した小規模の生産過程の完全な組織化、さらに経営者と生産の組織化を通じて農村社会の発展の基礎と市場ニーズの有機的な結合を実現した。問屋制は1880年代以降に普及した新型の生産組織の形式と呼ばれ、日本の近代産業発展の中で重要な位置を占めている[6]。

近代日本の絹織物業の発展で欧米のような工場制集中生産が選択されなかったのは、決してこの業界の生産力の水準が遅れていたためではない[7]。相反して

6　谷本雅之「織元－賃織関係の分析」、『日本における在来的経済発展と織物業：市場形成と家族経済』第7章、名古屋大学出版会1998

7　中林真幸．問屋制の柔軟性と集積の利益：近代における桐生織物業の発展 [A]．伊丹敬之ほか

当時の製造業で急速に発展した産業である絹織物業が問屋制のような生産組織を選択した理由は、主にその製品構造の多様性（色柄、図案、製品の品種などへの大衆の需要に適応する）、および日本の技術の進歩の特徴との結びつき（欧米で動力機械を導入して量産したのと異なり、合成染料の導入を通じて製品設計の多様化を図った）である。織元の豊富な製品開発経験と生産組織の能力を十分に発揮できる問屋制はこの要件に適応していた。同時に、問屋制では生産組織が熟練している技術労働者を獲得できるうえ、生産にかかる育成訓練コストを節約でき、さらに景気変動のリスクを別のプロセスに分散できるため、こうした組織の運営による最大の利益を十分に享受できるものだった。そのため、幕末期に主導的地位を占めていた生産組織の形式である問屋制が[8]、1880年～1920年に急速に発展したのである。

2．問屋制を効果的に運営する制度の基礎——「株仲間」[9]

問屋制が近代日本の織物生産に対して有効な組織作用を果たせたのは、当時の同業者間にあった権利保護機能を持つ組織、「株仲間」の存在および運営と密に関わっている[10]。生産プロセスに地理的な間隔が存在する分散型組織である問屋制が、契約書の締結者間での長期の密接な取引関係を頼りにできたのは、後者が生産プロセスでの賃貸設備探しを制約していたことと製品の納期を保証していたことによるもので、株仲間によるその制度の実施体制の働きの結果である。1980～90年代の経済史の研究領域の大きな変革により形成された歴史制度理論は、この問題の研究に対して積極的な指導的意義がある[11]。日本の

　　（編）．日本の企業システム：組織とコーディネーション [M]．有斐閣，2006：p.78
8　厳立賢．中国和日本的早期工業化与国内市場 [M]．北京大学出版社，1999：p.109
9　事実上の実施体制でもある。
10　以前あった中国での伝統的な観点では、株仲間がその業界の製品の生産と価格に対する調整を通じて経済の発展をある程度促進したことは認めるものの、株仲間はやはり商品の経済発展の障害要因だと考えられていた。このようなある時期に着眼した静的な観点では、経済発展の歴史のつながりに注意を払えないだけでなく、組織に対する歴史の作用の実際の認識にも役立たない。
11　歴史的制度理論は新制度経済学を受け継いで制度の構造による経済発展、生産組織の過程での作用を重視しており、経済成長に必要な資本の蓄積と技術革新の実現に対する影響に関心を持つと同時に、ゲーム理論を応用して制度をある種のゲームバランスと捉え内生という観点での分析に成功している。

第8章　日本の産業組織構造の多様性とその構造の変遷

　経済史学者の一部はこの理論を受け継いで、歴史上の制度を分析するという方法を運用し、江戸時代に始まった株仲間組織の機能に高い関心を寄せ、一定の角度から研究している[12]。

　株仲間とは、江戸時代、営業特権を持つ同業界の経営者で構成された組織で[13]、1790年代、日本の前工業化時期の経済の持続的発展に伴って急速に普及した。以前はその業界内部の製品と価格に対する拘束力のため、株仲間は独占機能ばかりが着目され強調されてきたが、株仲間は同時に権利保護機能、調整機能、信用維持機能も持っていた[14]。同業者の集まった組織である株仲間は、内部に議決機関と実行機関を持っていた。問屋制生産組織に対して影響を与えていたのは、まさに権利保護機能や調整機能に含まれる契約実行機能だったのである。具体的に言うと株仲間が使っていた多角的な懲罰戦略である。多角的な懲罰戦略を効果的に実施する保証となっていたのは、株仲間の持つ営業特権とその組織そのものが持つ内部情報の効果的な伝達体制である。当時の公的権力が所有権の保護に対して効力を発揮しない歴史的条件のもとで[15]、分散型組織の管理監督上で直面した苦境に対して、一般的な株仲間組織規約や規定では、そのうちの経営者の1人が取引相手の不公正による損害を受けたとき、たとえば織物の生産で生糸原料の抜き取り、あるいは納品の遅延に遭ったときなどに、組織内のすべての経営者と不公正な行為をした取引相手との取引を停止する措置が採用されていた[16]。単独で懲罰を実施するよりも、こうした多角的な懲罰を実施するほうが、取引相手の不正行為の動機を大いに弱められる。不公正な行為をとれば、以後同業のすべての経営者との取引機会を失うため、目

12　岡崎哲二．江戸の市場経済：歴史制度分析から見た株仲間 [M]．講談社，1999、近世日本の経済発展と株仲間：歴史制度分析 [M]．組織とコーディネーション [M]．有斐閣，2006、取引制度の経済史 [M]．東京大学出版会，2001；経済史の教訓：危機克服のカギは歴史の中にあり [M]．ダイヤモンド社，2002を参照

13　岡崎の解釈によると、ここでの「株」は公的権力が認める営業特権のことである。

14　宮本又次．株仲間の研究 [M]．有斐閣，1938を参照

15　江戸時代に発布された、幕府は金銭の債権関係の訴訟を受理しないとする法令「相対済令」を通じて表現されている。

16　アメリカの学者アヴナー・グライフが地中海マグリブの商人がとった同様な戦略を分析したとき、これは繰り返しゲームの戦略だとしている。すなわち相手側が協力するならば自分側も協力を実施し、相手側が誰も協力しないときは自分側も協力しない、相手側の一部が非協力的な態度をとったときは自分側の損害を受けていない他のメンバーも全員協力しないというものである。

先の利益より失う将来の利益のほうが大きいからである[17]。つまり、江戸時代の市場経済体制が形成される過程で、国や第三者による契約履行の監督体制がまだ効力を発揮できていない時期、株仲間という自己実施方式は、制度に代わって市場経済秩序を保ち、取引を順調に進め、生産組織を効果的に運行させる機能を担い始めていたのだ。すなわち取引に参与する各者が互いに協議、駆け引きを通じて自らの意志で一致に至っていた。自己実施制度の発生する過程は、各プレイヤーが特定の対局中に、それぞれの目標に基づいて最適な戦略を無作為に選び、最後に均衡が得られる過程、すなわち一種のゲームバランスである[18]。ここでは株仲間の契約実行機能により問屋制の生産組織形式が有効に運用できたということを見てきた。逆に言えば、取引の相手方を正当な方法で取引に参与させるインセンティブでもある。株仲間のこうした働きは、すでに日本の学者によって、政府による禁制と奨励の2つの時期の経済の業績の対比から実証されている[19]。株仲間が産業の運行制度の基礎（実施体制）を提供するという角度から見たとしても、株仲間は制度レベルでのより広義な産業組織の形式だと言える。株仲間は、近代の製造業が備えた日本の特徴を持つ分散型組織構造を深く認識するのに役立つ、産業の発展とイノベーションに対する組織的実施（制度の手当）の過程である。

第2節　集中型組織構造の日本での形成と特徴

　集中型組織構造は日本の製造業が組織構造の進化過程で経た重要な段階である。日本の技術、経済、文化および社会環境といった歴史的特徴のため、集中型組織はその構成と運行、さらには発生過程でいずれも欧米諸国と多少異なる

17　岡崎哲二．近世日本の経済発展と株仲間：歴史制度分析 [A]．伊丹敬之．組織とコーディネーション [C]．有斐閣，2006：pp.145-146

18　Greif, Avner 1993 Contract Enforceability and Economic Institutions in Early Trade:The Maghribi Traders Coalition[J]. American Economic Review, p83(3). 韓毅．歴史的制度分析：西方制度経済史学的新進展 [M]．遼寧大学出版社，2002より再引用

19　株仲間が禁止されていた期間、実質貨幣残高の成長率は減衰状態を呈し（岡崎1999）、製品の粗製乱造と商業の取引の混乱があり（本庄1931）、物価の変動した地区の関連度に反映される市場体制の機能が弱まっている（新保1982）

ところがある。特に注意すべきことは、日本の集中型組織も日本の経済生活の中で出現し、日本の製造業の中で効力を発揮した過程であり、これまで認識されていた一直線の単純な伝統生産組織と置き換わる過程ではないことである。当然、日本の経済発展の後進性と産業革命時期の資本主義世界に後から入った立場のため、このような集中型組織構造の形成と運行は、日本の技術革新の組織に対しても製造業の発展に対しても重要な歴史的意味がある。集中型組織構造の形成と時間をかけた改善は、日本の近代の産業革命と工業化の展開にきわめて重要な推進作用を果たした。ここでは集中型組織構造の始まり、確立と特定の時期における強化を手がかりに、以下3つの面で分析を展開する。

1．工業化の中で技術と市場の変化が促進した工場制組織への転換

問屋制とその自己実施体制と呼ばれる株仲間は、特定条件のもとで生産に対して効果的な組織だった。工業化の時期に伝統的な織物の産地、たとえば前に言及した桐生、足利などで、集中化した家内生産と分散した外注生産の共存する局面を形成している。手紡績と手動織機の家庭集中生産を採用することで、技術の伝播と熟練労働者の育成ができ、問屋制は分散生産組織を市場ニーズの変動に適応させやすくしていた[20]。これらの地区の生産組織を動力紡織機が主体の工場制へと転換させた本当の要因は、主に技術環境と市場要因であると考えられている[21]。すなわち電気の利用、動力紡織機械の安定供給、紡織機の性能向上に従って、このような科学技術の推進されていく環境が大衆向きの製品に動力機械生産を導入する重要な原因となった。同時に注意を要するのは、この時期の製品市場にも本質的な変化が現れたことである。まず、第一次世界大戦後、1920年代の不景気で、高級織物の需要が減ったため、産地の生産者が大衆に向けた安価な製品の大量生産に転向し、動力機械による生産で商機をつかむためには有利だった。そしてこの時期、生産原料にレーヨンが導入されている。レーヨンは価格が安く、品質が均一で、機械生産により適していた。生産効率を高めやすいという技術面での特徴が、動力紡織機の使用を推進した。こ

---

20 市川孝正．日本農村工業史研究：桐生・足利織物業の分析 [M]．文真堂，1996を参照
21 紡織産業の発展史を研究する主要な観点としては、橋野知子．問屋制から工場へ：戦間期日本の織物業 [A]．岡崎哲二．生産組織の経済史 [M]．東京大学出版会，2005：pp.33-74を参照

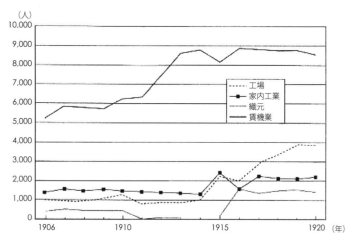

図8-1　桐生（山田郡）の経営形態別従業員数の変動

データの出典：『群馬県統計書』各年版、岡崎哲二（編）『生産組織の経済史』、東京大学出版会2005, p.45 から再引用

の時期は製品市場の変化と密接に関わる労働市場が変化したため、安定的な労働力を提供して大量生産の需要を満たせなくなったことが、農村の季節的な余剰労働力を使った問屋制組織が工場制に転換した3つ目の理由である。こうした事情により、工業化の推進される過程で、日本の製造業は徐々に問屋制から工場制への転換を始めた。

2．大規模生産という条件下での集中型組織の確立──石油精錬などの装置産業と鉄道交通業

　工場制は産業発展の重要な形式で、その発生から確立され発展するまでに必要条件を蓄積する過程がある。日本の石油精錬業は装置産業に発展する過程で、典型的にこの条件の蓄積という特徴を反映している。1890年、日本の石油精錬が家内制工業に別れを告げて工場制生産を採用した当時は、大量に生産して販売する能力も、国外の石油製品に対する競争力もまだ備えていなかった。石油精錬業が装置産業に移行する際の最も基本的なプロセスは、蒸留タンクを中心とする装備の大型化を通じた規模の経済の実現である。その間に各製造プロセスがほぼ人力での作業から次第に機械化を実現する過程を経て、それに

伴って作業場所も次第に分離し労働者数も増えていく。①原油の安定的な調達を適切に確保することが大規模生産を実現する前提であり、この時点で失敗した経営者の例もある。②日本は製品の均質性を確保すべく大規模生産に適した製造技術へと引き上げた。しかし当時は計量器具がまだ発達していなかったため、熟練労働者の経験に依存しており、熟練労働者部隊の形成、専門技能を持つ人材の育成と結びついた。③製造技術に対応する製品と流通の管理。製品の管理とはメーカーが製品の品質によって価格を定め販売することを指す。流通の管理では生産者が東京、静岡、名古屋などで販売拠点を設立して販売店を作り、かつ販売店と「販売契約」を締結してその販売活動を監督し、不良品を優良品に見せかける行為および価格をつり上げる行為を防止した。上述した問題が次々と解決したため、大規模工場制生産は19世紀末〜20世紀初めに石油精錬業が装置産業へと移行する中で安定することができた。

　工場制生産に伴って現代的企業組織が日本の製造業の中で確立された。チャンドラーの有名な研究により、通常、各国の現代的企業組織の確立を分析する起点となっているのは鉄道産業である。他の産業に対して生じる重要な影響もあって、日本の鉄道の現代的組織構造の確立と調整も同様に代表性を持っている[22]。日露戦争後の経営悪化と労働紛争に対処するため、1899年10月、日本鉄道は企業の組織と身分の制度改革を実行した。総務、会計、倉庫、運送、列車、線路補修、作業などの職能部門を設立して、各部門で全線を若干の地方管区に分け、授権して管理するというものである。同時に従業員の編成替えを行って上層の職員を減らし中間層を拡大する過程で、ブルーカラーの上層を企業の指導層に組み入れた。その後、巨大な管理部門と熟練していない労働力の急増による労働生産性の低下に対処するため[23]、日本鉄道は1904年に営業部と総務、出納といった部門を明確に区分し、営業部は担当区域内の一部の人事・命令権と運転管理の権限を所管の各事務所に委譲した。同時に日本鉄道は転

22　1881年の創立から1906年の国有化が実行されるまでのこの時期、日本鉄道の組織構造は機能による区分から事業部制を導入する改革の過程を経た。

23　この時期の日本鉄道の労働生産性（付加価値/平均従業員数）の低下は明らかで、1901年の647円から1902年には597円にまで下がっている。中村尚史．近代的企業組織の成立と人事管理：第一次大戦前期日本の鉄道業」[A]．岡崎哲二．生産組織の経済史[C]．東京大学出版会，2005：121を参照

表8-3　日本鉄道の従業員数と労働生産性の変動

	1897	1899	1901
従業員総計（人）	10,207	9,670	10,753
平均従業員数（人）	8,783	9,832	10,368
営業収入（千円）	6,181	8,056	10,188
営業利益（千円）	3,474	4,229	5,460
売上高利益率（%）	56.2	52.5	53.6
1人当たり俸給月額（円）	13.7	12.0	13.3
労働生産性（円）	568.3	599.1	726.8
消費者物価指数	100.0	102.1	112.3

注：労働生産性＝付加価値/平均従業員数。物価指数は安藤良雄（編）『近代日本経済史要覧』（第2版）p.4 の消費者物価指数を基に計算している。
データの出典：『鉄道局年報』と日本鉄道『報告書』の各年版。岡崎哲二（編）『生産組織の経済史』、東京大学出版会 2005，p121の表を基に整理したもの。

勤、昇進、採用、解雇の面で一連の制度的な措置をとっている。各職能部門間の障害を打破すべく、組織構造の調整を通じて意識と情報の疎通を実現し、組織効率を高めて人件費を下げた[24]。その結果、組織構造の調整と結びついた身分制度改革を通じて、昇進の機会が従業員の勤労意欲をきわめて大きく刺激して奮い立たせ、新しい組織の枠組みの中で合理的に人員と資金の流れを調整したことで、明らかに企業のランニングコストが低下し、企業経営の収益が増加した[25]。それによって現代的企業組織の形式が日本の産業発展の中で確立したのである。

3．戦時統制経済体制の集中型組織構造に対する影響

戦時経済統制体制は一般的に、1937年から1945年の全面的な中国侵略戦争と太平洋戦争の間、日本が国内で集中的に推進した国民経済に強制的に関与する体制を指す。第一次大戦後、国際的に勢いを増していた、国家の関与する独占資本主義という思潮は、日本の明治以来の富国強兵思想と合致していた。内部の日に日に先鋭化する社会政治経済の矛盾を調整して危機に対処するため、

---

24 当然この調整を通じて職能部門の縦方向から労働運動の展開の阻止を実現する目的の試みも含む。
25 1マイルあたりの営業収益の増加を例にとると、1903年上半期は762円だったが、1904年同時期に787円、1905年には990円まで増加し、以後も引き続き増加している（中村尚史．明治期鉄道企業における経営組織の展開[A]．野田正穂ほか．日本鉄道史的研究[M]．八朔社，2003：117）

日本は国家が関与する経済の道を歩み始め、侵略戦争の開始を通じて自由経済体制を統制経済体制に変える選択をした[26]。戦時統制経済体制の組織構造に対する影響は、この時期に実施された産業組織政策上に際立って体現されている[27]。1929年に世界恐慌が発生した後、日本の指導部は産業組織の調整を通じて危機を抜け出そうと試みた。商工省臨時産業合理局が1931年に『重要産業統制法』を制定したことで、政府の産業組織に対する関与の権力が初めて法律の形式を通じて明確になり、臨時産業合理局の指導のもとで積極的に産業の合併が進められた。その代表的事例は、1934年に官営八幡製鉄所を核に釜石など8社の鉄鋼企業が参加して日本製鉄株式会社が設立されたことである。合併措置の推進のもと、日鉄などの企業は戦時の主要物資の供給者となった。1937年に盧溝橋事件で日本が戦時状態に入ると、政府は財界との争奪戦を経て経済の新体制運動の中で政策を実施する主導権を掌握した。戦争中の物資の欠乏局面に直面した政府は1941年に『重要産業団体令』を発布し、統制会のような半官半民組織の設立を通じて組織構造の調整と改造を強化した。戦時の条件下で、政府と民間企業の疎通と協調を図る機関としての統制会の運営により、ある程度は情報伝達のコストが下がり物資の重点配分が実現された。戦時後期、日本が第二次世界大戦の戦場で敗戦を重ね外部の原料市場を失い続けるに従って、政府は組織政策の調整の重点を中小企業に移した。法令の公布を通じて、国家権力によって中小企業に対する強制的な整備を行い、産業部門ごとに分類と淘汰を行ったのである。継承しがたい中小企業に対して閉鎖、合併、生産品目の転換を促し、軽工業の占める比重を大いに減らすと同時に鉄鋼、機械、化学、石炭などの軍需品と関係する産業で政府主導の請負制を推進して、総合生産力の増強を試みた。

　日本の戦時経済体制の研究はまだ徐々に進んでいるところで、これまでに行われた分析と評価には多くの新しい見解があるものの[28]、このような戦時経済

26　南開大学の雷鳴准教授の研究では、日本の戦時経済統制は3つの発展段階、すなわち1918～1931年の始まりの時期、1931～1937年の発展の時期、1937～1945年の実施の時期を経たと見ている。
27　戦時の産業組織政策は雷鳴. 日本戦時統制経済研究 [M]. 人民出版社，2007：pp.125-143を参照
28　ここではその分析と紹介は行わない。

体制環境の下で、既存の集中型組織構造には明らかに変化する理由がなく、はっきりと現れたのはその強化を促した各種の要因である。

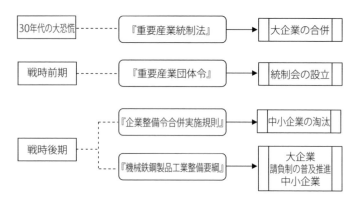

図8-2　戦時の産業組織に関する政策および措置の組織構造に対する影響

表8-4　製造業における主要な産業の統制会の設立情況

統制会の名称および設立時期		会長	前職
第一次指令			
鉄鉱統制会	1941年11月12日	平生釟三郎	日鉄社長
		豊田貞次郎	日鉄社長
洋灰統制会	1941年12月18日	浅野総一郎	浅野洋灰社長
電気機械統制会	1941年1月12日	安川第五郎	安川電機社長
産業機械統制会	1942年1月15日	大河内正敏	理研会長
精密機械統制会	1942年1月10日	原　清明	大阪機工社長
自動車統制会	1941年12月24日	鈴木重康	ヂゼル自社長
金属工業統制会	1942年1月15日	鈴木　元	古川電工専務
造船統制会	1942年1月28日	斯波孝四郎	三菱重工会長
第二次指令			
綿スフ統制会	1942年10月5日	井上　潔	鐘紡常務
化学工業統制会	1942年10月30日	石川一郎	日産化学社長
軽金属統制会	1942年9月1日	大屋　敦	住友化学社長
皮革統制会	1942年9月21日	鈴木熊太郎	日本原皮社長
鉄道軌道統制会	1942年5月30日	中川正左	鉄道同志会長

データの出典：安藤良雄（編）『近代日本経済史要覧』、東京大学出版会，1981，p.136のデータを整理したもの。

第3節　2度の世界大戦と戦後の日本で現代の産業イノベーション組織が形成された基礎

　戦争中（日本史で言う戦時と戦間期）と戦後とを問わず、日本の経済発展と製造業の成長に伴って、その活動を標準化し、発展と運行を支える組織の構造もそれに応じて変化している。ただ経済行為の主体が持つ異質性という特徴、および日本の産業発展が身を置いた独特な歴史環境のため、その構造の変化には非線形の特徴が見られ、すなわち分散型組織に進化する過程で自らの特徴と以前の経路依存性を示している。

1．戦間期の都市型小規模工業の発達と分散型の生産組織

　都市型小規模工業は日本の近代工業の発展を構成する重要な部分のひとつで[29]、1910～20年にかけて急速に発展した後、昭和恐慌での中断を経て、30年代の日本の工業化の中で急成長したが、40年代には軍需品と材料の生産を主とする戦時経済でその発展は重傷を負った。玩具工業がその典型的産業である[30]。規模の経済に見られるような集中化した生産と違い、当時の玩具産業は流行商品の市場ニーズに適応して製品を変えることが特徴で、多品種生産の傾向を見せていた。またこの時期には玩具製品の生産原料にも根本的な変化が発生し、江戸時代には木製、布製、紙製だったものが、金属、セルロイド、ゴムといった材質の新製品の生産に置き換わっていった。新興産業である玩具製品は、30年代の伸びが全国の工業生産額の伸び幅を上回った（図8-3を参照）[31]。上述した技術、市場環境の変化に対応して、この時期の玩具生産は主に「問屋」

29　戦間期に入ると、一方で産地の紡績業から機械化され集中化された工場制に変わったことで農村の内職を基礎とする問屋制家内工業が衰退したが、もう一方では東京をはじめとする大都市で、小規模な作業を基礎とする新しい分散型生産組織に明らかな発展があり、都市型小規模工業となった。

30　1939年の『工業統計表』に収録されている東京府のデータによると、当時26分野あった小規模工業のひとつである金属製玩具関連で従業員5人未満の工場が小規模工業全体に占める割合は生産額で30.1％、就業人数で39.9％あった。

31　谷本雅之．分散型生産組織の"新展開"：戦間期日本の玩具工業 [A]．岡崎哲二．生産組織の経済史 [M]．東京大学出版会，2005：235

が工場と小規模事業者を結び付ける分散型組織形式で、問屋を中心としたメーカーと下請会社を含む分業と相互補完の関係が形成されていた。このような新しい分散型組織が形成された外部条件のひとつに、生産者の地理上の産業集積がある。さまざまな材料の選択および利用と生産品種の転換が可能に、生産中の設備、部品の調達がより簡便になり、分業と相互補完の関係がより展開しやすくなった。それによって市場競争における小規模経営の不安定さと製造能力の不足が緩和されている。また、政府による取引秩序の維持と経営効率向上を図った制度面の支持もあった。たとえば特許局の知的所有権保護制度、法的強制力のある工業組合の製品検査制度、保証付きの意匠登録措置などである。これらが分散型組織を持続的に有効に運行できる保証となった。これと対応して、都市型小規模工業の中でこうした分散型組織が存続できたのは、組織内部の各主体間でその優位と経営能力により形成された競争関係のためでもある。たとえば商品の企画、設計、製造販売といったそれぞれのプロセスで各主体がいずれも自らの能力により均質性の競争を作り出すことができるため、こうした組織形式に活力と絶え間ない経営革新が生じた。

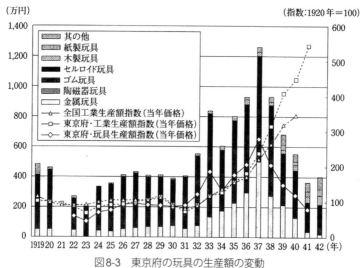

図8-3　東京府の玩具の生産額の変動

データの出典：『東京府統計書』各年版および篠原三代平『長期経済統計10・鉱工業』、岡崎哲二（編）『生産組織の経済史』、東京大学出版会2005, p.235から再引用。

2. 戦時の機械工業における請負制組織形式の形成と戦後の発展

　戦時中の日本経済で重要な役割を果たした機械工業などの産業で広く採用されていた分散型組織形式は、部品の供給および調達と効果的なつながりのある請負制だった。機械工業の製品は種類が非常に多く、さまざまな部品が組み合わされているため、その生産過程は原材料の調達から半製品の生産加工、最終製品の組み立てに至るまで多くの工程と生産プロセスがある。そのためその生産組織は産業発展の効果と技術革新の効率性により直接に関係している。この時期の機械工業の中で確立された請負制の組織形式は、第一義的にその産業が成長し発展した各歴史段階での絶え間ない探求と自然選択の結果である[32]。機械工業が形成された初期、1860～1929年には、生産が分散し生産者数が限られていたため、上述の生産者間のつながりは明らかに存在していない。部品供給企業の成長と技術レベルの向上に伴って、1930年代の産業の勃興期に入ると、問屋制や工業組合などの生産組織形式を通じた製品の需給問題の解決が試みられ、そのさらに発展した形式が部品の親企業と構成する部門間の請負関係である。戦時経済統制時期はまさに先の分析で言及したとおり、軍需品の生産を推進する政府が主導した請負取引関係の形式で表される（表8-5を参照）。発展が順調ではなかったものの、戦後初期に市場取引所のもたらした問題を克服するために採用され、さらに急成長期に入ってからは広く行われるようになった親企業主導の供給と調達の請負制組織は有益な経験を蓄積した。この意味の上から言うと、組織構造の面での歴史遺産である。

　機械工業におけるこのような部品供給業者と親企業から構成される請負制組織は、主に部門間の生産と供給の同期性、製造と加工の均質性がもたらす経済効率により、激烈な市場競争の中で優位を得た。その構成する「緊密型」分散組織の内部構造は、系列内の双方の企業がそれぞれ相互補完性を持つという生産の優位および競争の中で一致する利害関係による。共通の利益の目標を実現するため、親企業は部品の納入基準を提示するだけではなく、技術、人員さらには資金の面でも支持を提供した。部品生産企業は自身の技術レベルと生産能

---

[32] 加賀見一彰. "部品供給－調達システム"の発生と淘汰：戦前・戦後期日本の機械工業[A]. 岡崎哲二. 生産組織の経済史[M]. 東京大学出版会, 2005：pp.291-348を参照

第3編　イノベーション組織とその組織構造の進化に対する分析

力の向上に努め、品質を追求することで親企業の納入要件を満たし、双方の取引を安定化させた。請負制の組織形式は戦後の日本企業が専業的分業の高度化を通じた技術レベルと製品の質、さらには産業全体の国際競争力を高めるという需要に適応し、経済の急成長を促進できたことにより、戦後には日本の産業の典型的で安定的な生産組織の形式に発展した。

表8-5　日本政府『機械鉄鋼製品工業整備要綱』の枠組み[33]

公布時期	1940年12月21日
主な内容	親企業の利用する下請企業の指定制度。 下請企業の専属化、製品の専門化。 親企業は技術指導、経営、金融上の援助をすること。 親企業は下請企業の事業の連続性について協力すること。 下請企業の企業合同または共同経営を促進すること。 下請企業の団体を組織し、下請企業の統制を図ること。全国を数ブロックにわけて、地方下請工業協力会を設置する。

データの出典：通産省重工業局編『機械鉄鋼製品工業整備要綱』(1960)、岡崎哲二（編）『生産組織の経済史』、東京大学出版会2005, p.321から再引用。

3．戦後の組織内の権力構造と内部労働市場構造を特色とする日本型組織構造の形成

戦後から1980年代末にかけて、日本型組織構造はさらに発展し整備された。ここでは主に戦後、特に経済が急成長から安定成長となるまでの時期の、産業全体から観察した日本型組織構造の生成された経緯[34]、およびこの過程で体現されている日本型組織モデルの著しい特徴を分析する。

戦後の日本製造業の成長における組織構造のミクロな変化は、およそ2つの方向で展開されている。アメリカの品質管理の導入と、歴史的経緯に沿った拡大および深化である。当時は品質が競争力を代表していたため、日本は外来の文化を排斥しない歴史の伝統により、欧米の先進技術を導入すると同時に、生

33　『要綱』の定める請負関係があまりにも厳しく、しかも実情に合わないため、政府は戦局が緊迫した状況で緩和する調整をせざるを得なくなり、1943年8月に『機械工業整備実施要領』を制定した。

34　ここで「生成」という言葉を使っているのは、実際には日本式組織構造が戦後さらに形成される過程をするのを表明したいためである。

産プロセスの品質管理も導入した。アメリカで開発された経営思想と技術も含む。たとえば1949年、電気通信産業では企業の経営者と技術者を対象とした統計的品質管理講座が開かれている[35]。しかし、日本企業は実行する過程で徐々にそれを全従業員の参与する品質管理体系（QCサークル）、および現場の品質管理を重視するといった特徴的な方法へと発展させ[36]、それによって企業組織の運営と日本式企業管理の成立に重要な影響が生じたことに注目する必要がある。有名なトヨタ生産様式も、ただちに取引先が必要とする質の優れた製品を生産するという角度から見れば、品質管理の一種と見なせる。

　歴史の経緯に沿った組織構造の拡大は、組織内の権力構造と内部労働市場構造の発展に集中的に表れている。日本企業の戦後の発展において、組織内の実質的な権限は重要な戦略資源を握る経営者に集中する傾向にあった[37]。戦時体制による株主の権利に対する制限と、戦後初期の民主化改革での株式分散化により形成された「所有権の支配の弱体化」のため、直接企業の経営活動に関与する株主の権利は日を追って弱まっていった。企業経営の権限は、名目上は取締役会に帰属しつつも、実際には社長を中心とする常務会あるいは経営者会議に移転されていた。後者が企業経営の全面的な問題について審議を行い、協議して決定していた。そのため組織内の権力構造の配置に経営者主導という特徴が表れている。「権限の行使のされ方、その受容のされ方によって勤労意欲は異なり、組織の能率に差異が生じてくる」[38]。経営者主導の権利構造と結びついて、日本の製造業の発展の中で形成された内部労働市場は、主に市場原理によって労働力資源を配置して、その各職種、各部門間での参与と移動を実現する。つまり、企業内で各部門間の情報共有を基礎とした情報同化体制が実行されているのである。情報の伝達と共有に伴って、権限が内部労働市場で分散し、従業者の特殊な技能と企業の長期的発展に必要な知識も内部労働市場で形

35　日本経営史学会．日本経営史の基礎知識 [M]．有斐閣，2004：pp.262-263
36　日本産業学会．戦後日本産業史 [M]．東洋経済新報社，1995：pp.21-23
37　今井賢一・伊丹敬之・小池和男（著）金洪雲（訳）．内部組織的経済学 [M]．生活・読書・新知三聯書店，2004：p.49（原著は『内部組織の経済学』，東洋経済新報社，1982）
38　今井賢一・伊丹敬之・小池和男（著）金洪雲（訳）．内部組織的経済学 [M]．生活・読書・新知三聯書店，2004：p.40（原著は『内部組織の経済学』，東洋経済新報社，1982）

成される[39]。歴史上の企業の構造調整ではブルーカラーの上層が管理職になり得たが、これが進化して内部昇進制となり、こうした人的資源配置の高度な内部化は、明らかに従業員の勤労意欲を奮い立たせた。ここから、日本企業は労働を中心として形成される内部組織であり、これも日本企業の人的資源の配置の特徴であることが分かる。この特徴は企業の組織構造の上で内部労働市場における従業員の主権の特徴として表れる[40]。

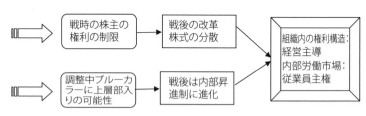

図8-4 戦後の日本型組織構造の特徴の形成

---

39 しかもこのような技能の形成には長期性がある。ここから形成された終身雇用の慣例は労使双方にとって有利だった。
40 伊丹敬之(著). 日本企業的"人本主義"体制 [A]. 今井賢一、小宮隆太郎(編)陳晋ほか(訳). 現代日本企業制度 [M]. 経済科学出版社, 1995:p.46(原著は『日本の企業』、東京大学出版会, 1989)

第9章　経済モデル転換期の日本型組織構造の優劣に対する探究と思考

　日本型組織構造は戦後半世紀近い間、欧米の産業と経済発展を追いかける過程で重要な効果を発揮したが、1990年代の経済モデルが転換した10年の低迷期には厳しい疑いの目にさらされている。本章では戦後の日本製造業が発展した歴史の手がかりに従って、その経済の変化期の前後の日本型組織構造に対して重点的に分析と探究を展開し、研究の中で日本型組織構造の評価についていくつかの認識と見方を提示する。

第1節　1990年代以前：経験――組織構造の優位が支える競争力

　後発の工業国である日本は、戦後、世界が注目する経済の奇跡を創造した。1980年代の末から90年代初期に日本が半導体分野の競争でアメリカに打ち勝ったことを象徴として、日本製造業の国際競争力はきわめて高い水準に達した。その製造業の進化する過程で、絶え間ない模索と選択により形成された日本型組織構造は、戦後の比較的長期間、日本の欧米国家を追いかけるという戦略発展目標に適応でき、戦後の日本経済の奇跡を支える重要な役割を果たした。日本が絶え間ないイノベーションを通じて製造業を工業経済の時代のピークへと推し進める中で、日本型組織構造が重要な歴史的役割を演じたのである。この判断は組織の働きに対する国際経済学界の新しい認識と合致している[1]。

1　Milgrom Paul & Roberts John（著）費方域（訳）．経済学、組織与管理 [M]．経済科学出版社，2004：中国語版まえがきを参照（原著は Economics , organization & management. Prentice Hall, 1992）。

1．戦後の日本製造業の特徴を反映した組織の強み

この時期の日本の産業競争力の確立と密接につながり、かつ日本の強みをよく表している組織構造の特徴は、以下の3つの面にまとめられる。

①すばやい製品刷新の実現を核とした一連の組織構造。製品を刷新し、新製品を出し続けることで迅速に国内国際市場を占領する手法が、戦後から80年代末にかけて日本製造業が競争力をつける主な道となっていった。系列化された組織構造は製品の刷新という要求によく適応した。欧米の製造企業が通常、中間製品の生産を自社の生産体系に組み込み高度に自給する方法を実現するのと異なり、前者の高コストを避けるため、日本では原材料供給、中間製品と最終製品の生産において同業界の企業と長期協力、安定取引を行う組織形式を採用し、そして非公式な制度により結び付いていた。このような組織形式に参与する企業のタイプは多種多様で、業務上の固定的な取引でつながる企業もあり、必ずしも資本関係のあるメーカーには限られていなかった。系列化した運営方法の実施も多種多様で、関連製品の下請や孫請、新製品生産の関係する企業での入札、複数の企業で同時進行する新製品の共同開発といったものもあった。同時に、系列化された下請事業の範囲は日本国内にとどまらず、その海外法人も含んでいた。系列化された組織構造が大幅に日本製造業の競争力を高められたのは、本質的に製品刷新に特化した組織と協調の形式だからである。最も競争力のある日本の自動車産業は、系列化した組織構造を採用した典型である。

②人の創造と協調が統一されたフレキシブルな組織構造。革新的な製品の開発は人の知恵と創造性の働きによって実現される。すなわち「生産プロセスの新しい組み合わせに入る」中で決定的な要素は人である。「人本主義」の企業体制で有名な日本の製造業では、人と人の関係と互いの連絡方法をその組織構造の出発点としている。たとえば従業員主権の環境の中で、「人」という最も貴重な資源をめぐって設けられた各種の育成訓練、採用、選抜の体制は、創造性を十分に発揮できる空間を与えるものである。責任分担があり、利益の分散している分担型経営では、集団効果の発揮が中心と決まっており、社会との調和を出発点にして組織構造と管理方式が設計されている。日本の製造業では、人事管理以外の決定権の多くで権限委譲の形式がとられて企業の各部分に分散

し、付加価値の配分も集中化されない。経営者と労働者の所得差は、世界の主な国のブルーカラーとホワイトカラーの収入格差の中で明らかなほうではない。そのため、尊重し、育成し、団結させる、各種の措置と可能な限りの手段をとってイノベーションに対する積極性と創造性を発揮させ、そして巧みに利用して効果的に各生産組織、生産集団さらには人と人の関係を調和させ、さらにその積極性と創造性を企業全体の発展の軌道上に集中させるのである。ここから発生する集団の創造力は明らかに他国企業でなぞらえることができない。

③資源の最適配置、技能の最大限の発揮を目的とする情報組織構造。現代社会では、企業内外の組織の協調と運営の有効性、製造業の生産経営効率までが、かなりの割合で情報配分の十分さにかかっている。人本主義の理念のもとでの日本製造業の発展にあった最大の優位は人材の優位である。資源を共有する情報網の構築を通じて情報効率を高め、積極的に参与する欲求を生産経営活動の各当事者に持たせ、長期的観点で互いに協力することが日本の製造企業の効率の武器である。このように作り上げる情報組織構造は、主に従業員の技能を現場で発揮させ、定期的にローテーション人事を行い、柔軟に情報伝達することを経由して形成されている。業界内の各部門間の情報の共有を基礎とする情報同化の体制である。欧米企業では専門技術者の掌握している技術が作業現場人員よりはるかに多いのと違い、日本ではよく後者が重要技術と技術の主な部分を把握している。これは育成訓練を受けた日本の現場人員には高い情報処理能力があり[2]、また企業が専門技術のある人員を大量に生産現場へ配置して技術的難題の原因解決に当たらせるためである。技術以外の各種の情報も同様に、異なる部門、職場の人員が共に把握して共有している。十分な情報の配分と基礎的情報の共有が製造企業の効率に及ぼす影響は、他の要因で置き換えることはできないものである。

2．日本型組織構造が形成された歴史的な原因

イノベーション経済学では、技術革新と構造変遷の経路依存の問題を重視し

---

[2] 現場作業員の行った大量の技術革新と技術改善の統計事例に表れている。日本の学者はこれを「能力構築競争」と呼んでいる（藤本隆弘2007）

て、当初の経路の選択が競争力に及ぼす影響がとりわけ重要だと考える。一国の経済発展の歴史的な産物である日本型組織構造の優位性の形成は、このような観点を検証している。

まず、このような組織構造の形成は、戦前と戦後の日本の製造業の発展が置かれた歴史環境によって決まったものである。たとえば系列化した組織構造の形成は、日本の産業が長期的に発展する過程で組織が選んだ結果であり、戦時経済の時期には国家が関与して推進したこともあると同時に、客観的には戦後初期の日本の民主化改革による独占的大企業の合併の制限のような影響も受けている。後者により大企業が部品生産メーカーを直接自社の生産システムに組み込む道は塞がれたため、急速な製品刷新のために系列化のような組織的な市場形式がとられるようになった。また製造業の生産プロセスで絶えず改善があることも、次第に組織の優位を形成していった。フレキシブルな組織構造や情報の流れを構成する方法なども、同様に日本の経済発展の中の歴史的文化的要因と現実的な環境の影響に縛られたものである。日本は自ら始めた侵略戦争により重傷を負った、しかも資源の貧しい島国だったため、製造業の発展の中でまず頼ったのはヒトという最も優れた資源で、そして組織の中でその優位を最大限に発揮させた。たとえば、日本社会で企業は資本のつながりを媒介としてではなく人のつながりで作り上げる経済組織だと見られている[3]。そのため、自国の経済の特徴に適応し形成された組織の優位性こそが最大の優位性だと言える。

そして、後発工業国である日本は、前工業化の時期にその後の工業発展の十分な準備を行い、そして明治維新の時期に有利な条件を利用してその発展過程を加速したが、軍国主義の侵略拡張の歴史により日本製造業の発展は紆余曲折を余儀なくされた[4]。そのため、戦後に改めて開いた欧米との経済発展のギャップに直面して、日本は国を挙げて欧米の工業化に追いつき追いこすという発展

---

3 今井賢一、小宮隆太郎（著）．日本企業的特徴 [A]．今井賢一、小宮隆太郎（編）陳晋ほか（訳）．現代日本企業制度 [M]．経済科学出版社，1995：8（原著は『日本の企業』，東京大学出版会，1989.10）

4 李毅．日本製造業自主発展過程中的技術創新研究：経済史的啓示 [J]．経済研究参考，2007年（21）：29-44を参照

目標を定めた。その製造業の組織構造の特徴の形成もすべてこうした歴史の刻まれたものである。例えば、系列化した組織構造は当時まだ遅れていた日本製造業が単一企業の力だけでは強大な欧米の製造企業と競争して対抗できなかったという事実を反映している。市場の組織化路線を取って、欧米の工業化に追いつき追いこすという目標に達する過程で、組織構造の優位性を利用して競争相手に打ち勝とうとするほかなかった。同様に、フレキシブルな組織構造と情報配分の同化構造も、優秀な人的資源と強大な情報資源を効果的に組織して統合することを通じて、連動作用を利用して製造業全体の競争力の迅速な引き上げを進め、日本の製品を劣悪品の代名詞から競争力の象徴へと変えていった。ここから、発展目標と密に符合する組織構造だからこそ、最大限にその組織の優位を発揮できたということが分かる。

第2節　1990年代：教訓——組織構造のしがらみのもとでの競争力の地滑り

1990年代に入ると、バブル景気の崩壊と世界的な産業構造調整に伴って、日本の製造業は巨大な衝撃を受けた。新たに比較優位となる産業がなく[5]、輸出指数の低下が競争力の減退を反映した[6]。製造業の世界500強ランキングでは日本企業の順位が大幅に下がり[7]、半導体分野の牽引役も改めて欧米に移っている。日本の製造業全体の競争力低下は客観的な事実である。日本製造業が自ら調整したのだとしても、非常に受動的、もしくは迫られた調整だと言える。競争力低下は日本経済の10年の低迷と重要なハイテク分野のいくつかで出後れたことの重い代償だった。日本製造業の競争力が弱まった原因の分析の中で、日本の組織構造を批判する向きは早くからあった。しかし問題は、同じ組織構造形式が産業の競争力に影響した結果が時期によってまったく異なる理由である。

5　比較優位にあった産業の労働集約型の繊維産業、資源と資金を集約した化学および鉄鋼産業、資金と技術を集約したメカトロニクス産業の後を継ぐ、新たな国際競争において比較優位となる主導的な新興産業はなお育成できていない。

6　薛敬孝、白雪潔ほか．当代日本産業結構研究 [M]．天津人民出版社，2002：p.117を参照

7　アメリカ『FORTUNE』誌の毎年度の世界500強企業ランキングを参照

経済史の分析により、この時期は日本の製造企業の大部分が自らの組織構造の優位性をそれまでのキャッチアップ経済の枠組みの中に縛り付けていたことが分かっている。

1．キャッチアップ途上の組織構造の枠組みと現代産業の発展の矛盾

前で述べたように、日本的な組織構造が巨大な優位性を示せた理由のひとつは、欧米先進工業国に追いつき追いこすという戦後日本の発展目標と合致していたからで、歴史上は貢献している。しかし、1980年代末に入ると状況に変化が生じた。日本が欧米に追いつくという歴史的任務を完了してアメリカに次ぐ先進工業国となっただけでなく、IT革命の進展に伴って時代が工業経済から知識経済へと移行しはじめたのだ。このことは日本が事実上すでに製造業の持続可能な発展という歴史的課題に直面していたことを意味する。それに応じてその組織構造も改めてこの新型製造業の発展する需要に適応することが求められた。元からある組織構造で適応しきれないのは当然である。たとえば系列化した組織構造形式は単純な市場取引による非効率性を克服して、情報の不完全性と非対称性による市場の不具合を解決できたが、実施過程であまりにもグループ内企業間のつながりと交流に集中しており、客観的には系列外企業に対する閉鎖性と排他性をもたらしていたため、技術革新をより広い範囲で高度化するには不利だった。フレキシブルな組織管理構造は企業の従業員の個人の積極性、創造性を動員しやすく企業の集団としての優位を最大限に発揮できるものだったが、単一の企業内部の資源が持つ優位性を発揮させることにしか関心がなかった。情報資源の配分構造は企業の従業員と技術者を知識豊富で多芸多才の人材にすることができたが、やはり個別の企業が蓄積してきたノウハウを局部的な競争で生かすことしか重視していなかった。オープン経済、仮想生産、ナレッジアライアンスおよび企業組織のフラット構造への転換などによる情報技術の発展がもたらした変化に直面して、こうした工業経済の中で形成された組織構造は明らかに適応しきれなかった。こうした不適応により、日本製造業は知識経済時代でその競争力を保ちがたくなっていた。

2．組織構造がキャッチアップ路線に縛り付けられた深層の原因

　産業発展という問題の複雑性に鑑みて、ここでは日本製造業の組織構造が自由度をなくした要因として考えられるものを以下の2つのレベルから分析する。

　①企業レベルで変化する情勢と外部条件への反応が遅く、効果的な対応ができない期間が長かった。日本がアジア諸国の中で真っ先に欧米に追いつくという歴史的任務を完了し、遅れた農業国から先進的工業国への徹底的な転換を実現したため、日本企業は長期にわたりキャッチアップの成功と工業経済時代の優越感に浸っていた。特に1980年代末から90年代初めにかけては、強大な工業製品の市場占有率を後ろ盾に、アメリカを中心とする国際市場へ意気盛んに進出していたが、"Buy America!"と驚き叫ぶ声の中に身を置きながら、すでに生じた変化やまさに生じている変化を冷静に観察し分析することは困難だった。80年代後期に始まった日本能率協会による日本の製造業の調査でも、有益な見解は出せていない。そのため、持続的な景気の低迷が訪れると、悲観的な雰囲気のもとで多くの企業が方向を見失い、効果的に調整できる対応策を欠いていたため、何もできなかった。

　②思想や意識において転換に対する認識が停滞していた。1990年代から経済発展の成熟期に入った日本は、「キャッチアップ型」から「協調型」へ経済の発展モデルを転換する時期にあった。これは日本にとって経済体制の変革、経済構造の転換、思想の転換を含む本質的な歴史上の転換だった。同時に、経済の情報化、グローバル化の波のもとで新しく変化する世界に直面している。新技術と経済発展の関連性、国と国との競争の形式に変化が生じ、産業構造と製造業の運営方式にも変化が生じたのである。しかし、日本はかなり長い間、環境の変化と自国の発展が直面しているこうした転換に対する本質的な認識と反省を欠いていたため、新時期の経済発展に対して明確な目標を持っていなかった。こうした認識の停滞は思考モデル、技術の方向の選択と産業構造の調整などの多くの面に反映され、その結果として日本は古い危機対処法で転換に対応することになったのである。古い手法と新しい成長方式との衝突は避けられなかった。企業レベルの反応が遅く、新しい組織構造の優位性を築くことができなかったのは、まさにこのような認識の停滞をミクロに反映したものだと言える。

第3編　イノベーション組織とその組織構造の進化に対する分析

とは言え、深い教訓と既存の認識に基づいて、1990年代以来、日本製造業は事実上すでに組織構造の変革と企業再編を始めている[8]。すなわち高度な分業を基礎として、イノベーションの産業間における協調を重視し、イノベーションのプロセスでも優位なところから補い合うことを特徴に、競争のもとで構築が促された日本製造業の組織構造は、すべての産業分野、多次元の空間でのイノベーションの統合と、資源を開放したイノベーションシステムのネットワークの方向の模索と発展に向かっている。組織構造変革の面での特徴に鑑み、産業イノベーションシステムの情況については次編で分析と論述を展開する。

8　このような変革の道は複雑ではあるものの今なおさまざまな問題が存在している。

第10章　組織構造の進化と産業イノベーションの関わり

　日本製造業の組織に関する初歩的な実証研究を基礎として、ここでは本編で研究する理論的な認識をかいつまんで整理し、製造業の発展における組織の選択過程と選択条件、組織改革とイノベーション効率の関連性の分析、組織構造の調整の時機および方法がイノベーション競争に対して実際に及ぼす影響、実践における組織構造の進化の法則性を認識する手段という4点の密接に関係する問題を重視する。また、試みに進化経済理論の方法を運用して組織の進化の過程と本質を捉え分析し、日本の組織構造の変化に対する分析を基礎とした組織構造の新しい認識の基礎を築く。

第1節　イノベーション体制としての組織構造の形成は産業発展における動的な選択の結果

　本節では、組織構造の優位性とその産業発展に対する理論上と実践上の意義を分析するところから、組織構造の優位に対する進化経済学の観点での理論上の認識を示す。その上で、以上の認識に基づいて、ミクロでの組織構造の選択条件とマクロでの組織構造の選択過程の分析を展開する。

1．進化経済理論の観点での組織構造の優位性は動的な優位

　日本製造業の各発展段階における産業イノベーションの歴史から、産業イノベーションを推進し発展させる組織構造には通常、自らの優位性があることが分かっている[1]。このような優位性は、組織運営を通じて発生して伝わってい

1　前に組織構造に対する定義で述べたように、ここで研究する組織構造の優位はイノベーション体

き、最終的には産業を成長させる優位性となる。これがイノベーションにおける組織構造の優位性の一般的な意味である。このような組織構造の優位性の産業発展に対する実践上の意義は、イノベーションしやすい環境を作って革新の主体の創造能力を高めることにより、イノベーションを産業の成長する巨大な動力さらには発展の強大な実力に転化できるところにある。日本製造業の発展に備わった強大な実力は、明らかに長期間その組織構造が示していた優位性と不可分である。組織構造の優位性が産業発展に対して持つ理論上の意味は、重点的に分析して探究しなければならない。なぜならば、経常的なイノベーションが効果的な組織を通じて実現されるという意味から言うと、組織構造の優位性はイノベーションの根本的な優位性で、ある経済体のイノベーションを無秩序から秩序あるものへ、産業成長の有機的な構成部分へと変え、さらに産業の成長に伴った持続可能な自己組織の過程へと変える。こうした作用を発揮する組織構造が持つ優位性は動的な優位性のはずである。「真実で複雑なシステムの中で自然と存在する変動、変化と表面上の無作為の動きが、想像力に富む創造的な、周囲のすべての存在を探れる力を構成し、選択または系統立った推進体制はいずれも潜在的な力によって動かされる。こうした潜在力はシステム後退させるか、あるいは反対にある新しい組織の状態にまで推し進める」からである[2]。

　イノベーションを推進できる組織構造の優位性が動的な優位性であると指摘する理由は、組織構造の優位性は本質として比較優位を確立する漸進的な過程であり、製造業が持続可能な発展を実現する中で絶えず組織構造に対して選択を行う過程でもあるからだ。時間の内生化と不可逆性は進化経済理論の基本的な観点のひとつである。この観点ではあくまで、社会経済生活の中の不可逆的な変化だけが根本的な変化であり、そうした変化が経済社会の本質的な動きを構成すると考える。経済発展の内生変数である時間は進化の過程で重要な役割を果たす。このような観点で比較優位の確立という漸進的な過程を評価する

　　制に関係する優位である。
2　Peter M. Allen（著）．演進、創新与経済学 [A]．G. Dosi ほか（編）鐘学義（訳）．技術進歩与経済理論 [M]．経済科学出版社，1992：132-133（*Technical Change and Economic Theory*. Pinter Publishers. 1988 の中国語版）

第10章　組織構造の進化と産業イノベーションの関わり

と、評価には少なくとも3つの内容が含まれる。①組織構造の優位は産業成長のある時期の相対的なものである。すなわち条件と変化があり永遠に優位を占めるものではない。②生きた事物の発生過程として、比較優位を確立する過程は産業イノベーションの法則性に対する人々の認識を反映する過程である。③この過程には、構造の適応性に対する多くの複雑な条件に対する識別、および何度もの試行錯誤の過程が含まれる。

　さらに分析すると、優位を持つ組織構造の動的な選択はここでは互いに関係する2つの側面を持っている。つまりミクロでの組織構造の条件とマクロでの組織構造の選択過程である。

2．適切な組織構造の選択は組織構造の動的優位性を確立する基礎と前提

　ミクロの角度から日本製造業の各産業の成長時期ごとの組織構造に対する選択を見ると、条件つきの客観的な過程を観察できる。通常、これらの条件は製品の形式、生産規模、技術の特徴、企業の戦略といった多くの原因に関わっている。製品構成の形式の違いとは、たとえば手軽な最終消費財か原材料としての中間製品か。生産規模の違いとは、たとえば少量生産か大規模生産か。生産技術の特徴の違いとは、たとえば製品の生産過程が分解できるか、調整が必要か。企業の戦略の違いとは、たとえば企業が成長の中心を市場の占有に置くか、新しい消費分野の開拓に置くか。こうした様々な産業イノベーションおよび生産運営の特徴と結びつく内外の原因は、組織構造の選択条件として、産業ごと、各産業内の発展の時期ごとの組織構造の形成に対してさまざまな影響を及ぼしている。イノベーションを中心に置くと、これらの原因を行為の主体と客体のいずれに関係する条件かに分け、バリューチェーンの位置に従って、手っ取り早くその並びを観察することができる（図10-1を参照）。明らかに、これらの要因が組織改革に及ぼす影響は、異なる方向、異なるレベルから来ている。かつ、各産業の成熟度、技術革新の方法、イノベーションに従事する度合いの違いによって、これらの要因が影響する程度も異なる。ゆえに一国の製造業の組織構造がある時点で多様化した特徴を現し、一国の製造業の組織の進化の軌跡が一定の時期の中で非線形の変化を示す。日本の製造業の組織の進化と組織構造の変化の特徴は以上によって合理的な説明を得られる。

第3編　イノベーション組織とその組織構造の進化に対する分析

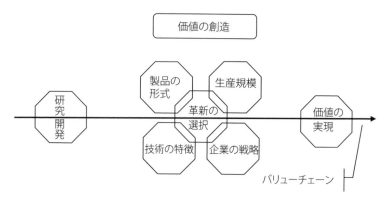

図10-1　組織構造の選択条件のミクロ観察

3．組織構造の選択過程は動的優位性の形成された歴史的特徴を示す

　つまり、上述の分析を基礎に具体的な組織構造の形式を超えて組織構造の選択過程を討論できるならば、いくつかの法則性の認識と理論レベルでの啓発を得られる可能性がある。マクロの角度から問題を見ると、組織の進化とその構造の変遷はいくつかの偶発的事件の簡単な順列ではなく、「変革の意味における進化は早かれ遅かれ続いてゆき、決してばらばらの経済行為者の間で瞬間的に選ばれる過程ではない」[3]時間の序列だからである。まず、組織構造の選択は一国の産業が経済発展の過程で組織の知識を長年蓄積してきた結果である。このような蓄積は歴史的文化的要因が組織の中に凝集し溶け込む過程である。前近代からこれまで日本の産業の発展を促進してきた組織構造の形式が体現する、人を中心として人の団結を力とする構造の優位性は、日本製造業の組織構造の変遷の過程を表している。つまりある民族の歴史と文化の伝統に対する優位性の選択過程は、以前の歴史の構造が提供する効果的な選択の体制によるものである。次に、組織構造の選択過程は一国の製造業の産業が成長する過程での組織構造の合理的な変革の過程である。このような変革は本国の製造業の発達度および発展形態と関連している。日本製造業の組織構造の長期間にわたる

3　Dosi and Orsenigo（著）．協調与転換：対演進環境中結構、行為和変革的概観 [A]．Dosi.G ほか（著）．技術創新和経済理論 [M]．経済科学出版社，1992：26（Technical Change and Economic Theory． Pinter Publishers．1988の中国語版）

進化の歴史から、その組織構造の形式は集中型であれ分散型であれ発展と変化を経ていることが分かる。変革してこそ優位性があるため、選択過程は変革の過程である。当然、その選択した組織構造の形式が産業そのものの発達度、発展状況に合致していることが優位性を握る前提である。そして、組織構造の選択過程は一国の未来の製造業の発展の傾向に対する認識をも反映する。このような認識は一国の製造業の発展してきた歴史と同期している。組織構造をイノベーション実行組織つまりイノベーション体制と見なして評価すると、それに対する選択はすなわちイノベーションと組織の知識の認識について未来の発展とイノベーションを考慮したものであり、選択過程は産業の発展傾向に対する認識の過程である。ただ認識にも誤りやその是正は含まれるが。日本製造業の1990年代以降の再考と経済回復の中での組織構造の変革は[4]、上述した観点の実証的な解読のひとつである。

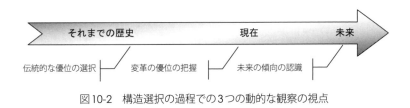

図10-2 構造選択の過程での3つの動的な観察の視点

第2節 組織改革はイノベーション効率向上の面で軽視できない制約要因

組織構造はイノベーションを推進するうえで巨大な作用を発揮する。イノベーションを取り入れるスピードと方向に影響し、組織構造によるインセンティブと協調はイノベーションの効率と価値の実現に表れる。

---

4 李毅. 当前日本製造業的産業政策動向与製造企業的調整与変革 [J]. 日本学刊, 2005年（6）: pp.112-127 を参照

第3編　イノベーション組織とその組織構造の進化に対する分析

1. 組織構造とその変遷はイノベーションを取り入れる方向とスピードを決定する重要な要因

　前の分析で何度も指摘したように、日本製造業の連続的イノベーションは通常、産業と企業の成長の中心的内容、戦略措置として、組織の枠組みと機能により行われてきた。しかし、組織構造が異なればイノベーションの発生する頻度、方向、形式に対する影響も異なる。

　イノベーションの発生する頻度について考えると、いったいどういう組織構造がイノベーションの発生と持続を助けるのだろうか。これに関する問題は、今世紀の初めアメリカでニューエコノミーの発展した時期に多くの討論があった。個性を発揮させるには、チームの優位性を奨励するには、いったいどのような組織形式がよいのかといった話である[5]。とは言え認識や見解は必ずしも同じではない。新技術の性質、産業発展の特徴、組織形式の経路依存といったさまざまな要因の影響により、一概に論じることができないのは明らかだが、一国の産業イノベーションの活発度は組織構造との間に重要な相関関係が存在するという点については認識が一致しており、また当時の日米の産業イノベーションの対比および日本自体の経済モデル転換前後のイノベーションの表れの対比により実証されている。なぜならば「企業が社会体系を持つ組織だと考えられるとき」、「このような社会体系は『技術』の実際の運行方式に影響し、『管理方針』に影響して実際の行動方法へと転化する」からである[6]。

　技術革新の方向となると、一般的には資本集約型の革新と労働集約型の革新の2つの形式に分けられる。技術要素の選択結果として産業と企業の技術の構成を反映する。特定の組織構造の形式は運営過程でイノベーションの方向に影響する。一般に産業と企業の技術の構成は一致するか合致すると言えるもので、同時にいずれも各国の資源の条件の影響と制約に束縛される。より広義の観察では、技術革新の方向には、代表的な新技術の将来の産業への応用に対する判断と選択も含まれるはずである。このような判断や選択と対応する組織の行動が組織改革である。1990年代以降、情報技術の急激な発展に伴って、デジ

5　関連する論争は90年代初期の多くの日米経済比較の文章に見られる。
6　Nelson R.(著) 湯光華 (訳). 経済増長的源泉[M]. 中国経済出版社, 2001: p.29、p.27（Nelson R. *The Sources of Economic Growth*. Harvard University Press, 2000の中国語版）

タル技術がアナログ技術に代わって急速に産業に応用されてきたが、アメリカでは組織改革がデジタル技術の産業への応用の先鋒を務めたのと対照的に、日本ではなお国力を挙げて技術応用の難関攻略に当たっていた。原因はおそらく一つではないのだろうが、日本のこの肝心な時期のミスは、その組織構造の変遷が遅滞したこととまったく無関係とは言えない。

2．組織構造がインセンティブ体制と協調作用を通じてイノベーションの効率と価値の実現を制約

　産業分野でのイノベーション組織とその運営の重要な内容の一つは情報の内部伝達の完成、つまりバーナードの言う企業組織内の交流でありアローの「企業組織内の情報の交換」である。異なるタイプの分業で構成された各組織構造の形式は、情報の伝達速度と伝達効率を決定する。相応する情報伝達の過程には意思決定の過程での分業と労働の分業、つまり組織内部でどのような権限の委託と権限の行使によりイノベーションを推進するのかという問題が含まれる。組織内で委託側が権限を行使する方法と受託側が権限を行使する方法の違いにより、生じる結果は二通りに分かれる。一方では情報が組織内の指定区域に伝達されるまでに消費されるコストが異なり、もう一方では、労働の積極性すなわち従業者の努力と集中度も異なってくるため、関連するイノベーションの効率も明らかに異なる。広義では、これもひとつの情報伝達を内容とした、権限委託と結びつくインセンティブ体制の問題である。工業経済時代、日本はその特有な組織構造形式で情報の効果的な伝達を実現したことによって産業イノベーションの効率を高めていた。1989年の時点で、日本で車1台の製造にかかる時間は16.8時間だったが、同種の車で比較すると、アメリカ企業では25.1時間、ヨーロッパ企業では36.2時間かかっていた[7]。日本が1980年代まで絶えず新製品を出し続けた事実にもこの点が表れている。

　同時に、製造業の技術革新の過程における主体の非単一性、および現代の技

7　『エコノミスト』1992年10月17日号のデータをコラムより再引用。Fagerberg（著）．日本的組織創新 [A]．Jan Fagerberg, David C. Mowery, Richard R. Nelson（編）柳卸林，鄭剛，藺雷（訳）．牛津創新手冊 [C]．知識産権出版社，2009：p.512（*The Oxford Handbook of Innovation*, Oxford University Press, 2006の中国語版）

第3編　イノベーション組織とその組織構造の進化に対する分析

術革新の波及範囲拡大により、イノベーションに対する調整がある程度イノベーション価値を実現するうえでの主導的要因となっていた。イノベーションの主体から見ると、組織内部での技術革新は製品の設計者から起こることも生産現場の作業者から起こることもあった。イノベーションの性質や程度は異なるものの、新製品、新技術の創造に参与するのが技術者でも一般労働者でもよかったためである。製造業の産業の特徴により技術革新の主体の多様性が決定し、また技術革新の過程そのものが組織と協調の過程である。イノベーションの効率性はイノベーション主体の参与する数だけではなく、さらにそれらの有効な組織と調整によっても決まる。製造業の生産プロセスから見ると、発生したプロセスによってイノベーションの生産過程に対する作用はそれぞれ異なるが、技術革新の取り組みは製品の研究開発と設計の過程で発生する可能性があり、また製品の生産さらにはアフターサービスを含む販売過程や、部品類や設備といった中間製品の生産と供給の過程でも発生する可能性がある。製品生産チェーン全体における各プロセスの組織と協調を通じてこそイノベーションの価値が実現でき、イノベーションが最終的に産業発展を推進できる[8]。

第3節　組織構造の調整とその手段の選択が産業のイノベーション競争における成否と損得を決める

　イノベーション効率の引き上げとイノベーション価値の実現に反映される組織構造の優位性が維持できるかどうかは、組織構造が適時調整されその調整手段が合理的に選択されているかにかかっている。調整と選択の中で向上する組織のイノベーション能力は、製造業が競争によって持続可能な発展を実現するための核心的能力である。

1．産業の発展に適合した構造調整と合理的手段の選択は組織改革の本質的内容

　組織構造は一定区域内の特定の資源である権力の配置体制であり、その形態

---

[8] 2010年に発生したトヨタ車の急加速事件も、恐らくある側面からこのような調整作用の負のフィードバックを説明している。

第10章　組織構造の進化と産業イノベーションの関わり

と運営の状況は、産業の性質と産業発展の成熟にかなり影響する。同時に、産業の成長と成熟の足どり、さらには新技術経済条件下でのモデル転換に伴って、組織構造も適応して変化するという歴史的に重要な課題と直面した。そのため合理的な構造調整の手段の選択には組織改革の実施の成否が関わっている。いわゆる組織構造の適応性の変化とは、変化した組織構造の形式が産業発展全体の実力に適合できるか、産業発展の外部環境と適応できるか、すなわち変革した組織が産業に対して適度な拡大の余地を提供できるかを指す。合理的な構造調整の手段の選択とは、調整の方法と過程でその国情と産業の特徴に気づくことができ、短期的には構造転換によるショックをできる限り低減し、長期的には産業の成長する時代の方向性をとらえるのに役立つことができることを指す。産業発展の実際の需要に基づいて、合理的な方法で適切な時期にこうした構造調整を実施するだけで、製造業の発展のある時期における組織改革は完成する。日本の製造業の組織構造の調整についての経験と教訓は本質的な気づきを与えてくれる。このような意味での組織改革は一朝一夕には成就せず、製造業の成長過程全体に伴うということである。

2．調整と選択に表れる組織改革の能力は、製造業が競争において持続可能な発展を実現するための核心的能力

　組織構造の調整とその手段の選択を主な内容とする組織改革は、その強大なイノベーション能力と特有の運営機能により製造業が競争力を得て持続可能な発展の能力を形成することに影響し支える。その具体的な働きは以下の2つの側面に表れる。①適切な組織の構造調整を通して、新しい技術経済条件における産業の高度な発展の需要に適応し、その産業のイノベーション能力の引き上げのために効果的な調整手段と安定的な活動基盤を提供する。同時に多数の主体、多数のプロセスで自発的に形成された自主革新の成果を標準化して持続可能な発展の軌道に組み入れる。そこからイノベーションに対するこうした有効な標準化と協調を通じて、組織内の異なる個人、異なる部署から出される創造力を、そのときの産業全体が必要とする競争の方向に集めて引き上げる。これは1960年代の日本経済が急成長した時期の自動車、電気といった機械電気設備技術分野でも、80年代中期の日本が工業発展のピークに向かった時期の半

導体集積回路などのハイテク分野でも示された競争力と優位のありかである。②構造調整の手段の選択は、最終的に組織の優位性が十分に発揮しうるか、その競争力が最大限に出せるかを決定する。合理的な構造調整の手段の選択により実現される組織革新は、一国の産業の成長過程で蓄積された堅牢な文化的基盤を反映できるため、産業が持つ高いレベルの競争力を発揮させられる一方、産業の成長する時代の特徴に順応できるため、企業が競争の中で時代の方向から逸れるのを防ぐこともできる。これは組織改革を通じて支持する産業の競争力の源のありかである。日本の歴史上いくつかの産業で見られた分散型組織から戦後に広く実施された系列化、現代のトヨタの適時生産に至るまで、その間いくつかの特殊な時期ならではの特徴はあるものの[9]、各時期に産業の競争と発展に対して行った貢献は、以上で論述した内容に対する実際の注釈であるはずである。相反して、1990年代の景気低迷期は日本のさまざまな産業や企業の間で組織の構造調整に対して異なる対応がとられ、それらの産業イノベーションの業績と競争力を対比すると[10]、典型的な分析事例として味わい深い。特に、ある時期は調整と変革の方向を見失ったため、いくつかの産業と企業がむやみに欧米の組織構造モデルを模倣したが成功しなかったという教訓には考えさせられるものがある。製造業の組織改革の歴史の軌跡から、合理的な構造調整手段の選択は、その産業の成長における優位性である文化の伝統と結びついたものであり、その産業が発展する時代の方向とも一致するものだということが分かる。

第4節　実践における産業イノベーションと組織構造の進化の法則性は観察、認識できる

　進化経済理論の観点から組織構造の優位性を分析し、その優位性はイノベーション効率の引き上げとイノベーション価値の実現の上でどのように表れるかと、その優位性を維持するためには組織構造に対して必ず適時調整を行わなけ

9　たとえば戦時経済の特徴など。
10　たとえば家電産業と自動車産業の対比。

第10章　組織構造の進化と産業イノベーションの関わり

ればならないことを見てきた。ここから組織構造の進化と産業イノベーションの間の関係を探る目的は、やはり産業発展の史実に基づいた組織構造の進化する法則性、およびイノベーション体制の効果的な運用を通じた製造業の持続可能な発展の可能性を探究し認識することである。日本の問題の研究から、実践における組織構造の進化の法則性に対する認識は、客観的な態度と動的に考える方法で観察し探究しなければならず、歴史に対する学習と研究を重視する必要があることが分かっている。

1．客観的に存在する相違と認識のずれを認める

　組織構造の進化の法則性に対する探究は、客観的な史実を尊重し認識することを基礎とする。日本製造業の組織構造の進化の過程を分析する中で、一方では産業イノベーションのミクロ構造である組織構造がいつどのような形式を採用するかは、客観的には各国の産業の発展した実際の状況により決定する。たとえ産業経済水準が同じか近い国でも、国情が異なれば産業発展の歴史と沿革が異なるため、組織構造の形式や運営方式もおそらく異なる。たとえば日本とアメリカの工業化の過程には多くの違いが存在する。たとえ一国の内部であっても、産業ごとに性質と成長の状況が異なるため、組織構造とその運行方式にも相違がある。たとえば戦間期の日本の玩具産業と機械などの重工業産業の相違など。明らかに、このような相違は各国の経済生活の中に広く存在している。もう一方で、生産とイノベーションの組織的方法と組織的手段として、具体的にどのようなタイプの組織構造を採用して生産とイノベーションに従事するかは、実際には経営方針の決定者がその企業、さらには本国の産業発展状況と発展水準に対して持つ主観的な認識と判断を反映している。経営方針の決定者ごとに認識が一致しないのも自然なことである。同時に、外部の影響によるイノベーションの技術的条件、市場環境の産業の成長における変化のため、方針の決定者が変化した外部の条件を認知して、さらに変化に適応するためにとる戦略の選択は必ずしも一致しない。こうした認識の違いによる組織構造の形式の選択の違いも同様に、客観的に存在する現象である。法則性のあるものをわざわざ回避する必要はない。進化経済理論での事物の存在の多様性の方法論に関する認識と合致しているのである。

上述した違いやずれが普遍的に存在することは、産業が組織構造を運行する過程での常態である。「進化は投入—産出表で示す『平均的』行為ではなく、システムの各サブシステムを構成する『ミクロ』の違いの相対的な増加と衰退から来ている」[11]ため、組織構造の進化の法則性に対する認識は、実際にはこれらの違いとずれを認識するところから始まる。このことは、産業発展の史実を尊重することを基礎として、動的な変化という観点と考え方で問題を認識し、事物の発展する法則性を探るべきであると教えてくれる。

2．産業経済史の学習の中から産業発展と組織構造の進化の法則性を認識

進化経済理論ではランダム要素の重要性が強調されており[12]、上述した違いの存在も組織構造の進化を探るうえで一定の困難をもたらしているが、日本製造業の産業経済発展史の研究により、その過程の適応性の標準をふるい分けて確定し、かつ一定の期間内に画期的な新技術が出現しなければ、進化の過程も一定の規律性を呈することが実証されている[13]。そのため、実践における産業イノベーションと組織構造の進化の法則性は観察、認識できるものである。こうした学習と観察には少なくとも2つの方法がある、もしくは2つのレベルで行うことができる。

①日本のような典型的な工業国の代表的な企業および産業の組織構造の運営と進化の過程に対して詳細な事例分析を行う。その構造そのものが形成された環境、運営メカニズム、産業の成長に対する制約と影響を分析する中で、産業の実践において形成される組織構造の優位の理性的認識を理解して向上させる。つまりこのような構造の優位性そのものは広義の資源の配置の優位、広義の取引コスト節約の優位性であり、現代製造業の発展はまさにこのような基礎的な構造の優位性によるものである。

---

11 Peter M. Allen（著）鐘学義（訳）．演進、創新与経済学 [A]．G. Dosi ほか（編）．技術進歩与経済理論 [M]．経済科学出版社，1992：p.141（*Technical Change and Economic Theory*. Pinter Publishers. 1988の中国語版）

12 いかなる組織または個人も相互作用のある組織または個人の行為と戦略の影響に束縛されることにより、企業の行為の結果と未来の行為の方針は不確定性に満ちており、ここではランダム要素とふるい分けメカニズムはともに重要な役割を果たす。

13 盛昭瀚．国家創新系統的演化経済学分析，管理評論，2002年第10期，pp.17-21

第10章　組織構造の進化と産業イノベーションの関わり

②主要な工業国の産業発展と組織構造の進化に対して比較研究を含む長期の観察を行う。産業の発展した時期ごとの組織構造が経た進化の軌跡および組織構造がそれに応じて表す具体的な形式をはっきり理解する前提で、事物の表象を通して、よく言われる組織構造の形式の産業の成長状況との適応性を明確にする。実際には相対性、可調整性と相違性が含まれる。これはいわゆる適応性の多様化の内包を示すと同時に、本質的には動的な適応の過程でもあり、絶えず不均衡から均衡を実現する過程でもある。一国の製造業全体がこのような動的な適応の過程にあり、絶えず不均衡から均衡を実現する過程の中で、産業イノベーションを完成して自立した持続可能な発展へと向かうのである。

＃第4編

アンバランスでオープンな産業イノベーションシステムの研究

　新技術経済という条件のもとで産業の分業が進んだため、現代産業の競争は早くから企業の枠を越えて行為主体の間、各生産要素の間に拡大した、最終製品とサービスを生産するためのイノベーションの競争となっている[1]。技術革新およびイノベーション実行組織は、製造業全体の産業システムの中で運用される。産業イノベーションシステムの研究はおのずと目の前に横たわる現実的な課題となっている。イノベーションおよびその組織を運用する基盤である製造業の全体はオープンな複雑系である。このシステムは外部との中断しない物質と情報の交流、内部の構造機能の効果と各サブシステム間での競争と協調によって運用と発展を実現している。このシステム自体が持つ進化と自己組織の特性から、産業イノベーションシステムを生態システムとして考察し研究するという啓発が得られた。なぜならば、イノベーションの過程が存在するシステムの構造の特徴を全体から捉えることで、システム内の各行為主体がどのように競争と協調を通じてシステムの有効な運行を推進しているかを知り、産業イノベーションにおける技術の変革と構造の変遷の相互作用のメカニズムを認識できるからである。そしてオープンな新技術経済という条件下で、産業発展に内在する規則を反映するシンプルな産業イノベーションシステムのモデルの確立を試みる。本編では製造業の産業イノベーションシステムの本質

1　芮明傑らは『論産業鏈整合』の中で、現代企業の競争力はすでに自身の資源と核心競争力だけ考慮することはできないため、産業レベルより高く広い戦略の視野を確立し、より新しく広範な資源と能力を基礎とする競争力の構築を図るべきだと指摘している（芮明傑ほか、2006、p.2）

第4編　アンバランスでオープンな産業イノベーションシステムの研究

に対するその構造と機能を含む討論、および日本製造業の産業イノベーションネットワークの歴史上の進化に対する考察と研究を通じて、製造業の産業イノベーションシステムの本質に対する進化経済学での解釈を試みる。それにより産業を中心とするイノベーションシステムの研究を完成させる[2]。

---

2 とは言え新しい研究と認識の問題を探求する構想に研究の重点を置いただけに過ぎないため、この研究はおそらくとても初歩的なものである。

第11章　製造業そのものがオープンで複雑なイノベーションシステム

　日本製造業の技術革新と組織構造の変遷を歴史から分析した後で、全体的にイノベーションの過程が存在するシステムの構造的特徴を捉えるという任務は、研究の興味と重点を製造業全体に向け、産業内でこのイノベーション基盤の機能およびその備える構造的特徴を探究するように駆り立てるものである。すなわち製造業を1つの経済システムとして、その各部分、各種の構造の産業イノベーションにおける運営と統合を観察して分析し、それによって産業イノベーションシステムそのものの理解と本質に対する認識を深める。これは以前に製造業を1つのまとまりとして捉え、製造業が時代背景ごとに担ってきた経済上の役割を討論してきたことや、異なる産業部門の集合として各産業部門の盛衰を分析してきたこととはまったく異なる構想と研究方法である。本章では主に国家イノベーションシステムの比較を基礎とした産業イノベーションシステムに関する思考を詳述し、また日本の事例に反映されている産業イノベーションシステムの特徴と機能を討論する。

第1節　産業イノベーションシステムと国家イノベーションシステムの関係

　今までのところ、国際経済分野で日本製造業のイノベーションシステム関連と言われる研究の中で見られるのはやはり国家イノベーションシステムに対する研究が主である[1]。そのため、1980年代以降の欧米の経済理論において国家イノベーションシステムに関する研究にはすでに重大な進展があるなかで、ここ

1　たとえば、日本の国家イノベーションシステムに関するフリーマンの有名な研究がある。

で言う産業イノベーションシステムと国家イノベーションシステムの関係を明らかに述べることが、製造業の複雑なイノベーションシステムの分析でまず行う作業である。

1．国家イノベーションシステムはイノベーション資源のマクロな統合
1-1 国家イノベーションシステムは国を中心とするイノベーションの研究

　今までのところ、国内外での国家イノベーションシステムに関しての研究では、国家イノベーションシステム（National System of Innovation）は一国のさまざまな企業、大学、科学研究機関と政府の間で科学技術の発展とその商業への応用をめぐって形成された相互に作用するネットワーク体制を指すと広く考えられている[2]。さらに言うと、関係する科学技術が発達して経済成長に至る過程での制度の主眼は科学技術知識の生産者、伝播者、使用者と政府機関の間の相互作用であり、それを基礎として科学技術知識が社会全体の中を循環し利用される好ましい体制を形成することである[3]。技術革新の取り組みが広く展開され、また技術革新に対する理論の認識が深まるにつれて、国家イノベーションシステムは日に日に広く人々の関心を集め、その研究成果も絶えず発表されるようになる[4]。

　しかし注意が必要なのは、一国の政治経済発展においてその国に特有の要因が果たす役割をドイツの古典派経済学者リストが研究し[5]、またイギリスの経済学者フリーマンが1987年に国家イノベーションシステムの概念を初めて提示しているが、彼らが着眼しているイノベーションと発展の重点は国の視点だということである。例えばリストが1840年代に提示した「政治経済学の国家体系の概念」、および歴史的条件、文化の伝統、地理環境、自然資源などを含めた国に特有の要因は一国の経済発展に巨大な影響を及ぼす。フリーマンは日本

2　馮之俊．国家創新系統的理論与政策 [M]．経済科学出版社，1999：p.34
3　趙玉林．創新経済学 [M]．中国経済出版社，2006：p.409
4　1980年代に、フリーマンが日本の国家イノベーション体系に関して研究したほか、ルンデバルも国家イノベーション体系の構築モデルの試案を提示している。Giovanni Dosiほか（編）鐘学義、沈利生、陳平（訳）．技術進歩与経済理論 [M]．経済科学出版社，1992：pp.425-449（*Technical Change and Economic Theory*．Pinter Publishers．1988の中国語版）を参照。
5　リストの研究は通常、国家イノベーションシステムの起源と見なされている。

第11章　製造業そのものがオープンで複雑なイノベーションシステム

経済の力強い成長過程に対する研究を通じて、技術革新を進める中での国の際立った働きを示している。彼は、一国の経済発展あるいはキャッチアップの過程において自由競争のみに頼る市場経済では足りず、政府がいくつかの公共の製品を提供して長期的観点での資源の最適配置を求め、産業と企業の技術革新を推進することが必要だと考えていた。産業イノベーションの政策的推進がここで浮かび出てくる。後にも国家イノベーション体系の各主体の相互作用という角度からイノベーションの運営過程を研究した学者はおり[6]、イノベーション経済学の概要も国家イノベーション体系のミクロ経済学の方面に帰納されたが[7]、やはり彼らは研究の着眼点を、企業、科学研究機関、研究型大学、教育訓練、仲介組織、政府部門を含むイノベーションの各主体に置いており、それらが国家イノベーション体系の構成部分として国家イノベーションシステムの中で発揮する効果や担う役割については、それらを用いて国家イノベーションシステムが含む内容と特質を定義している。この意味の上から言うと、このような（国家を中心とする路線を離れていない）研究は依然として国家を中心として展開されており、かつ濃厚な政策色を帯びている。

1-2　国家イノベーションシステムのイノベーション研究推進に対する貢献

とは言え、現在までのところ国家イノベーションシステム関連の研究にまだ完全な理論と統一の方法が形成されていないものの、国家イノベーションシステム理論の出現によるイノベーション問題研究の高度化に対する重要な貢献は認めるべきである。国家イノベーション理論が既存のイノベーション研究の面で果たす推進作用には影響しない。こうした推進作用は少なくとも以下の3つの側面に表れる。

①国家イノベーションシステム理論は初めてシステム理論の角度からイノベーションがどのように経済成長に影響するかを研究する理論の枠組みを作り上げて、イノベーション関連の取り組みを単独で発生する経済事件と見なさないよう人々を導き、かつその相互間のつながりと相互作用を分析し始めた。

②比較的広範にイノベーション問題分析の視野を広げた。たとえば国家イノ

6　デンマークの Bengt-Ake Lundvall による研究 "Innovation as an interactive process: from user-producer interaction to the national system of innovation" など。

7　趙玉林．創新経済学 [M]．中国経済出版社，2006：p.442

第4編 アンバランスでオープンな産業イノベーションシステムの研究

ベーションシステムの各流派の論著の中で普遍的にイノベーションの環境と主体、対象に関わることで、イノベーション研究を技術革新から組織、制度の変革といったより幅広い領域へと広げている。

③国家の視点からまたは国単位で企業内部と企業間、公共部門、金融機関などを含むイノベーション資源を統合する試みに着手し、さらにその機能に対して組織とコーディネーションを行った。明らかに、製造業の産業イノベーションシステムに対する研究はこれらの研究成果を基礎として確立するべきで、これらの研究成果が製造業の産業イノベーションシステム分析の起点となる。

2．産業イノベーションシステムは産業レベルで形成される構造の進化メカニズム

産業イノベーションシステムの研究は国家イノベーションシステムの研究と比べ、イノベーションの問題に対して異なるレベルから研究している。「一部の学者が『メソ経済』レベルと呼ぶ、ミクロの経済行為とマクロの経済現象の間に存在する重要な中間的プロセスは部門間の工業と技術が相互依存すること」だからである[8]。

2-1　国家イノベーションシステムの研究を基礎に産業イノベーションシステムを研究する必要性と必然性

まず、国民経済の基幹産業（重要な経済部門）である製造業の産業イノベーションシステムそのものが国家イノベーションシステムの産業の基礎を構成している。今までのところ国家イノベーションシステムの研究の中で産業イノベーションに言及するものがあっても、やはり産業の企業の集合においていくつかのミクロ経済体を構成するイノベーションの考察が主である。価値を実現する効果的な運営基盤である産業レベルでのイノベーションが表す特徴と法則性は、研究の着眼点の違いのため、国家イノベーションシステム理論の枠組みの中では十分に体現できない。つまり、経済の持続可能な発展の要である駆動力、イノベーションは、企業の境界線を越えた産業分野の中で、どのように（どのような条件の下で）発生してどのように運用されるのか。個別の（具体的

---

8 Dosi and Orsenigo（著）．協調与転換：対演進環境中結構、行為和変革的概観 [A]．Giovanni Dosi ほか（編）鐘学義、沈利生、陳平（訳）．技術創新和経済理論 [M]．経済科学出版社，1992：p.32（*Technical Change and Economic Theory*．Pinter Publishers．1988の中国語版）

第11章　製造業そのものがオープンで複雑なイノベーションシステム

な）産業環境と産業の実践活動はイノベーションの過程に対してどのような影響を及ぼすか。そしてイノベーションが展開される過程全体でどのような現象と法則性の特徴（無作為、偶発的か、それとも秩序ある、自己組織か）が現れるかといった一連の問題はいずれも産業イノベーションシステムに対する研究を通じて答えなければならない。言い換えると、産業イノベーションシステムというメソレベルの研究と、この領域でイノベーションが生じる過程に対する認識が不足しているため、イノベーションの問題に対する研究はいずれも不完全で、イノベーションの問題に対する認識はいくつかのプロセスについてあるべき明瞭さに欠ける可能性がある。そのため、イノベーション問題の体系的な研究にとって、産業レベルは仮定の既知条件のようなブラックボックスではなく、その中の重要な研究対象とイノベーション問題の体系的な研究に必然的な構成部分として捉えるべきである。

次に、企業を含むイノベーションの各主体が技術革新の取り組みの中で相互に影響することは国家イノベーションシステム理論でも気づいているが、イノベーションの各主体間の相互影響に対する認識は、やはりはるかに不十分である。価値の実現というスリリングな飛躍の過程にも、同様に未知のきわめて重要な相互作用関係（例えば技術と組織のなど）が存在しているため、相応の理論分析手段が不足し、あるべき深さでの研究ができていないからである。このようなあまりよく知られていない相互作用関係は、イノベーションに従事する企業の内部、企業間に存在するだけでなく、産業イノベーション全体のチェーン上にも、チェーンにつながる各主要プロセスの間にも存在する。それでは、これらの要素の相互作用はイノベーション発生の過程をどの方向に進めているのだろうか。また、要素間の相互作用はどのような方法で行われるのだろうか。直接なのか、それとも何らかの媒介物の力によるものだろうか。これに類する問題はすべて我々が興味を持つ研究討論内容である。これらの問題に対する回答はいずれもイノベーションの性質の理解およびイノベーションの持続時間に対する判断に影響するからである。

そして、国家イノベーション理論は歴史、文化、社会といった国に特有の要因と政府の政策がイノベーションの中で重要な影響を及ぼすと指摘している。しかし、こうした影響についても、産業イノベーションの過程という観点で

は、適切に言えばイノベーション価値を実現する過程でどのように発生するかについて、より体系的な（あるべき）研究が不足している。特にこれらの要素の影響がどのように産業分野のイノベーション運営の中に入っていくか、たとえばどのような経路、どのような方法で、どの程度、産業イノベーションに影響するかについては、まだ分析が空白の状態にあるようだ。しかし、まさにここに存在する新鮮で気づかれていない経路依存の問題が、一つの経済体の産業発展モデルと技術革新方法が持つ国の特徴を大きく決定している。同時に、この問題に対する客観的な認識の程度は、経済後進国が自立した発展モデルを構築する過程での産業イノベーションの業績およびイノベーションの成否にも直接関係している。よって必ず研究しなければならないものである。

明らかに、国家イノベーションシステムというマクロレベルと企業のイノベーション実行組織というミクロレベルの間には、産業イノベーションシステムの運営とコーディネーションおよび接続という中間的プロセスが存在している。その上、以前の工業経済時代と比較して、今日の知識経済時代は、産業の分業がより進んでいるため、この中間レベルにある産業イノベーションシステムの運営は重要性を増してきている[9]。したがって、理論上でのイノベーションの法則性の認識であれ、実践におけるイノベーションの効果的な運行の推進であれ、研究し探っていくことが必須課題である。

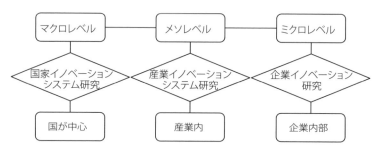

図11-1　産業イノベーションシステム研究のイノベーション研究における位置

9　新しい技術経済の条件における製造業の発展の傾向と結びついて、産業イノベーションシステムの効果的な運営は新型の製造業の主要な発展の特徴のひとつとなるだろう（李毅、2005）

第11章　製造業そのものがオープンで複雑なイノベーションシステム

2-2　産業イノベーションシステムを分析する枠組みの検討

　産業の形成と進化の歴史は分業の発展と進化を基礎としている。分業の発展は製品の価値を創造する生産的な取り組みで、企業内部から産業全体へと広がる。また分業構造の進化に従って、産業の発展も相応の構造的特徴を持つようになった[10]。産業システムのイノベーションが展開される過程は、その内部構成が外部環境の変化に順応して、ある種の方法によって互いに協調し、構造の進化を実現する過程である。そのため、産業イノベーションシステム研究では、構造の進化をその研究の中心的内容とする。「経済システムには構造的特徴があるため、経済システムの進化は構造の転換の過程である」からである[11]。

　構造の進化を主な内容とする産業イノベーションシステムの分析は一種の不均衡分析である。なぜかというと通常経済学の中で支配的地位を占める一般均衡理論は報酬の逓減を基礎としており、しかも時間的変化と事物の発展過程を捨象しているからである。その研究対象に対する抽象的な静態の観察では、経済の行為者間のきわめて重要な対話型学習の過程、イノベーションを網羅できない。産業のイノベーションは報酬が逓増し、「経済の行為者間の非対称性と多様性は、イノベーションの機能の条件の一つであるのみならず、イノベーションの必然的な結果でもある」からである[12]。まさにこの過程が技術と知識のスピルオーバー効果、報酬の逓増、イノベーションを生み出している。「報酬の逓増はすべて不均衡を意味するため、こうした不均衡が出現したときは資源の配置を通じて収益を得る機会が存在する」[13]。

　技術の進歩はこうした非対称な過程のひとつである。「その前提と結果はイノベーションの占用可能性とさまざまな収益力を変化させる。この過程は他のメーカーがイノベーションを模倣またはさらに進めるための動力を提供し、需要をも提供する。」また技術革新の過程に「かなり存在している不確定性と問

10　分業は価値の創造をめぐる産業活動をつないで異なるレベルの構成部分とするため、分業の構造ごとに形成する産業構成の構造は異なる。
11　芮明傑、劉明宇、任江波．論産業鏈整合 [M]．復旦大学出版社，2006：p.76
12　Giovanni Dosiほか（編）鐘学義、沈利生、陳平（訳）．技術進歩与経済理論 [M]．経済科学出版社，1992：p.31（*Technical Change and Economic Theory*. Pinter Publishers. 1988の中国語版）より再引用
13　芮明傑、劉明宇、任江波．論産業鏈整合 [M]．復旦大学出版社，2006：p.50

題解決の複雑性」のため、常に適切な組織構造によるコーディネーションでその能力を組織化し、すべての潜在するイノベーションの機会を利用する必要がある。そのため「組織の階層構造がどのように技術を進展させる知識の基礎と結びつくのか」を探究することで、それらの間にありうる各種の組み合わせを示し、「最後に得られるのが体系的な構造変革の比較的秩序があるタイプである」[14]。つまり、産業イノベーションシステムの中で、技術革新と組織改革の相互作用を構造進化の重点分析対象として、システムの各部分が相互協力とコーディネーションを通じて秩序あるイノベーションを実現する産業のメカニズムを探究する。当然、ここで分析する産業システムはオープンシステムであり、その中での技術革新と組織革新の相互作用、システムの各部分の相互協力といった特徴は外部要因および歴史的要因とつながっているため、分析にもそのつながりが発生したルートを含める。「生物物理の文脈では、経済システムは間違いなくオープンであり、エネルギーと情報の投入によって、伝統的経済理論で分析される循環の流れを維持している」からである[15]。

　構造進化を分析するツールとして、ここでは分業の進化に基づいて産業ネットワークを分析するという方法を試みる[16]。一方ではネットワークそのものが経済の情報化、グローバル化時代の産業組織の発展の新しい形式（産業イノベーションにおける基本的機能にとって）であるため、産業イノベーションシステムのネットワークに対する分析は、すなわち組織改革と組織構造の進化に対する研究の論理上の自然な発展である。ネットワークを分析する方法のもう一方の特徴として、システム中の行為主体と各種の要素の間でイノベーションの中で生じる相互の影響とさまざまな連動関係を研究することに適している。こうした連動関係には目に見える製品の製造のような物質的なものだけでなく、無形の知識の創造のような知識の伝播（学習）と交流も含む。つまりイノベー

---

14 Dosi and Orsenigo（著）．協調与転換：対演進環境中結構，行為和変革的概観 [A]．Giovanni Dosi ほか（編）鐘学義，沈利生，陳平（訳）．技術創新和経済理論 [M]．経済科学出版社，1992：p.25、p.31（*Technical Change and Economic Theory*．Pinter Publishers．1988の中国語版）

15 Gerald Silverberg（著）．建立経済動態和技術進歩模型：自組織和漸進的数学方法 [A]．Giovanni Dosi ほか（編）鐘学義，沈利生，陳平（訳）．技術創新和経済理論 [M]．経済科学出版社，1992：p.659（*Technical Change and Economic Theory*．Pinter Publishers．1988の中国語版）

16 サプライチェーンの発展を基軸とする。

第11章 製造業そのものがオープンで複雑なイノベーションシステム

ションの過程でネットワークの力により実現する行為主体の間の知識の共有と相互補完を示し、「ネットワークが知識、能力、専門性の面に存在する補完性を統合し始めた」[17]。

要するに、本書で産業イノベーションシステムを分析する枠組みの構築を試みる目的は、産業というメソレベルの独特な視点で、産業イノベーションが実際に発生する過程を観察して理解し、技術革新と組織改革の相互作用および関連する要因の相互連動関係の分析を通じて、製造業の産業イノベーションシステムにおけるイノベーション資源の統合の度合いと方式を認識し、さらに複雑な分業を基礎として確立される製造業のイノベーションシステムに存在しうるいくつかの法則性を探究することにある。

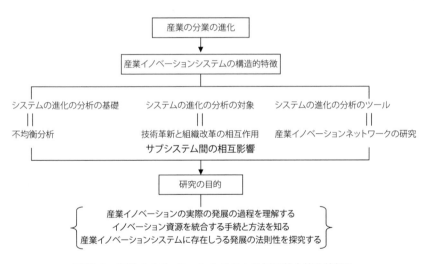

図11-2 産業イノベーションシステム分析の基本的な枠組み

---

17 Franco Malerba（著）．産業系統：創新的産業差異及其成因 [A]．Jan Fagerberg ほか（編）柳卸林ほか（訳）．牛津創新手冊 [M]．知識産権出版社，2009：p.383より再引用（*The Oxford Handbook of Innovation*, Oxford University Press, 2006の中国語版）

第4編　アンバランスでオープンな産業イノベーションシステムの研究

第2節　日本の実例から見る産業イノベーションシステムの構成と機能

　産業イノベーションシステムを分析する枠組みの確立は、産業レベルでのイノベーションの実証研究を基礎とするため、日本製造業の産業イノベーションの実践は重要（典型的）な研究素材となる。

1．具体的な事例による産業イノベーションシステムの構成要素の検討

　日本製造業のイノベーションは世界の工業国の中でも効率が高く、特に経済のキャッチアップ時期と一部ハイテク産業でその特徴が明らかに見られる。たとえば1980年代、および長期的に見た電子産業と自動車産業[18]。ある学者の研究データによると、1983～1987年の間、日本の産業の研究開発スピードが欧米を上回りトップだった[19]。90年代初期の新車種の研究開発にかかる時間は、日欧で60か月、日米で46か月のギャップがあり、新車種の旧部品比率はアメリカの38%に対し日本は18%だった。電子産業では、イノベーションに基づく効率の高さと同じ理由で、日本の生産性がトップクラスの優位性を維持している[20]。そのため電子産業はイノベーションを速やかに完成させると言われていた[21]。この点をめぐっては多くの文章が書かれ、日本企業の管理について多くの深い研究があった。ただ残念なのは、これらのイノベーションが企業の枠を越えて産業基盤上で展開され推進されていたとき、対応する研究を産業レベルですばやくフォローし展開することができていなかったことである。この産業基盤こそ、ここで討論する製造業の産業イノベーションシステムである。日本企業はまさにこの基盤の力で多様化、多分野のイノベーション実践活動を展開

18　近年は多くの国がキャッチアップ段階にあり、またそれら自体にも一定の問題が存在する。後者は以下の研究の中で分析する。

19　長岡貞男．研究開発の生産性を決定する要因：スピードとサイエンスの吸収能力 http://www.rieti.go.jp. 経済産業研究所コラム文章2006を参照

20　元橋一之．生産性の国際比較による産業競争力のベンチマーキング http://www.rieti.go.jp. 経済産業研究所コラム文章2006

21　Sigvald Harryson（著）華宏勛ほか（訳）．日本的技術与創新管理：従尋求技術訣竅到尋求合作者 [M]．北京大学出版社，2004：pp.3-4（*Japanese Technology and Innovation Management: From Know-How to Know-Who*, Edward Elgar Pub, 1998の中国語版）

し、それによって世界一流の産業の競争力を作り上げたのである[22]。そのため、日本の産業での実践を通じて産業イノベーションシステムの実際の構成を認識できることを期待している。

1-1 企業を中心とするイノベーション実行組織は産業イノベーションシステムの中核構造

進化経済理論では、ミクロの相違こそが進化の発生を招くと考える[23]。相違と変化があってこそ、イノベーションの機会がありえる。したがって製造業の産業イノベーションシステムの構成を考察するには、まず産業分野においてこのようなミクロの相違を生じさせ維持するモデル、企業を観察する。これらの研究には少なくともアンバランスな特性の企業の構成を含める。「企業はすでに広くイノベーション、技術の拡散と技術の変遷の中心と見なされている」[24]。産業を構成する企業の集合そのものが互いに相違を持った異なる経済行為の主体だからである。相違と競争が存在するからこそ、企業にはイノベーションの動力がある。そこで、製造業のイノベーションは始めに企業の中で発生し、そして企業内部の(企業間を含む)一連の運営を経て、その知識の価値の向上を実現する。つまり、企業を起点として技術、知識の蓄積(由来が外部か内部かを問わず)が市場性のある最終製品とサービスに転換されている。このようにして企業は能動的な知識イノベーション実行組織となる。企業の能動性はその内部で運営されている構造に由来するため、この構造は産業イノベーションのネットワークにおける価値向上のノードになる。まさにこの意味で、企業内部のイノベーションに関わる構造を産業イノベーションシステムのインフラだと見なしているのである。本書で行う企業を中心とした基礎的イノベーション構造の研究は、実際には産業イノベーションシステムにおいて企業構造が演じる

---

22 同時に深く考えさせる経験と教訓も残している。

23 Peter M. Allen (著). 演進、創新与経済学 [A]. Giovanni Dosi ほか (編). 技術進步与経済理論 [M]. 経済科学出版社, 1992:p.132 (*Technical Change and Economic Theory*. Pinter Publishers. 1988 の中国語版)

24 Kevin Bryant (著). 促進創新:就演化経済学和系統研究方法応用於政策問題的一種総的看法. John Foster, J. Stanley Metcalfe (編) 賈根良, 劉剛 (訳) 演化経済学前沿:競争、自組織与創新政策. 高等教育出版社, 2005 (*Frontiers of Evolutionary Economics: Competition, Self-Organization, and Innovation Policy*, Edward Elgar Publishing, 2001 の中国語版)

第4編　アンバランスでオープンな産業イノベーションシステムの研究

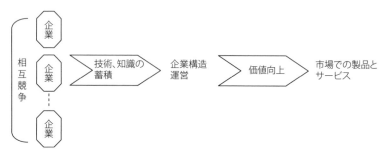

図11-3　産業イノベーションシステムにおける価値向上のノード・企業

役割の探究である。

　前述した組織改革の分析および既存の日本の企業管理の研究成果から、ある企業の組織構造はその組織の分業の構造およびその中に含まれる権限配分の構造であることがわかる[25]。企業の組織構造は一般的な意味で組織内の規則、手続きの明確さと遵守度、組織内の意思決定権の集中度、管理体制の標準化の程度、および組織内の各部分での力の分布を反映している。アメリカ企業の構造の数理統計との対比を通じ、日本企業の構造は組織面で比較的ゆるい構造を持っており、意思決定の面で分権的な特徴があり、戦略の選択では市場占有率などの長期指標をより重視して、再生産のチェーンでは戦略的な生産をより重視していることが指摘されている。このような企業構造を産業イノベーションシステムにおけるインフラと見なす理由は2点ある。

　①産業イノベーションの効率に直接影響する。まさに組織構造の相対的なゆるさと意思決定プロセスの分権的な特徴によってこそ、日本企業の組織構造がより弾力性に富み、イノベーション発生に対応した変化により適合しやすくなったため、欧米の工業化を追いかける過程で日本企業が新製品の開発をリードする位置にいられたのである。また、こうした影響は産業のさまざまなイノベーションおよびすべてのイノベーションの実行過程に波及している。波及先には新技術とそれに応じた新しい知識の捕捉、将来の実用価値に対する判断、

---

[25] 加護野忠男ほか（著）徐艶梅（訳）．日美管理企業比較 [M]．生活・読書・新知三聯書店，2005：p.41（日米企業の経営比較—戦略的環境適応の理論、日本経済新聞社、1983の中国語版）

蓄積された技術の実際の用途と具体的な研究開発業務の組織、さらに製品とサービスを形成する全過程まで含まれる。そのためイノベーションの業績に対して決定的な影響を持つ。

②特定の企業構成は企業組織の経済活動における技術、市場、戦略の構造を反映している。後者はいずれも産業イノベーションと価値の向上する過程に直接影響する要因である。日本企業が持つ比較的変化に適したフレキシブルな組織構造は、労働市場の流動性不足と企業取引市場の不完全な構造に対応しており、組織内に一定のバッファを持つことで資源配置モデルの修正を実現している[26]。それによって日本企業の組織は独特な方法でその価値向上と産業イノベーションの推進を実現している。したがって、ある国の企業の組織構造の特徴を把握するということは、産業イノベーションシステムにおけるミクロ組織の特徴を認識する手がかりとなる。

1-2　縦横で双方向につながるメッシュ型構造が3次元の産業イノベーションネットワーク基盤を構築

製造業の生産の特徴により、製品やイノベーションは多くの部門（多くの企業間）による協力の結果となる。たとえ原材料生産企業であっても、その製品生産に必要な機械装置、イノベーションに従事するための道具はいずれも他部門の協力への依存と切り離せない。装置を製造する企業の製品にとっては（製品生産上で展開するイノベーションを含め）、生産過程にある中間製品も同様に、その数量と性能に対する需要部門および使用部門の制約を離れられない。この意味の上から言うと、製造業の産業イノベーションはそもそも単独企業の内部の価値創造の仕事ではなく、技術知識、情報知識の流動性という特徴により、早くからオープンな過程に変化している。つまり技術革新とその価値を実現する過程を産業チェーンの全体に延長し、関連領域へと広げている。知識経済時代はこうした開放性がより分かりやすくなって、イノベーション全体がより豊かで変化に富んだものとなっているに過ぎない[27]。革新（innovation）という行為

26　加護野忠男ほか（著）徐艶梅（訳）．日美管理企業比較[M]．生活・読書・新知三聯書店，2005：pp.62-63（日米企業の経営比較－戦略的環境適応の理論，日本経済新聞社，1983の中国語版）

27　もちろん、より多くの工業経済の時代と異なる新しい法則性を認識し探究すべきであることは排除しない。

は、その概念の発明者であるシュンペーターの定義に基づくと、それまでなかった生産に関する要素の新たな組み合わせを生産体系に導入することである。ここには技術的なものと組織的なものが含まれる[28]。イノベーションそのものが製品の革新、プロセスの変革およびイノベーションの伝播と拡散を含む一連の過程だからである[29]。この一連の過程は明らかに、相応する経済的社会的背景のもと、製造業の中で多数の部門の相互の影響と作用のもとで展開されている。まさにこの相互協力の一連の過程が製造業の産業の進化と構造の転換を推進する。

　技術の進歩と分業の高度化による企業の縦横のつながりと資源の統合が日増しにイノベーションの不可欠な構成部分となり、そこからメッシュ型の産業イノベーションの基盤を形成した。産業構造の転換は分業構造の変化から始まったもので、分業構造が産業イノベーションの過程での資源統合形式と範囲を決定する。中国の学者は以前、分業構造に対する研究の過程で、その進化の順序によって単一の構造→専門化された分業構造→モジュール化構造の3段階に区分していた[30]。製造業の産業イノベーションの組織と協力の範囲（形式）もそれに応じて、最初の製品によって直接のつながりが発生する企業同士の間から、製品が相互補完関係にある多数の産業部門間の横方向の産業チェーン、製品でつながった産業部門間の縦方向の産業チェーンへと発展し、そこから現在のモジュール化を通じた分散と集積で形成されるネットワーク構造へと発展した。競争のもと、製造企業のイノベーションは、すべての産業分野の多次元空間で全面的に展開され、それによって立体的な産業イノベーションシステムのネットワーク構造を形成している。もう一つの側面から見ると、技術革新の過程の複雑性と結果の不確定性こそが、製造業の産業分野においてこうした境界を確定しないイノベーションのコーディネーション方法が選ばれる理由である。このような多重チャネルの情報移動経路と全方位の資源を統合する方法を通じて、イノベーションの過程で遭遇するであろう各種の複雑な局面に対応する。

28　Joseph A. Schumpeter（著）何畏、易家詳（訳）．経済発展的理論 [M]．北京：商務印書館，1990：p.73を参照（*Theorie der wirtschaftlichen Entwicklung*, 1912の中国語版）
29　柳卸林．技術創新経済学 [M]．中国経済出版社，1992：導論
30　芮明傑、劉明宇、任江波．論産業鏈整合 [M]．復旦大学出版社，2006：p.77

第11章　製造業そのものがオープンで複雑なイノベーションシステム

こうした相対的にゆるやかで柔軟な弾力性に富む組織を通じて、イノベーションの過程に必ず存在する各種のリスクと衝撃の回避、緩和を図るのである。そして産業イノベーションの持続的な実施を保障する。

　日本の製造企業のイノベーションは、現在に至るまで実際にはこのような産業システム環境の中で展開されている。あるいは、いずれにも存在しているこのようなネットワーク構造と各種の密接なつながりを、平時に評価する角度と異なる他の側面から認識しているだけだとも言える。たとえば、資本の結び付きという角度から企業アライアンスを認識することに人々は慣れているが[31]、実際には日本製造業ではイノベーションにおいて単体の資源不足を補うため、初めてイノベーションに対する協力と組織の範囲をそれまでの単独企業内および隣り合う企業間からイノベーションに直接関連する各部分へと横方向に広げ、資金、情報そして人員を含めた産業レベルの資源を統合する過程を実現し、それによってイノベーションをめぐる「体制の相互補完構造」を形成した[32]。このうち企業と銀行の間で発生する資金、情報さらには経営要素の面での安定したつながりは最もよく知られている[33]。系列化のような日本式の、関係する原材料、中間製品の生産と最終製品生産企業の間の比較的安定した協力のチェーンとなると、産業イノベーションの互いに関連する縦方向の構造がはっきりと見られる。このような縦方向の協力は具体的に双方の資本関係の有無、および具体的に下請や孫請か、完成品の組立企業と部品企業の同期した設計と開発の実行かにかかわらず発生し、いずれも専門化された分業が進むに伴ってその産業イノベーションの構造が空間上の縦方向に広がったという事実を変えるものではない。明らかに、これまで系列化をただ日本の独占資本の統治形式とだけ見なしていた認識はあまりにも狭く、管理手段として見るだけで

31　たとえこうした「協力行動をとる企業のグループ」で、「情報交換、人事交流を含めた各種のイベントが企業間関係の基礎を構成する」としても、である。今井賢一、小宮隆太郎（編）陳晋ほか（訳）. 現代日本企業制度. 経済科学出版社，1995：p.81を参照（『日本の企業』，東京大学出版会，1989の中国語版）

32　青木昌彦、奥野正寛. 経済システムの比較制度分析 [M]. 東京大学出版会，1996：p.153を参照。

33　ここで製造業以外に銀行などの金融機関を含めているのは、実質的に日本の製造業の産業活動と関わるこの部分が重要であることと、製造業の産業イノベーションシステムがオープンなシステムであると考えているためである。後者については以下で研究を展開する。

は不十分である。しかも事実上、日本企業のイノベーションのネットワークに対する依存は（上述した2つの方向で見られるものに限らず）より普遍的なものである。たとえば、しばしばネットワークの助けを借りて知識を捕捉して蓄積し、技術革新の方向を選ぶ。ネットワークを通じて企業内外の研究開発を結び付ける。ネットワークを利用して市場との需要の変化とのコミュニケーションとフィードバックを実現する。ネットワークの形式を使って競争する技術力の引き上げに参与するなどである。

要するに、まさに上述したさまざまな過程の自然な融合で、有機的な産業イノベーションシステムが構成されているのである。

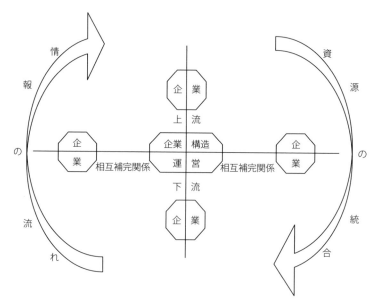

図11-4　日本の産業イノベーションシステムの構成

2．産業イノベーションネットワークの運営からの産業イノベーションシステムの実践における機能の探究

以上の観察と分析から、製造業の産業イノベーションシステムの構造は実際にはネットワーク構造で、分業の進化、技術革命、技術の進歩の発展状況と適

応していることが分かる[34]。したがって、本書ではイノベーションにおけるネットワーク運営を通じて、産業イノベーションシステムの実践における機能を観察し探究する。

　スウェーデンのジグバルト・ハリスン（Sigvald Harryson）は、1991～1995年に日本企業のイノベーションに対して行った実証研究の中で、産業イノベーションのネットワーク方式を離れてイノベーションに従事した場合、技術上、組織上でジレンマに遭遇する可能性は製造企業の中で普遍的に存在すると指摘している[35]。彼の言う技術上のジレンマとは、主に技術でのリードを追求する取り組みにより企業は得てして内部技術の研究開発に没頭し、イノベーションが外部技術と市場の変化を反映するレベルを下げてしまうことを指し、組織上のジレンマとは、創造的に実践を開発するためには通常、精悍で活力のある小型の開発組織を必要とするが、すみやかにイノベーションの価値を実現する（技術の製品化）には比較的大規模な安定した組織が求められることを指す。明らかに、単独企業あるいはいくつかの部門だけが孤立してイノベーションを行っても、現代産業のイノベーションの要求に適応できなくなりつつある。ネットワーク方式の運営がこのジレンマを効果的に解決できるのは、産業イノベーションシステムのネットワーク構造に内在する機能のためである。これまでに行ってきた企業の発展史に関する研究により[36]、産業イノベーションシステムのネットワーク構造が持つ機能は、一般に以下の3つの面で表れると考えられる。

2-1　産業イノベーションシステムの構造が持つオープンな情報交流の特徴

　ここでは情報を広義の知識の媒体と見なして、たとえば技術の発展動向、組織改革の形式、新しい市場ニーズの予測、新しい投資リスクの評価など、新しい価値の創造と関連するすべての内容を網羅するものとする。製造業のイノ

34　Franco Malerba（著）．産業系統：創新的産業差異及其成因 [A]．Jan Fagerbergほか（編）柳卸林ほか（訳）．牛津創新手冊 [M]．北京：知識産権出版社，2009：p.383より再引用（*The Oxford Handbook of Innovation*, Oxford University Press, 2006の中国語版）

35　Sigvald Harryson（著）華宏勛ほか（訳）．日本的技術与創新管理：従尋求技術訣竅到尋求合作者 [M]．北京大学出版社，2005：pp.260-266（*Japanese Technology and Innovation Management: From Know-How to Know-Who*, Edward Elgar Pub, 1998の中国語版）

36　李毅．跨時代的企業競争力：日本企業経営機制的微観探析 [M]．経済管理出版社，2001

ベーションは価値を創造する動的な変化の過程であるため、上述したような広義の情報の流れを基礎としている。この意味から言うと、こうした情報の流れが十分になければ、産業の動的イノベーションを行うことも続けることもできない。なぜならば、産業イノベーションシステムの各成分あるいは各サブシステムは、まさにこのような広義の情報の流れを絆としてつながっており、技術上、組織上の新しい知識およびその相互間の作用も、このような情報の流れの過程で発生するからである。産業イノベーションシステムのネットワーク化構造により、各製造企業が多様化した情報ルートによって情報を共有する産業イノベーションの基盤を構築し始めると同時に、情報の流れを利用してイノベーションの秩序立った接続ができるようになる。すなわち柔軟な情報の伝達を通じて、技術面と組織面のイノベーションの機会（市場ニーズとのつながり、生産現場の技術の進歩など）を捕捉し、モジュール化された情報交流の方法を使って、イノベーションの過程で存在しうるリスクを軽減する（モジュール化された分業に表れる研究開発の分散と集中など）。明らかに、このような情報の伝達は一方的に流れこむものではなく、双方向に連動するものであり、閉鎖的ではなく、オープンに行われる。それによって産業システムはオープンな情報交流という特徴を持つのである。情報の交流は企業にイノベーションの融通性を持たせ産業全体でのイノベーションの協調に役立ち、具体的なイノベーションの実践の中で有機的な結合が得られる。

2-2 産業イノベーションシステムの構造は学習と知識の伝播を後押しする機構

産業イノベーションの過程は知識の学習、伝播、創造の過程である。「動態環境の中に現れた利用できる機会は、あまりにも複雑で分散しており、その結果、個々の経済行為者が完全に掌握して理解することはできないため、機関の制度は単純化の程度によって行為と相互作用を支配する」からである[37]。産業イノベーションシステムはこのような機関の制度として、イノベーションの過程で重要な効果を発揮している。市場競争からインセンティブが発生し、先行企業によるイノベーションを後押しする。イノベーションが行為主体の資源の

---

37 Giovanni Dosi ほか（著）．協調与転換：対演進環境中結構、行為和変革的概観 [A]．Giovanni Dosi ほか（編）鐘学義、沈利生、陳平（訳）．技術創新和経済理論 [M]．経済科学出版社，1992：p.31（*Technical Change and Economic Theory*. Pinter Publishers. 1988の中国語版）

占用と収益の可能性を変化させ、他のメーカーがイノベーションを模倣またはさらに進めるようになる。産業システムのこのような競争やインセンティブが相互に連動する過程で、企業の知識が蓄積され、核心的能力が育成され、同時に変化に対する適応性も形成されている。変化とアンバランスが産業の発展する常態で、「適応して学習できる者が生き残り」、「それは彼らの自身の創造性にかかっている」からである[38]。知識が競争の中で発見され広まる過程は、イノベーションを通じ不均衡から均衡へ向かう過程である[39]。ネットワークのような便利で効果的な知識の伝播方法を通じて、組織の学習度はより高いレベルに到達できる。まさに産業イノベーションシステムのネットワーク化された構造が知識の集中しやすい経路を提供し、かつ積極的に知識を利用できる方法を提供しているため、産業システムの各要素間の学習と知識の伝播を推進できるのである。

2-3 産業イノベーションシステムの構造は複雑で不確定なイノベーション行為に対する協調体制

イノベーションが不均衡から均衡を実現する過程は、あるシステムの中で多くの部門、多様化した行動を協調させた結果である。イノベーションが複雑で不安定な環境の中で行われるため、単独の行為主体にとって、ここでの複雑性は、情報の不完全性がもたらす情報の欠陥を含むうえ、情報が帰属する環境の因果関係の複雑さによる情報処理能力の制限も受ける。イノベーションの不確定性は一方では「異なる行動の過程の一連の結果は常に未知である」、もう一方では「未来の技術の進展および関連している効果は複雑で、常に予測できない方法は相当数の共謀しない経済行為者達の現在の配分方針に依存する」ところから来ている[40]。イノベーションが直面するこのような複雑で不確定な環境は、必ず経済行為者の相互作用に対する組織とコーディネーションが必要であ

---

38 Peter M. Allen（著）. 演進、創新与経済学 [A]. Giovanni Dosi ほか（編）鐘学義、沈利生、陳平（訳）. 技術進歩与経済理論 [M]. 経済科学出版社, 1992：pp.143-144（*Technical Change and Economic Theory*. Pinter Publishers. 1988の中国語版）

39 芮明傑、劉明宇、任江波. 論産業鏈整合 [M]. 復旦大学出版社, 2006：p.118

40 Dosi and Orsenigo（著）. 協調与転換：対演進環境中結構、行為和変革的概観 [A]. Giovanni Dosi ほか（編）鐘学義、沈利生、陳平（訳）. 技術創新和経済理論 [M]. 経済科学出版社, 1992：pp.21-22（*Technical Change and Economic Theory*. Pinter Publishers. 1988の中国語版）

ることを意味する。産業イノベーションシステムはこのような広義の組織とコーディネーションの構造と考えることができる。もちろんネットワーク構造の一形式として、異なる国家、異なる産業の発展過程におけるその具体的な形式は多様でありうる。たとえば日本でとられたのは中心企業がコーディネートするネットワーク構造の形式である。このコーディネーションには、技術や組織のイノベーションの選択、イノベーション展開中の融通性と多様性、イノベーションの分散と集成の過程、およびサプライチェーン上の機能的分業といった多くの内容に関するコーディネーションを含む。コーディネーションの中でネットワーク中の各イノベーション主体、イノベーションに用いる各資源およびさまざまなタイプのイノベーションは、秩序立てて接続され合理的に統合されて、そこから競争と相互補完を通じてコーディネーションの中で産業イノベーションの持続可能な発展の局面を実現する。産業が発展するほど、コーディネーションの働きは際立つ。現代製造業の発展の過程は産業イノベーションシステムのコーディネーションの過程である。このようなコーディネーションの過程は、かつて一部のイノベーション学者が語っていた「進化の手」が産業イノベーションの中で役に立つ過程である。

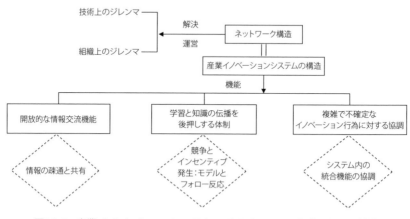

図11-5　産業イノベーションシステムのイノベーション実践における機能

第12章　システムのネットワーク組織形式の変遷：日本の産業イノベーションシステムの進化に対する考察

　製造業の産業イノベーションシステムの構成と機能について理論を詳述した後は、ネットワーク組織の歴史上の発展という側面を通して日本の産業イノベーションシステムが進化してきた歴史的過程を示すことを試みる。産業イノベーションシステムに対する動的観察と分析を通じて、その法則性を認識するため経済史の知識を蓄積する。イノベーションのネットワーク組織が本質的にイノベーション体制の構造であるため、イノベーションの形成と進化に伴う過程は得てして経済体の国情の特徴、その歴史と文化の特徴を帯びた非線形の発展過程を反映する。本章でネットワーク組織の発展変化を通じて探る日本の産業イノベーションシステムの進化は、まさにこうした典型的な非線形の発展過程である。

第1節　日本の歴史上の伝統的ネットワーク組織

　日本の歴史上の伝統的工業ネットワークは典型的な社会生産ネットワークである。ここではこのような伝統的ネットワーク組織が前近代に形成された歴史的基礎、およびその明治維新以降の構築と発展の状況を重点的に考察していく。

1．前近代の日本の工業イノベーションネットワークの歴史の基礎

　いわゆる社会生産ネットワークは比較の概念である。その意味は、イギリス、フランスといった初期のヨーロッパ工業国で、その技術と知識が少数の大企業に比較的集中していたという特徴と異なり、日本の伝統的ネットワーク組織の特徴は、明らかにその小規模な分散性、分布の広さ、ネットワーク構造が持つ地方色として表れている。

第4編　アンバランスでオープンな産業イノベーションシステムの研究

　日本のこのような社会生産ネットワークが動きだしたのは前近代、江戸時代の技術経済発展の時期だった。当時の日本の産業技術が伝統的手工業の技術を主としていたため、これらの先進技術を掌握する企業の多くはさまざまな産業分野の小企業、作業場であった。全体的な社会経済発展が立ち後れ、また地区間の市場と生存競争により、人々が生産の拡大と技術の発明に従事するときは、自覚的かどうかに関わらず地域の各方面の力に依存して、異なる資源面の特徴を持つ地場産業を形成することが多かった。このため先進的な手工業技術と製法の知識は大都市に集中せず、次第に津々浦々の地方都市に分布することとなった。17世紀に集中的に磁器を生産して輸出していた有田、境港から輸入された新しい金属製造技術を利用して農機具の生産販売をしていた鳥取、現地の鉱物資源を利用して鉱石の製錬を探求していた秋田、および紙を生産していた石見、砂糖を生産していた紀伊などは、いずれも典型的な地方都市である。これらの街は国内市場と緊密につながっており、「街ごとによく専門化して1種類か2種類の商品を生産」しており、先進技術はこのように「分散しているが互いにつながりのある生産拠点を通じて拡散し」[1]、それによって日本のネットワーク構造は特別な活力と融通性を備えた。たとえば江戸初期に導入された絹織物の機械に関する知識の伝播に伴い、日本の絹製品の主な産地は京都・西陣から東へ移り、小さな街であった桐生が新興の紡織中心地となった。当時その社会生産ネットワークの運営を進める力はさまざまな産業の手工業組合、農村の家庭工業をつなぐ商人、「殖産興業」政策を進める各藩などあちらこちらから来ていた。17～18世紀、ヨーロッパ諸国が国内外に開放されているのに比べ日本はまだ封建制国家だったが、しかし都市や町が拡大するに従って、漆器、照明器具などの製造の技巧は組合の監督下で見習い生産をするという方法を通じて都市に広まった。農村の経済作物と商品生産の発達している地区では「問屋」と呼ばれる卸業者の組織を通じて絹製品の家内制手工業生産が興った。原料の発給、製品の買い取りを通じて、織元が木綿繊維工業などの分野で技術を伝播する社会ネットワークの構成部分となっている。同時に、各藩

1　Tessa Morris-Suzuki（著）馬春文ほか（訳）．日本的技術変革：従17世紀到21世紀 [M]．中国経済出版社，2002：35、38（*The Technological Transformation of Japan: From the Seventeenth to the Twenty-First Century*，Cambridge University Press, 1994の中国語版）

第12章　システムのネットワーク組織形式の変遷：日本の産業イノベーションシステムの進化に対する考察

が当地の特徴的な産業をカネとヒトの面で支持することに尽力し、地区間の競争により技術の伝播を刺激する一方で、社会のイノベーションネットワークを強力に支えていた。

表12-1　日本の前近代工業イノベーションネットワークの基本的な状況

経済発展のタイプ	経済の後れを特徴とする経済後進国家
主な技術組織の形態	伝統の手工業技術を用いた小企業、作業場
技巧の存在と伝播の形式	小規模で広く分散した市場とのつながりを通じて形成する地域生産ネットワーク
ネットワーク組織の働き	全国に分布する分散型の技術生産中心地区、および地域ごとに特色ある製品を形成
ネットワーク組織構築の推進者	産業部門の同業組合、農村工業をつなぐ商人、各藩

2．明治以後の社会イノベーションネットワークの構築と発展

2-1　社会イノベーションネットワークが構築され発展した産業の背景

　明治維新の巨大な社会変化と産業の変遷に伴って、日本の社会生産ネットワークに重大な調整が発生した。その調整はこの時期の日本の独特な技術、産業発展の方法と関連していた。第2編で述べたように、明治維新前後における日本の技術と産業発展の方法にはいずれも明らかな特徴がある。技術の運用面では外来技術と在来技術の結合が実行された。前近代の日本はすでにさまざまな形式の国外技術導入に尽力しており、明治政府の推進する「殖産興業」の取り組みの中でさらに拡大したが、すでに形成されていた伝統技術と技巧を放棄せず、両者を近代産業発展の中で結び付けたため「混合型（hybrid）技術移転」と呼ばれている[2]。例えば酒造、陶磁器など民間企業が最初に導入、選択したものはすべて日本の人的資本の優位性を発揮でき資源の利用に適した技術だった。同時に、鉄道、電話などの日本にはまったくなかった技術も含め、導入された各産業技術はすべて日本に適応させるための改造という現地化の過程を経ている。酒造、造船などでは、伝統技術と導入する技術との結合が、生産規模の拡大からモデル転換の実現まであった。上述した技術の運用方法と対応し

2　大野健一（著）臧馨，臧興遠（訳）. 従江戸到平成：解密日本経済発展之路 [M]. 中信出版社，2006：p.54より再引用（途上国ニッポンの歩み　江戸から平成までの経済発展、有斐閣、2005の中国語版）

て、産業発展上、日本は伝統的形式と近代的形式の互換（あるいは融合）、すなわち伝統的な生産企業と近代的な生産企業の並行した発展を呈した。両者はあるいは生産した製品の種類によって異なる区分の市場に商品を供給し、あるいはサプライチェーンで垂直の供給関係を形成した。これは当時の日本の産業革命の主導産業だった繊維工業などの産業の中で普遍的な現象である。このような技術と産業発展の特徴は、明治以後の社会イノベーションネットワークの構築と発展に深い影響を及ぼしている。

2-2　明治政府と社会イノベーションネットワーク

この時期の日本では中央と地方、政府と民間が融合し、二方向のイノベーション推進力による多層的なネットワーク構造を形成していた。しかし明治政府のイノベーションネットワーク建設推進にも深い経験と教訓が存在している。明治維新を研究する学者の中で広く使われる観点では、日本の経済発展の遅さ、国により強制される制度の変遷と結びついて、日本ではトップダウンの工業化が推進された、つまり国が直接技術導入の仲介をしていたと考えられている[3]。事実上、1870年代～80年代中期の間、工部省が導入した技術を利用して欧米のモデルを模倣し、日本初の鉄道と全国に及ぶ電報網を構築している。同時に導入した技術で政府の持つ釜石製鉄所を改造し、導入した設備を造船所や洋式の機械を生産する機械工場などに配備した。内務省も欧米の技術に偏った富岡製糸場の経営を始めている。しかし経営不振と資源、市場、生産コストなど多くの問題により、鉄道と郵便網以外の事業は生産停止や閉鎖となり、ほとんどすべて成功しなかった。結果、財政負担の軽減とインフレ対応のため、明治政府は80年代から長崎造船所、釜石製鉄所、佐渡金山といった国有「模範工場」の払い下げを始めた。これに従って民間資本が国家に代わり自身の需要によって外来の技術を導入して改造する形勢となっていった[4]。ここから、イノベーションの生産ネットワーク構築における政府の働きは、企業に代わる技術

3　これは明治維新の変革の「国家中心論」と呼ばれる。Ian Inkster. *History of Technology*, 1991：p.203を参照。Tessa Morris-Suzuki（著）馬春文ほか（訳）．日本的技術変革：従17世紀到21世紀 [M]．中国経済出版社, 2002：p.89（*The Technological Transformation of Japan: From the Seventeenth to the Twenty-First Century*, Cambridge University Press, 1994の中国語版）より再引用

4　周啓乾．日本近現代経済簡史 [M]．崑崙出版社 2006：pp.104-114

革新ではなく、ネットワーク建設のために各種の有形無形の障害を取り払い、政策の力を利用してイノベーションを産業に必要な正しい方向に発展するよう導いたことが分かる。インフラ建設の上で行った努力、本国の技術力の育成、工業博覧会の開催を通じた技術変革の意識の伝播などである。

2-3 地方組織と末端のイノベーションの基礎

地方組織と末端のイノベーションは、この時期に社会イノベーションネットワークの構築を推進した無視できない力であると同時に、そのものも社会イノベーションネットワーク構築のきわめて重要な内容である。上述した政府の働きを強調する見方とは反対に、末端と小企業に着眼点を置いて、技術を移植する中で既存技術の改造として行われたボトムアップの技術変革とイノベーションを分析した学者もいる[5]。輸入製品と競争して国内と国際市場を開発する努力を当地の生産者に奨励するため、日本の紡績機「ガラ紡」発祥の地である筑摩で19世紀後期に「開発生産協会」が創立された。岩手県では地方性のある木工と金属の鋳造技術を発展させる産業指導センターが開設されている。有名な西陣織を擁する京都府当局は、繊維工業の発達しているフランスのリヨン地区に経営者、技術者を派遣して、帰国後に先進的な「飛梭」〔ひさ〕〔訳注：動力織機の、縦糸に横糸を通す装置〕の技術を広めさせた。地方政府による行動のサポートは、生産者のイノベーションのためにリスクを分担して組織障害を取り除いた。同時に零細経営者や民間の企業家が誘発され、同業組合などの生産者組織を創立して情報交流とイノベーションの推進を行ってもいる。たとえば明治初期、不景気を克服するために愛媛では商人と生産者が伊予織物工業協同組合を設立した。長野県では一部の小型製糸場が小規模な同業組合を設立している。こうした各地に分布する生産者組織は、互いの新技術の知識を交換し、相応の製品品質管理を提供して、生産者のイノベーションの情熱と積極性を長い間維持した。同時に、明治政府も地方、生産者組織、民間小企業のイノベーションに対する立法、技術、資金による支援へと次第に政策の方向を転換している。たとえば1895年に創立された有田技術学院のように、各地での技術学院の開設を

---

[5] 例えば歴史学者の中岡哲郎らを代表とする学者たちは、さらに市場の作用と民間企業家の積極性を強調して、政府の働きではないとしている。国内技術革新の外国の技術移転における作用[J]. 大阪市立大学経済評論, 1982（18）：p.54を参照。

奨励して規範化した。国の中央実験施設と末端の実験基地との接続を通じて[6]、伝統の手工業生産の知識を現代技術へと転換したのである。

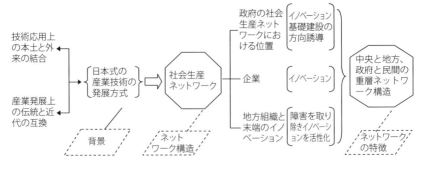

図12-1　近代日本の社会生産ネットワークの構築

第2節　2度の大戦と戦間期の日本型ネットワークの組織構造の特徴

2度の大戦と戦間期は日本製造業の発展変化の一期間というだけではなく、経済史の角度から観察すると、この時期の工業経済発展とネットワークの組織建設は、戦後の製造業の発展およびイノベーションネットワークの進化に対してきわめて重要な影響がある。これは現在の日本経済と経済史の学者がこの時期に関する問題を深く研究する理由でもある。

1．日本でのイノベーションネットワークの進化の歴史的条件

技術経済の発展と社会情勢の変化がこの時期の日本の工業のイノベーションネットワークの変化に及ぼした影響は明らかである。まず、19世紀末から20世紀初めに起きた第二次科学革命が急激に発展するにつれ、工業は科学技術を基礎として発展する新しい時代に入った。工業化に歩み入って間もない日本は、欧米諸国の絶えず発展する新しい技術、新しい産業に直面して、ただ明治時代からの方法をそのまま用いて新技術を吸収していたのでは科学革命の進展

6　前田リポート（1882-1884）、すなわち『興業意見』と題した工業の発展を促進するための意見書

について行けないと深く感じた。たとえば明治時代の工業発展を経て、絹織物、木工、鍛冶などの伝統技能を持つ人は日本では珍しくなくなったが、電力、化学工業といった新興産業が必要とする標準化された機械と物理の知識に比べると、巨大なギャップがあった。そのため日本ではさまざまな教育研究機関の開設ブームが起きた。次に、この時期には日本の民間企業が急速に発展して強大になり始めていた。一方では自社の能力を頼りに外国企業との協力、国外特許のライセンス購入などの形式を通じて外部の先進技術を導入し、もう一方では戦争で国外技術の供給源が遮断されたため、日立などの多くの会社は自ら技術革新しなければならなくなり、急ぎ必要とする新製品を開発した。その結果、民間企業のイノベーション能力と影響力が大いに向上している。そして、この時期に勃発した世界的経済危機と軍部の遂行する軍事拡張政策が、日本の国家独占資本主義の発展と国家が関与する経済モデルの形成をきわめて強く推進した。統制経済体制という環境のもと、工業のイノベーションネットワークはいくつかの特徴を形成している。

2．次第に形成された大企業体制

　新たな科学革命のもとで技術を導入し改造する需要に適応するため、日本の民間企業は続々と自社の技術部門や研究実験室を作り始めた。たとえば1890年代の早い時期に創立された小野田セメント実験室、一定の規模で研究の分業を始めた日立と芝浦電気の研究センターなどがある。1930年代までにこうした民間の研究組織は300か所近くまで発展した[7]。実際の研究と知識を蓄積する過程で、企業は輸入する技術に対する選択と改造の能力を高めた。企業にとっては手探りで漸進する発展過程であり、しかも日立のように一定の実力を備え、短時間で有名大学の卒業生を研究に引き込める企業を除いて、多くの実験室では規模が小さく、機能もやや単一で、国外技術の導入と改善に限られていたものの、こうした実験室は企業レベルで研究とイノベーションを技術者の個人的行為から経常的な組織の行動に変え、明治時代の小型公共研究ネットワークか

7　Tessa Morris-Suzuki（著）馬春文ほか（訳）．日本的技術変革：従17世紀到21世紀 [M]．中国経済出版社，2002：p.136（*The Technological Transformation of Japan: From the Seventeenth to the Twenty-First Century*, Cambridge University Press, 1994の中国語版）

ら小型民間企業研究ネットワークへの発展を実現した。

企業の科学研究が進み研究ネットワークが拡大したことを足場に、日本企業はさまざまな形式の技術導入とイノベーションを展開し始めた。電力施設分野では、主に外国企業との提携という形式で先進技術が導入された。20世紀初めには、東京電気、芝浦電気、三菱電気がアメリカのGE、ウェスティングハウスと提携して、一部株式譲渡の形で外国企業の特許ライセンス、全体設計と従業員の育成訓練を手に入れている。彼らは国外の先進技術を導入すると同時に、自社研究開発形式でのイノベーション戦略の実施も堅持した。成果は各社の保有技術に現れている。従業員を外国へ派遣して育成訓練を受けさせてでも、会社はひとりひとりに専門知識を身につけるよう求めた[8]。化学工業各社は特許ライセンスを利用する形で技術を導入したが、その後のサポートが不十分だったため彼らも自らの技術研究開発水準を引き上げざるを得なくなっている。たとえばチッソは導入した技術特許を利用してアンモニアの合成生産を行った後、塩化ビニルやアセトアルデヒドなどの重合体の研究に投入し、かつ発展の中で次第に独立性を強めた。また、自主的な技術革新を試みる民間企業もあった。伝統的手工業の技術革新から始まった代表的な企業に、1918年に創立された豊田紡織がある。その創始者の豊田佐吉は工業博覧会を見学して啓発を受け、繰り返しの観察と大量の実験を通じて、伝統の手織機の開発から始め、複数機種の自動織機を研究開発し、生産に応用するまでになった[9]。そして三井財団の資金援助を獲得した後に、その後任で東京大学を卒業した豊田喜一郎が会社の研究を手織機の革新から標準化した工業技術の研究開発へと転換させた。現代的な実験室の技術からスタートして産業の研究開発を行ってきた代表的な企業には、技術の産業化の結晶、味の素がある[10]。まさにこれらの複数形式のイノベーションが行われたことにより、日本の大手民間企業が現代工業

---

8 たとえば三菱電気が従業員をウェスティングハウスに派遣して学ばせた専門技術は、民生用の扇風機から軍艦のエンジンの機械制御技術にまで及んでいる。

9 1916年、彼は自動織機の特許を取得している。

10 味の素株式会社．味をたがやす：味の素八十年史 [M]．味の素株式会社、1990, Tessa Morris-Suzuki（著）馬春文ほか（訳）．日本的技術変革：従17世紀到21世紀 [M]．中国経済出版社、2002：pp. 144-145を 参 照（The Technological Transformation of Japan: From the Seventeenth to the Twenty-First Century, Cambridge University Press, 1994の中国語版）

表12-2 大企業が主体のさまざまな導入とイノベーションの取り組み

導入と革新の類型	代表的な分野と企業	主なイノベーションの取り組み
外国企業との提携	電力製品工業、東京電気など	一部株式の譲渡の形で外国企業の全体設計と従業員の育成訓練を手に入れると同時に研究開発を通じたイノベーション戦略を実施
ライセンス利用による技術の導入	化学製品分野、チッソ	技術を導入後、自社開発でさらに発展させ、次第に独立性を強めた
単独で伝統技術を改造して自主開発を実行	紡織機械分野、豊田織機	観察と学習により、手動織機から自動織機へ、手作業技術から標準技術への研究開発に従事
現代実験室の研究開発した技術の産業化を実現	食品工業分野、味の素	グルテンから化学調味料を合成する実験室の技術を、実現可能で収益性のある工業生産に実用化

注：①上述した4種類は体現しているイノベーションの程度の順に並べている。
　　②テッサ・モリス＝スズキの研究を参照して整理した。

のイノベーションネットワークの主要な役割を果たすまでに成長したのである。これはその後の日本型イノベーションネットワークの進化おいて重要な意味を持っている。

　企業が科学知識と生産技能を持つ一定数の従業員を擁していることは、現代工業のイノベーションネットワークの形成と発展にとって重要な人的資本の基礎である。工業が急成長した時期、特に第一次世界大戦中は、優秀な管理者と熟練した労働力を含む人的資本が非常に不足していた。このため発展に必要な労働力を獲得し人材流失を阻止すべく、内部に教育と技術研修の制度を設け、従業員の企業に対する忠誠と責任感を育成することが、各企業の当面の急務となった。たとえば日立は創立から間を置かず、見習い工に対する相応の職種の育成訓練を始め、20年代に入ると今度は機械学校を設立する方法を通じて、このような職業訓練を高度化させ日常化させた。同時に、多くの企業が退職金、年金、健康保険など各種のインセンティブを提供して日に日に高まる労働運動に対抗し、従業員の企業に対する忠誠と帰属感を培った。戦時統制経済体制の時期に入ると、国の徴兵範囲が拡大して若者が労働力市場から減るのに従い、国は労務動員を行って労働力の分配計画を制定し、企業が必要とする労働力の供給を確保した。同時にまた産業報国運動と勤労新体制の推進を通じ、「労使一体」の新しい労使関係の構築を宣伝した。企業体制は統制経済の軌道へと完全に組み入れられたのである。

3．ネットワーク組織内での下請制の強力な推進

　戦争と統制経済体制という背景のもとで、日本工業のイノベーションネットワークに起きた著しい変化は下請方式の強力な推進である。日本の工業生産は相対的に規模が小さく、やや専業化しているという特徴があり、また30年代の危機と日本の拡張侵略戦争といった多くの出来事により、その発展には複雑な歴史的背景がある。

　この時期に民間企業のイノベーションで得られた進歩は国家資本の補助により加速した。国が設立した公共教育機関、研究機関は民間企業のイノベーションの過程で知識と情報の流れに重要な援助を提供した。イノベーションに従事する多くの民間企業、たとえば日立製作所やトヨタ自動車などは、各種の形式で大学あるいは政府の研究実験室との連携を保っていた。これらの知識部門と技術部門から顧問を招聘して技術上の難題を解決するための指導を仰ぐ企業もあれば、イノベーションや研究開発に必要な情報さらには実験設備を得ようとする企業もあった。その上、国が資金援助した大学や技術系専門学校の卒業生を大量に招聘して会社の研究開発部門に採用している。国の研究機関は研究プロジェクト上でいっそう産業の需要に近づいたため、たとえば東京工業実験室がこの時期に行った工業化学製品、合成繊維技術の研究などにより、現代科学技術を導入済みの大企業、在来企業のどちらとも密接な連携を維持できた。時には実験室の研究成果を無償で民間企業に提供し産業化した生産を実現することさえあった。たとえばアンモニアの生産法と商用生産設備は昭和肥料に譲渡されている。世界的な経済危機によりイノベーションを含めた経済生活に対する国家の関与が進んだのは明白である。しかし、日本の軍事拡張と対外侵略政策の影響で、工業上のイノベーションは軍事技術の発展と軍需産業の生産へと誘導された。例えば第一次世界大戦の後、価格が高止まりしていた石川島造船所製の自動車は、政府が1918年に公布した「軍用自動車補助法」のため生き残り、かつその製品は乗用車からトラックに変わり、さらに同社は軍用車を生産する請負業者となった。航空技術の開発と飛行機の生産はさらに軍の支持と切り離せない。第一次世界大戦の後、中島飛行機と三菱が軍用機を生産する請負業者となった。

　科学を基礎とする現代工業技術が発展し大企業のイノベーションの実力が強

第12章　システムのネットワーク組織形式の変遷：日本の産業イノベーションシステムの進化に対する考察

化されても、日本各地に分布する在来の小企業が消失しなかったことには注意すべきである。在来の小企業は自社技術の改造過程にあり、現代工業の請負役として大企業と共に工業イノベーションの新しい形式を構築し始めた。20世紀初めに日本の小規模生産企業は急速に広がり、雇用労働者10人以下の製造企業が企業総数のおよそ87%を占めていた。電化技術と科学知識が普及した影響により、こうした在来企業の技術はこの時期すでに本質的な変化が発生しており[11]、産業部門で下請制が実施されるための幅広い基礎を築いていた。欧米と比べ日本の製造業の生産業務の範囲は比較的狭く単一で、生産設備の大部分を他の企業から購入することが当時の製造企業では一般的だった。日本政府が1934年に機械工業に対して行ったサンプリング調査によると、労働者の42%が30〜100人規模の企業、76%が100人以上の会社におり、多かれ少なかれ部品の供給を他の企業に依存していた[12]。たとえば1924年に2202社あった機械製造企業のうち84%は雇用する労働者が30人以下で、その多くが請負業者だった[13]。このような局面が形成された原因の一つは、小企業が危機の迫るなか技術改造と革新を行って現代工業体系の需要に適応しようと努めたこと、もう一つは大企業が経済の繁栄から衰退までの激しい変動に直面して、不確定性が経営にもたらすリスクを下げるために、一体化した事業投資をできる限り下請に置き換えたことである。下請制のようなネットワークの形式は次第に大企業が小企業に技術を伝える主な形式となっていった。たとえば芝浦電気は高圧電気器具設備を開発する過程で、生産事業に必要な絶縁体のメーカー、日本陶器と請負関係を築いている。そこで実行された厳格な技術と品質の基準により日本陶器は大いに利益を得、第一次世界大戦の後には電気部品の市場競争に加わる企業へと成長した〔訳注：1919年にがいし部門を分離し、日本碍子㈱を設立している〕。経済の軍事化、特に戦時の軍事経済が盛んになるにつれ、自社で機械工具を生産してきた軍需企業も私営の金属加工小企業から道具と部品を仕入れざるを得なくなった。さらに、数多くある小企業の製品を必要な技術水準に到

11　たとえば有田などの小規模な陶磁器生産企業ではすでに機械滑車が広く使われており、鍛鉄の作業場でも電動ハンマーや機械ハンマーに置き換わっていた。
12　田杉競．下請制工業論 [M]．有斐閣，1914：p.97，p.228
13　押川一郎ほか（編）．中小企業の発達 [M]．東洋経済新報社，1962：p.31

達させるため、設備を使用させ、品質管理に関する訓練も提供した。30年代後半に日本が全面的な中国侵略戦争を始めると、本来は危機対策措置だった一連の経済政策が統制経済体制に転換された。1943年、日本が太平洋の戦場で総崩れになり、国内資源が日を追って不足するに従って、日本政府は中小企業に対して廃業を主な内容とする大規模な粛清の実施を強化し、さらに鉄鋼、機械産業で大企業と中小企業の間の請負制を強力に推進した。こうした企業間の新たなネットワーク関係の構築を通じて資源の有効な配置を実現しようと試みたのである。たとえば戦争後期、中島飛行機の生産業務の40％以上と三菱の生産業務の30％以上は下請の小企業が行っている。しかし、請負制の形式で表される日本の工業のイノベーションネットワークについてだけ言えば、その反映していたものは科学を基礎とする現代工業の発展過程での企業間の相互依存関係である。

第3節　戦後の現代工業のイノベーションネットワークの発展と今後の課題

　戦後、日本の製造業はイノベーションを動力に世界が注目する巨大な業績を得た。イノベーション運営の産業基盤である日本の工業のイノベーションネットワークも重要な発展の成果を得ている。しかし、この時期の製造業そのものの発展については国内外に豊富な研究成果があるのと比べ、後者に対しての関心はまだ不十分で研究成果も多くはない。戦後の日本の工業イノベーションネットワークはそれ以前、特に戦時および戦間期とどのようなつながりがあり違いがあるのだろうか。現代的産業イノベーションネットワークの進化はどのような条件下で、どのように発生したのか。これは日本製造業のイノベーションの進化を研究するにあたって探究し答えなければならない問題である。戦後の産業経済史によると、日本の現代的イノベーションネットワークはその歴史と戦時のネットワークを基礎として、戦後の調整と変革を通じて発展したものである。よって、ここでは主に戦後日本の工業イノベーションネットワークの継承と革新の過程について探究する。

第12章　システムのネットワーク組織形式の変遷：日本の産業イノベーションシステムの進化に対する考察

1．戦後のイノベーションネットワークの発展に関する重要な影響要因

　戦後日本の工業イノベーションネットワークの発展と変化は内容が豊富で、経済史的研究価値が非常にある。日本の現代的ネットワークの発展状況に対する認識は、そのネットワークの進化の背景に対する理解から始まる。この背景を現代的ネットワークが運営され発展する社会環境と見なした場合、進化経済理論の視点から見ると、戦後の現代的ネットワークの進化は環境の選択の結果である。このような歴史的環境を理解し把握することは、戦後の工業イノベーションネットワークの発展と変化を認識するための重要なプロセスである。戦後の技術経済と社会条件は、日本の製造業のイノベーションネットワークの進化に対して2つの面で際立った影響を及ぼしている。ひとつは戦後初期に行われた民主化改革で、イノベーションネットワークの方向と機能に対する調整がなされたことによる影響である。三大民主化改革が準備され展開されていくと同時に、1946年、外務省の委託による「日本経済再建の基本問題」のリポートでは、民主化と科学技術の進歩の両者には補完し合う関係が存在すると明確に指摘されている。つまり「民主化しなければ科学技術の進歩はなく、同様に、科学技術の進歩がなければ本当に経済上で民主性を獲得することもできない」[14]。当時の広範な民主化改革の波は、日本の科学技術イノベーションの目標を大衆の生活の質を高める方向に転換し、また戦時中に強く推進されていた請負制のようなネットワーク組織の構築を経済成長の競争力を高める方向へシフトするよう推進した。同時に、財閥解体の中で施行された改革施策も、新しいネットワークを運営する力の再構成に有利な条件を提供した。もうひとつの際立っている影響は、戦後日本の経済発展の時期ごとのターゲットモデルがイノベーションネットワークの構築に対して形成した潜在的な影響と制約である。戦後、日本経済が回復を始めてから1980年後期～90年代初期に経済モデルを転換するまで、日本はキャッチアップ型発展モデルから協調型発展モデルへとターゲットモデルの転換を経ている。それに応じて工業イノベーションネットワークの構築と発展も、形式と特徴の上でくっきりとターゲットモデルの烙印

14　リポートの作者は政府の計画によりイノベーションを刺激する必要があると提案しているが、計画の設計は人々の生活環境を改善し生活の質を高める技術の開発のみを奨励するものだった（鈴木．2005：pp.201）

を押されているのである。この点こそまさに本書の関心事であり重点的な討論対象である。

2．キャッチアップモデルにおけるグループ化を主な形式とする一体化ネットワークの発展

日本が1950年代後半に戦後の経済回復を実現した後、技術、経済発展上で改めて開いた欧米との差により強烈な生存の危機感が生じていた。そこで、日本は国内外の有利な環境を利用して、欧米を追いかけることを目標に据え、技術革新による重化学工業発展の推進から着手し、経済の急発展期に歩み入った。重化学工業が持つ標準化技術の特徴、量産体制により、対応するグループ型一体化生産ネットワークが徐々にこの時期の日本の工業イノベーションネットワークの主な形式となった。産業内部の企業間の関係性から見ると、この形式は以下の2つの部分あるいは2種類の形式から構成されている[15]。

2-1　グループ型一体化ネットワークにおける大企業の関係性

ここで言う産業内部の大企業の相互関係とは、産業組織理論の目から見た寡頭大企業の間で形成される寡占体制である。こうした体制は日本の主な産業分野ではよく見受けられる。急成長期の社会経済の土壌では、戦時に形成された大企業体制がさらに拡大した。重化学工業化の主な担い手と標準化技術、量産体制をつなげる組織として、製造業各産業の大企業は多くが政府の産業組織政策の支持を得たことにより[16]、イノベーションネットワークの中で独特な優位を持った。潤沢な資金、十分な情報と優秀な人材の蓄積により、日本の大企業は戦後の産業イノベーションネットワークを運営する主力となった。例えば、総務省『平成26年科学技術研究調査の結果の概要』のデータによると、全企業の研究費用の90％以上近くを資本金10億円以上の企業が占めており（表12-3と図12-2を参照）[17]、2007年時点のデータと比較すると、企業規模によって研究費

15　以下の研究の部分は白雪潔．日本産業組織研究：対外貿易框架中的特徴与作用 [M]．天津人民出版社，2001を参照している。

16　たとえば、1960〜70年代に通産省が推進した大企業の合併と産業再編の政策により、世界で2番目に大きい鉄鋼企業である新日本製鉄が設立された。政府の特殊な融資政策が造船業における大企業の地位を安定的させたといった影響もある。

17　総務省統計局．統計でみる日本の科学技術研究：平成20年科学技術調査の結果から [R]．2008

第12章　システムのネットワーク組織形式の変遷：日本の産業イノベーションシステムの進化に対する考察

表12-3　資本金階級別研究費

資本金階級	2012年度(億円)	2013年度(億円)	対前年比（%）	構成比（%）
産業全体	121,705	126,920	4.3	100.0
100億円以上	90,090	94,090	4.4	74.1
10億円〜100億円	21,356	21,651	1.4	17.1
1億円〜10億円	6,849	7,687	12.2	6.1
1000万円〜1億円	3,409	3,491	2.4	2.8

注：表中「〜」の後にある数字はすべて未満
データの出典：総務省『平成26年科学技術研究調査結果』、平成26年12月12日、p.11 表10。
http://www.stat.go.jp/data/kagaku/kekka/kekkagai/pdf/26ke_gai.pdf

が占める割合にはやや変化があるものの、傾向は同じである。

　大企業の研究費が産業全体に占める比重は巨大である。上の表のデータにより作成した下のグラフから、より直観的に分かる。

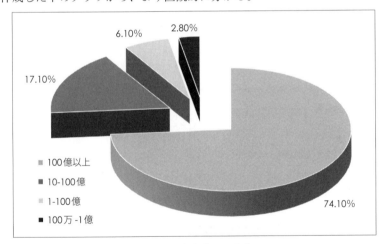

図12-2　大企業の研究費

　産業全体のイノベーションと発展は大企業間の激しい競争のもとで推進され実現するところもあるため、大企業間の関係の構造は工業イノベーションネットワーク構造の重要な構成部分である。その主な特徴は、資本構造上では株式を持ち合い、事業上では競争することを基礎とする協調関係である。寡占大企業間の競争分野はきわめて幅広く、たとえばイノベーションを主な手段とする

新製品開発の競争、設備投資の競争、市場占有率の競争、マーケティングやアフターサービスの競争など、生産販売の主なプロセスを網羅している。しかし彼らはまた当該産業へ進出した順によってリーダー企業とその他の大企業を区分している。それによって日本式の大企業間の市場競争は、2種類の企業が各自の位置でそれぞれのターゲットをめぐって行う2層構造の競争として表れ、競争の構造と企業の地位を安定させている[18]。このようなリーダー企業を核とした異なるレベルの大企業間のゆるやかな結合は、イノベーティブな競争と協力の促進に対して、全体的に産業発展を進める重要な作用を発揮している。

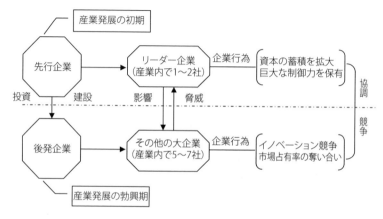

図12-3　大企業間の市場競争における2層構造

2-2　グループ型一体化ネットワークにおける大企業と中小企業の間の系列化

大企業はイノベーションネットワークの中で重要な役割を果たすが、それが中小企業の働きを弱めることを意味しないことは明らかである。日本の産業発展の歴史の連続性により、中小企業の成長と発展も連続した過程として表れ

18　リーダー企業となる巨大企業は通常その産業の発展初期から参入していた企業で、その他の寡占企業は産業の発展が盛んになってから新たに参入した企業である。白雪潔の2001年の研究によると、前者はその指導的地位を維持するために資本の蓄積を強化し、その強大な生産能力を武器に、他の寡占企業が取って代わるのを阻止しており、後者は優れた能力があっても前者に取って代わることはできないため、技術革新を通じてリーダー企業以外同士で激しくシェアを奪い合い、収益の最大化を図るほかない。このため大企業間の競争には2層構造が現れる。

第12章　システムのネットワーク組織形式の変遷：日本の産業イノベーションシステムの進化に対する考察

る。ただ、特定の技術経済環境のもとで効力を発揮する形式とは異なる。戦後日本の製造業イノベーションネットワークのもう一つの重要な構造的特徴は、大企業と中小企業が安定的な産業内貿易でつながる系列化（請負制）の形式である[19]。大企業と中小企業の間のこうした関係は1930～40年代の戦時経済体制の時期に始まったものではあるが、戦後、特に経済が急成長した時期における存続と発展により、以前からは大きく変化している。つまり系列化はもはや戦時の供給不足、敗戦前の資源不足に対処するためにとられた臨時の措置ではなく、企業のイノベーションと生産活動の安定した日常的形式である。同時に、もはや政府の強制的な政策の産物ではなく、各方面の利益ゲームの互恵的な構造となっている。大企業にとっては、直接中小企業に部品を発注するという選択は、市場で購入する場合の検討にかかるコストを軽減でき、また必要な製品の品質を確保できる。市場の取引の中で弱者である中小企業にとっては、低い利潤と生存戦略の選択の中で、通常は生存を維持できる大企業からの受注を選ぶものである。そのためこのような請負制のつながりは「客観的な条件のもとで大企業と中小企業それぞれがとった戦略的行為の選択の結果だと言える」[20]。このような請負方式で発生する企業間の関係構造は通常、所与の資源に相違が存在する上下流の企業間で発生し、かつ双方が非公式な契約を通じて比較的安定した取引関係を作り上げるため、取引方式は柔軟で多様である[21]。請負制のネットワーク構造が産業のイノベーションと発展に対して重要な推進作用を持つのは、そのものが持つ競争性の調整機能のためである。ここで言う競争性とは、主に大企業と中小企業の間で、取引相手が潜在的な競争相手と取引関係を結ぶ可能性という圧力が始終存在していることを指す。この圧力は双方にリスクを回避し無意味なコスト損失を免れるため相互の協調性を強めるよう迫る。ゆえにこのような企業と市場を区別するネットワークの形式（中間組織とも言

19　白雪潔．日本産業組織研究：対外貿易框架中的特徴与作用 [M]．天津人民出版社，2001：pp.99-101
20　白雪潔．日本産業組織研究：対外貿易框架中的特徴与作用 [M]．天津人民出版社，2001：p.102
21　請負は単発でも連続でもよく、資本関係のある企業間でも、関連企業間でもよい。しかし、親企業が1社で複数の下請企業を抱えられると同時に、受注企業も1社で複数の親企業を抱えられるとは言え、1社の発注が生産額の50％以上を占める専属的な請負形式が依然としてかなり長い間、日本の請負企業の主な形式であり続けている。

う）そのものが持つ情報伝達、損益共有メカニズムによって、競争力を産業の成長過程で可能な限り発揮させるのである。

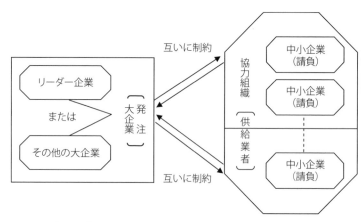

図12-4　グループ型一体化ネットワークにおける大企業と中小企業の関係[22]

3．転換期の協調モデルにおけるオープンネットワーク構造の探究

　1980年代後期に日本の経済発展がモデル転換期に入ると、情報技術をはじめとする新技術革命の波の中で、工業技術の特徴は標準化から精密化、多様化へと転換し始めた。柔軟な製造方法の出現と情報技術の各部門での実用化に伴って、日本の産業イノベーションシステムもオープンネットワーク構造の模索的な実践を始めた。こうした探究は今なお挫折と教訓を伴っている。

3-1　新型のネットワーク構造を模索する技術と経済の前提

　上述した企業間の競争と協調の形式は2種類とも産業内部の特定レベルまたは特定の範囲内で行われるもののため、グループ型一体化ネットワークはクローズドネットワーク構造の特徴を持っている。それが当時の重化学工業化の

22　日本のこのような系列化した組織の中で部品の供給業者を含む横方向の組織、協同組合がある。つまり大きい生産企業には単独の供給企業だけではなく、組織の組合企業が対応しうることは指摘しておかなければならない。たとえば1961年以後このような「下請組合」と呼ばれる供給業者の組織がやや大きい比重を占めて、大企業の生産規模拡大の需要に適応して、系列の組織の規模の効果を増している。

第12章　システムのネットワーク組織形式の変遷：日本の産業イノベーションシステムの進化に対する考察

中で大量に使われる標準化技術、量産体制の生産資源に対する動員と組織に適応していたため、それぞれの「業界」の資源、情報、人員の利用と配置は、産業イノベーションの中で可能な限り充実し、産業内での経済成長を助ける要因として、強大な産業の競争力を作り上げるという目標に導いた。ゆえに、経済のキャッチアップ過程で十分に産業競争と経済成長を促進する効果を発揮した。その結果、日本が飛躍的に発展して世界第2位の経済大国となるに伴って、世界の前列に位置する製造業各部門を象徴として、強大な国際産業競争力が日本の最も誇る資本となった。しかし、経済のキャッチアップを終えた80年代後半、新技術革命の波が急激に発展するにつれ、製造業が直面する技術条件、経済条件に本質的な変化が発生してきた。つまり、世界的に製造業のハイテク化が進展する傾向のもとで[23]、内部競争の促進に有利なことを特徴とするグループ型一体化ネットワークは、競争を促進する上での限界が非常に目立っていた。すなわち取引主体と取引範囲の長期的な安定性が、イノベーティブな競争に参与するイノベーション主体の活動範囲を制限していた。一方ではグループ外の企業が差別的な格差のため参入しにくく、他方では内部のイノベーション要素の流動性を低下させていた。同時にこのような「圏内競争」と呼ばれるグループ型競争は範囲が限られるため、競争で発生する利益は少数の企業間でだけ分配された。こうしたことがイノベーションの拡散にとって無形の障壁となり、イノベーションの拡散経路に人為的な断裂をもたらした。上記より工業イノベーションネットワークの調整と変革が行われた実際の原因は、転換期における技術経済の発展方式との矛盾および衝突であることが明らかである。

3-2　閉鎖的な障壁を打ち破って広く協力者を求める

閉鎖的な参入障壁を打ち破ってネットワーク構造の開放性を増すことが、すでに転換期の日本の工業イノベーションネットワークを変革するための合理的な選択となっている。新技術経済条件下におけるイノベーションネットワークの変革の中で、はっきりと観察できる現象は、既存のグループ型一体化イノベーションネットワークに発生した漸進的な調整である。バブル経済の崩壊と規制緩和政策による調整に伴って、日本の大企業相互間の関係に発生した変化

23　李毅. 世界製造業発展的歴史大勢 [M]. 経済科学出版社, 2005：pp.57-206を参照

は、まず、株式持合の緩和である。主に90年代後半から各種の要因により企業の間で一方がまたは相互に株式持分を売却する動きが見られ[24]、こうした現象と同時に、外国資本が浸透しはじめ外資による投資も次第に増加していった[25]。これと適応して、グループ企業のガバナンス体制にも同様の変化が発生し、つまり社外取締役の人数がいくらか増加した。財務省財政研究所の統計によると、ここ数年来、30%以上の企業が社外取締役を招聘している。次に、企業の研究開発とイノベーションが次第に以前からの範囲と境界線を乗り越えてきた。すなわち同じ業界で取引関係のなかった企業や異なる業界の企業が協力する中で行われている。経済産業省の2009年1月の調査によると、同業種で取引のなかった企業との協力で得られると予想される成果は75.6%、異業種の企業との場合では73.7%に達している[26]。大企業相互間のネットワーク関係に発生した変化と調整の過程で、大企業と中小企業の間の系列化したつながりの形式も次第に調整され変化している。バブル経済崩壊によるきわめて悪い環境と厳しい競争の情勢により、大企業と中小企業のそれぞれが調整を余儀なくされた。大企業の調整の傾向は、下請企業の企業数と委託範囲の拡大（海外企業と請負関係を結ぶ足並みの加速を含む）を通じて開放性を増し競争性を強めるというものだった。1996年にこうした行動をとった企業は親企業の総計の3/4以上を占める。中小企業の方では生存と発展を考慮した調整が行われ、主に自社の技術と組織のイノベーション能力の強化を基礎として、系列外を含む広範な工業活動のつながりと取引関係の構築を試みる動きが見られた。中小企業のこのような調整方法は自動車、家電などの加工組立企業でより明らかである。取引活動範囲の拡大に伴って、大企業と中小企業の研究開発活動はいずれも多様化の傾向を示し始めている（図12-5、12-6の企業調査を参照）と同時に、2015年版の中小企業白書によると、経済のグローバル化傾向のもとで、大企業と中小企業の関係にも重要な変化が生じている。つまり以前の両者の相互依存を体現した

24　東洋経済新報社の『企業系列総覧』で示された資料によると、三井、三菱、住友などの企業グループは1996年にそれぞれグループ内企業6～7社の株式を売却している。
25　たとえば外国人持株比率は1980年末の4%から90年代後期には10%まで上がっている（白雪潔．日本産業組織研究：対外貿易框架中的特徴与作用 [M]．天津人民出版社，2001：p.207）
26　経済産業省、厚生労働省、文部科学省．製造基盤白書 [R]．2009：p.23

第12章　システムのネットワーク組織形式の変遷：日本の産業イノベーションシステムの進化に対する考察

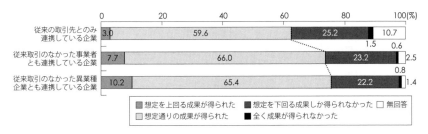

図12-5　範囲を拡大した共同研究開発の成果

注：異業種と共同で研究開発した企業は n=266、従来取引のなかった事業者と共同で研究開発した企業は n=465、従来の取引先とのみ共同で研究開発した企業は n=270 である。
データの出典：経済産業省調べ（2009年1月）、経済産業省『ものづくり白書』、2009年7月、p.79

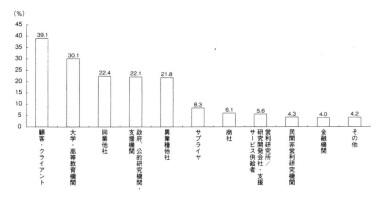

図12-6　中小企業の研究開発における外部との協力の多様化

注：研究開発を行っている企業について集計。
データの出典：三菱UFJリサーチ＆コンサルティング㈱「企業の創意工夫や研究開発等によるイノベーションに関する実態調査」（2008年12月）、『中小企業白書（2009年版）』、p.72

形式（大企業が獲得した市場ニーズを委託加工の手段を通じて中小企業に波及させるもの）から次第に中小企業が能動的に市場に向けた経営に従事しはじめ、それによって従来の相互依存関係が弱まってきた[27]。恐らく世界経済全体の回復疲れと近年の日本の経済成長の変動がこのような局面をもたらした原因ではあるが、現代の新技術経済条件において企業がより大きな創造の余地を得続けてい

27　経済産業省中小企業庁『2015年版中小企業白書（概要）』、p.6 2015年6月
http://www.chusho.meti.go.jp/pamflet/hakusyo/H 27 /PDF/chusho/ 01 Hakusyo_gaiyo_web.pdf

第4編　アンバランスでオープンな産業イノベーションシステムの研究

表12-4　キヤノンが1980年代末から90年代初期に構築した海外研究開発ネットワーク

Canon Research Centre Europe Ltd.	1988年イギリスのサリー・リサーチ・パークに設立
Canon Research Centre France S.A.	1990年フランスのレンヌに設立
Canon Information Systems Research Australia Pty. Ltd.	1990年オーストラリアのシドニーに設立
Canon R&D Center Americas, Inc.	1990年カリフォルニア州のスタンフォード・リサーチ・パークに設立
Canon Information Systems, Inc.	1990年カリフォルニア州のコスタメサに設立

データの出典：Sigvald Harryson（著）華宏勛ほか（訳）．日本的技術与創新管理：従尋求技術訣竅到尋求合作者 [M]．北京大学出版社，2004（Japanese Technology and Innovation Management: From Know-How to Know-Who, Edward Elgar Pub, 1998の中国語版）のp.109のデータを基に整理したもの。

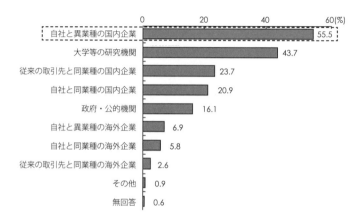

図12-7　新しい大量の外部協力ネットワークの構築

注：共同研究開発を従来取引のなかった事業者とも実施と回答した企業のみを集計。重複回答あり。n=465。
データの出典：経済産業省調べ（2009年1月）、経済産業省『ものづくり白書』、2009年7月、p.78

るなかで、こうした変化が恐らく意味しているのは進歩した新しいネットワーク形式が形成される可能性であるため、とりわけ関心を持たなければならない。

　開放度の拡大、競争力の強化を特徴とするグループ型一体化イノベーションネットワークの調整に伴って、日本の工業各社は広く協力者を求める漸進的な変革の過程に入った。IT革命の発展が巻き起こした経済の情報化、グローバル化の波により、工業イノベーションの重点は、ネットワーク内部のさまざまな形式の専業化を重視するものから外部の協力者を求める方向へと日増しに発展している。この傾向は、イノベーションの各主体が日増しにイノベーション

第12章　システムのネットワーク組織形式の変遷：日本の産業イノベーションシステムの進化に対する考察

の協力範囲をそれまでのグループ内部、系列企業から、外部の協力さらには国際協力、アライアンスにまで発展させていることに表れている。多くの取材により、この時期にイノベーションを支持する最も重要な体制はグループや系列の外で大量に構築する協力のネットワークであることが分かった[28]。提携先は政府研究機関、大学と同業界および他の産業部門と広く多くの業界にまたがっている。そのうえイノベーションが進むにつれ協力体制も海外へと伸び、次第にイノベーションの国際ネットワークが形成された。後者の協力形式には多種多様なものが見られる。たとえば、キヤノンは欧米のパートナーと大量の戦略パートナーシップを構築し共同研究協働開発プロジェクトを行うことで、自社の海外イノベーションネットワークを形成している。ソニーは外国の学者との協力契約、夏期研修の提供といった方法により、オープンな交流を強めている。そして戦略パートナーの力により全世界ネットワークでイノベーションのインスピレーションを得ている。広範に協力者を求めイノベーションネットワークの国際化を進める過程で、日本の工業イノベーションネットワークは高度に発展した。

3-3　新型の分業を基礎とするモジュール化ネットワーク構築の模索

日本の経済転換期、世界の産業構造の変化と情報技術の発展に適応した新型の分業形式の出現により、その工業イノベーションネットワークの発展が受けた影響はきわめて深い。1990年代にはIT革命を動力とするアメリカのニューエコノミーが急激に発展して、シリコンバレーの産業モデル形成がモジュール化戦略の成功例と見なされた。同時に、日本の旧来の一連の業務活動はすべて企業内部の組織構造に含まれ、その運営の効率性がモジュール化時代の技術革新の異常な速さには適応しにくいという問題が日増しに関心を集めるようになった[29]。日本のモジュール化理論研究の先駆者である青木昌彦教授は、デジタルの情報処理と通信技術が爆発的に発展している情勢下では、産業に対する

28　ハリスンの書中での調査を参照。Sigvald Harryson（著）華宏勛ほか（訳）．日本的技術与創新管理：従尋求技術訣竅到尋求合作者 [M]．北京大学出版社，2004（*Japanese Technology and Innovation Management: From Know-How to Know-Who*, Edward Elgar Pub, 1998の中国語版）

29　独立行政法人経済産業研究所が2001年7月にシンポジウムを開いている。

「近代化した分業」を行うことが切実に求められており、このような分業は「設計の分業」、「生産過程の区分」、「製品構造の区分」、「(他社を含めての)部品の共通化」、「(企業内外の)組織形式」、「組織間の情報伝達方法」、「技術体系の革新と発展」などの多方面に関わっており、内容は非常に複雑であると指摘している。近代化した分業は実に「ヒト」、「モノ」、「カネ」、「情報」、「技術」といったすべての経営資源に関わっており、かつ現代化の視線で改めてこれらの問題を考え、分析することが求められている。彼は今日的なモジュール化が新たな価値（オプション・バリュー）を生み出す、イノベーションの可能性を強調している[30]。それはモジュール化がIT革命の条件下で産業が発展する過程において次第に形成された、複雑なシステムの問題を解決するための新しい方法だからである。「モジュール」とは、半自律的なサブシステムであって、他の同様なサブシステムと一定の規則で互いにつながることを通じて構成するより複雑なシステムあるいは過程を指す[31]。それがオープンアーキテクチャだと言われるのは、競争の限界収入を獲得するため、独自に発展した一連の技術と比べると、技術要素を分解して、特定のモジュールの設計、製造に集中し、その他の部分は外部との大胆な協力を通じて柔軟にその資源を運用し、さらなる優位を持つようになるからである[32]。IT革命を基礎とする現代的分業方式の発展がこの時期の日本の工業イノベーションネットワークの発展に与えた大きな影響は、モジュール化した分業の発展によりネットワーク構造の組織の境界が日増しにぼやけ、それによって、内部での知識の共有およびそれをめぐって構築されたネットワーク構造に慣れていた日本の産業システムに強烈な衝撃がもたらされたことである。特定の範囲内で多数の部品をコーディネート生産するのと比較して、特定の部品のイノベーションが生産と国際市場の開拓で獲得するネットワーク経済の効果はより大きい。従来の意味での組織や産業の境界線が日増しに薄れていき、ますます競争が全世界で全面的に展開されるようにな

---

30 青木昌彦、安藤晴彦（編著）周国栄（訳）．模塊時代：新産業結構的本質 [M]．上海遠東出版社，2003：中文版序言（モジュール化―新しい産業アーキテクチャの本質、東洋経済新報社、2002の中国語版）

31 前掲書 p.5

32 国領二郎．オープンアーキテクチャ戦略：ネットワーク時代の協働モデル [M]．ダイヤモンド社，2000を参照

る。そのため、以前の内部の情報交流だけを重視して特定の技術要素を維持して競争力を得る方法を徹底的に変え、目を外部に向け、オープンアーキテクチャの経営戦略を実施することが、日本の産業がモジュール化ネットワークの構築を模索するひとつの努力の方向となる。

　日本の自動車産業はモジュール化ネットワーク構築のひとつの重要な先行事例と見なすことができる。自動車生産を多数の統一機能を持つサブシステムつまり部品グループに分解し、自動車の規格を共通化するといった面では欧米企業の積極性に及ばず、オープン型の構造に転換する全体的足どりも速くはないとはいえ、製品の生産過程でのモジュール化した分業について比較すると、トヨタをはじめとする日本の自動車企業は設計のモジュール化という重要なプロセスで前列を歩いている。つまり中核企業と重要部品の供給業者との間に設計上のモジュール化した分業が存在している[33]。こうした分業は、以前の欧米企業のように委託企業が設計図を提供して受託企業が図面に基づいて必要な部品を加工生産するという従来の分業方法を変えた。中核企業が一般共通認識とインターフェイスを確定した後で、部品の供給業者と同時に図面設計を行うと、内在する競争とインセンティブ体制がきわめて大きく参加者の積極性を引き出す。日本の自動車企業が持つ独特な組織能力により、その後の生産活動が設計情報を転化する過程になった[34]。この方式は新製品の刷新周期を短縮するだけでなく、システムの調整時間を減らして、イノベーションのスピードを大いに加速する。これが90年代の経済低迷期にも日本の自動車産業が依然として良好な経営業績と競争力を維持した重要な原因の一つである。設計のモジュール化した分業では、基本部品の構築工程と最終製品の生産開発は、広い範囲でみると部品の供給業者が行うため、彼らは中核企業の研究開発人員との日常的な技術の研究討論と交流があり、時には中核企業内に招かれて部品の開発と設計に従事することもある。ましてこのような開発や設計はいずれも決して中核企

33　浅沼 萬里．日本の企業　組織革新的適応のメカニズム－長期取引関係の構造と機能 [M]．日本経済新聞社，1997を参照

34　藤本隆宏（著）許経明ほか（訳）．能力構築競争：日本的汽車産業為何強盛 [M]．中信出版社，2007：pp.14-15（能力構築競争 - 日本の自動車産業はなぜ強いのか、中公新書、2003の中国語版）

業の初期要件によって行われるものではなく、多くの場合は完全に供給業者の初期設計に従って開発が展開される。そのため開発スピードと品質の面で供給業者の間により大きい競争とイノベーションの余地が生まれた。トヨタが有名なブランドのレクサスを開発した過程では、供給業者が製品の部品開発に刻苦奮闘し、トヨタとの協調と実際のサポートに重要な役割を果たしている[35]。同時に、自動車の開発にも研究開発能力のある車体メーカーからの大きい援助があった。同様に、日本の強大な半導体露光装置産業と旋盤産業でも、モジュール化したイノベーションネットワークの実践が幅広く展開されている[36]。

　日本の産業発展の実践から、IT革命の影響により生まれたモジュール化した工業イノベーションネットワークは、その組織構造の開放性、組織運営の柔軟性、技術と市場への適応性といった機能の特徴により、21世紀最初の10年に多くの産業分野で急速に発展したことが分かる。しかし同時に、こうしたモジュール化ネットワークはイノベーションシステムの進化の形式であり、また各国の産業発展で累積された成果の上に築かれ、歴史に沿って進展変化したものであるため、その形式は多様で、かつその他のイノベーションネットワーク

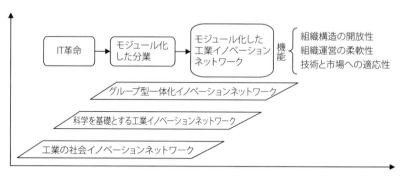

図12-8　モジュール化した工業イノベーションネットワークの形成

35　Sigvald Harrysson（著）華宏勲ほか（訳）. 日本的技術与創新管理：従尋求技術訣竅到尋求合作者[M]. 北京大学出版社, 2004：p.193、p.209（*Japanese Technology and Innovation Management: From Know-How to Know-Who*, Edward Elgar Pub, 1998の中国語版）

36　主な状況については中馬宏之.「モジュール設計思想」の役割－半導体露光装置産業と工作機械産業を事例として[A]. 青木昌彦、安藤晴彦（編）. モジュール化－新しい産業アーキテクチャの本質[C]. 東洋経済新報社, 2002：第II部 pp.211-246を参照

第12章　システムのネットワーク組織形式の変遷：日本の産業イノベーションシステムの進化に対する考察

形式と一つに融合している。

　その上、転換期における産業イノベーションシステムの構造のモジュール化の模索と工業イノベーションネットワークの高レベルでの発展により、こうした産業イノベーションシステムの進化の方向の模索的な実践は簡単に成功して発展した過程ではなかったことが見てとれる。産業内外の多重の要因から影響と制約を受け、また従来のイノベーションネットワーク形式の運営で形成された慣性と行為主体の習慣的思考も、開放的なネットワーク構造の構築にとって、各種の困難と抵抗を克服しなければならない長期的な過程となるに違いない。ネットワーク構造の構築に際した挫折や教訓は発展の可能性を変えられない上、そのものがこの過程の一部分である。たとえば最も明らかな例が2010年以降のある時期ほとんどのメディアでトップニュースになった「トヨタのリコール」事件である[37]。ここでは関心の眼差しをメーカーと消費者の衝突から少し離して事件の本質を考えてみる。この事件は少なくとも、一国の製造業の国際生産体系の中における開放的な工業イノベーションネットワークの運営には従来のネットワークと異なる多くの特徴があることを説明できる。以前の国内のオープンネットワークの運営経験（たとえば親企業と部品供給業者の間の暗黙の了解と協調する方法など）をグローバルな生産体系の各プロセスと行為主体の間の協調へ単純にコピーすることは事実上不可能である。トヨタの「ミス」は、同社が多くの日本の製造企業と本当の意味でのオープン的な産業イノベーションネットワークを構築するにはまだ先が長いことを示している。言い換えると、事は表面に見える企業の製品品質、市場拡大の速さ、管理人員の育成といった問題だけではなく、産業全体のイノベーションネットワークの高レベルでの発展（適応性の変革）の過程で恐らく出会う問題の一つである。これらの問題の解決は、ポスト危機時代の日本製造業のイノベーションと持続可能な発展に関する課題に関わってくる。

37　ここではひとまず品質管理、市場拡大のスピードの問題は論じない。この面については各大新聞の文章も一様にそのようだった。ここで討論を要するのは論題と関係する事項である。

第13章　製造業の産業イノベーションシステムは絶えず進化する生態システム

　製造業の産業イノベーションシステムの本質に対する探究、および日本製造業の産業イノベーションネットワークの歴史的進化に対する研究を通じて、その産業イノベーションシステムの構成、変化および運営に対する基本的な理解ができた。注意すべきことは、システムの進化の過程で表れる多くの特徴（例えばその進化の過程で現れる多くの変化）は、すべて機械的に発生したのではなく有機的に形成され発展したものであり、イノベーションにおけるシステムの運営も各成分の行為を簡単にかき集めたものではなく各サブシステム間の相互作用の結果が符合したものだということである。なぜならば「本質で言うと、『機械的』な観点により、『全体』はその構成『部分』の間を数量化した安定的な『バランス』関係を通じて簡単に述べられるという信念が築かれている」。「これに反して、『有機的』な視野では、『全体』を上述の方法によって簡略化することはできない。むしろ複雑なシステムの性質はその構成部分と『アンバランスなミクロの状態』の間の非線形の相互作用を通じて進化してできたものだと考える」[1]。ここから、製造業の産業イノベーションシステムはおそらく絶えず進化する生態システムだというヒントが得られる。つまり、製造業の産業イノベーションシステムは自然界の生物と似た動的な非線形の変化で、自然（適応性）の選択と自己組織の特性を持っている。したがって、本章では上述の研究を基礎として製造業の産業イノベーションシステムの進化の道のりと運営の状態に基づき、恐らく備えているであろう生態システムの特徴をさらに観察、分析、探究して、それによって産業イノベーションシステムの性質に対す

1　Norman Clark and Calestous Juma（著）．経済思想的漸進理論 [A]．Giovanni Dosi ほか（編）鐘学義、沈利生、陳平（訳）．技術進歩与経済理論 [M]．経済科学出版社，1992：243（*Technical Change and Economic Theory*. Pinter Publishers. 1988の中国語版）

る進化経済学の認識を提示することを試み、日本製造業の歴史的進化に対する実証研究の理論として述べる。

第1節 技術革新により産業イノベーションシステムが多様な形成や変化の状態に

　ピーター・M・アレンは Technical Change and Economic Theory の一文で、我々が直面しているのは異常に複雑な進化システムであり、歴史、文化、社会構造、生態システムなどの面の要因を顧みずに、経済学の角度からイノベーションと技術の進歩の発生、認可、拒絶、拡散、封鎖を考えることはできないと指摘している[2]。上述した日本の産業イノベーションシステムの進化に対する実証研究を基礎に、ここでは以下3つの側面から技術革新が表す産業イノベーションシステムの生態的特徴に対する探究を試みる。つまり技術革新の側の分析から着手して、製造業の産業イノベーションシステムは絶えず進化する生態システムであるという仮説に対して試験的な論証を行う。

1. 技術革新の連続性とイノベーション条件の相違性によりシステムの持つ多様な変化の特徴が決定される

　広義の、長期的角度から観察すると、技術革新は新しい技術モデルの形成プロセスであると言える。技術革新の中の新技術の知識がシステムの内外どちらで生じたものであろうと、新しい生産要素の組み合わせとして生産過程に取り入れさえすれば、恐らく当該技術の産業内での応用を意味し、既存の技術発展モデルに次第に変化が発生し始める。なぜならば、この過程が製品の刷新や製造技術の革新のようなプロセスの革新だけでなく、革新の過程が繰り返され産業の中へ拡散することを含む可能性もあるからである。技術革新がすでに日本の産業では経常的な活動となっているため、産業システムのイノベーション要素が市場などの外部環境の変化との組み合わせに適応しないとき、イノベー

2　Peter M. Allen（著）．演進、創新与経済学 [A]．Giovanni Dosi ほか（編）鐘学義、沈利生、陳平（訳）．技術進歩与経済理論 [M]．経済科学出版社，1992：p.118（Technical Change and Economic Theory. Pinter Publishers. 1988の中国語版）

ション主体はまた新たな技術の探索と選択に入る。このような循環の過程には累積性があり、それによって産業イノベーションシステムの進化と変化を推進する。日本がかつて家電、旋盤産業で見せ、今日の精密機械、ロボットなどの産業で持っている強大な国際競争力は、まさにその絶え間ないイノベーションとそのイノベーションシステムの進化が生む持続的な推進力から来ている。同時に、イノベーション主体のサプライチェーンにおける位置、それぞれが持つ条件、イノベーション目標の違いといった要因のため、技術革新を動力とする産業イノベーションシステムの運営は多様な変化を見せる。この種の多様な変化は日本の産業イノベーションシステムに独特な動きで、伝統的な手法と現代的なものが結びつき、インフラと中間ネットワークで並行して動いている。

2．技術革新における「試行錯誤」と進化の過程に見られる特徴によりシステムの変化が非線形に

イノベーションの過程で、技術モデル中の技術の特性、問題解決の探究と経験の蓄積により形成される、相対的に秩序立った経路に沿って技術は発展する。しかし進化する環境は常に「よりよい」資源の配置を選ぶ圧力と、避けようがなく（確実に）発生するミス、成功しない試験や「浪費」、ある程度の模索過程の繰り返しという2つの側面の間に内在する張力を示す[3]。そのため問題が漸進的にゆっくりと現れるのに従って、イノベーションの方針と行動には成功の経験と失敗の教訓を総括し、適応する方針へと調整する過程もある。このような試行錯誤と進化の過程は、マクロの経済システムにもミクロの経済システムにも普遍的に存在する。そして試行錯誤のたび既存の結果を修正することによって進化の基礎を形成する。このような試行錯誤と調整により、必然的に一国の産業イノベーションシステムの変化はそれに応じた非線形の過程を示す。日本の戦時経済期と1990年代の経済モデル転換期から、こうした明らかな試行錯誤と調整がその産業イノベーションシステムにもたらした顕著な影響を見ることができる。前者は技術革新が強引に戦争路線へと組み入れられたため

3　Dosi and Orsenigo（著）．協調与転換：対演進環境中結構、行為和変革的概観 [A]．Giovanni Dosi ほか（編）鐘学義、沈利生、陳平（訳）．技術創新和経済理論 [M]．経済科学出版社，1992：p.19、p.30（*Technical Change and Economic Theory*. Pinter Publishers. 1988の中国語版）

の、戦後に改めて平和と民主制に復帰する調整の過程である。こうした試行錯誤により日本の産業イノベーションシステムはより明確な方向とより大きな発展の余地を得た。後者では日本が新たな技術革命を前にした技術選択の方向性を誤ったため、デジタル技術の面でアメリカなどとのギャップが開き、産業イノベーションシステムの変革が棚上げになった。しかし、その後の再考と調整が、日本が産業システムのオープンネットワーク構築を進めるための動力と基礎を提供している。ここから、調整の過程に伴って展開されるイノベーションシステムの非線形の変化がシステムの進化では経常的な現象であるはずだということが分かる。

3．技術革新の過程に存在する多くの不確定性により、イノベーションシステムが進化する経路の非一義性を決定する

　ネルソンはイノベーション行為に不可逆性、偶然性、発見した事物に対する依存性と不確定性があると考えている。事実上、技術革新の過程は、その技術そのもの、市場、収益配分、制度環境に存在する一連の不確定要素のさまざまな影響を受ける。たとえば技術発展の方向、スピード、最終結果に到達できるかの不確定性、イノベーション結果の市場の先行きと既存の市場構造に及ぼす影響の不確定性、イノベーション主体が得られるイノベーション収益配分の割合の不確定性、技術革新を行う制度環境に存在する巨大な不確定性により[4]、イノベーションの結果には大きいランダム性が生じ、このようなランダム性によってある時期のイノベーション状況により次の時期の状況の確率分布が決まるため[5]、イノベーションが次の段階に向かう経路と産業イノベーションシステムの進化の経路はいずれもユニークに確定したものではない。日本での産業発展で明らかな事実のひとつとして、産業イノベーションシステム全体であれ、産業イノベーションのサブシステムの基礎システム、あるいは網状構造の中のある一方向のシステムであれ、その進化の経路はいずれも事前に決まっているものではなく、イノベーションの展開状況によっておのずと異なる状態を示

4　王春法．技術創新政策：理論基礎与工具選択 [M]．経済科学出版社，1998：緒論より再引用
5　葉金国．技術創新系統自組織 [M]．中国社会科学出版社，2006：p.60

第4編　アンバランスでオープンな産業イノベーションシステムの研究

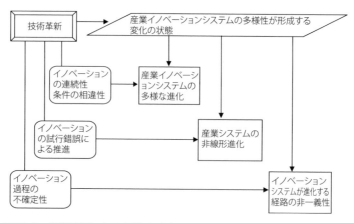

図13-1　技術革新による産業イノベーションシステムの多様な形成や変化

す。無論、ある種のシステム構造が具体的に進化する過程では、依然としてその歴史に既存の形式の影響を受ける明らかな経路依存性がある。今なお日本の現代的なネットワークのイノベーションシステムの中に明らかな大企業体制の痕跡があるのはこのためである。

第2節　組織改革が産業イノベーションシステムを多重の適応性の選択過程に

ネルソンとウィンターの技術革新進化理論では、ひとつの進化システムにはひとつの斬新なシステム導入のメカニズムが含まれ、同時にひとつの経済実体に対する理解可能な選択のメカニズムも含まれると考える。ここで言う理解可能とは、選択の決定的な要因、動力メカニズムを明示できることを指しており、単純な「適者生存」ではない[6]。ここまでの分析で、組織改革にこうしたメカニズムがあることを見てきた。まさに組織改革が持つ選択のメカニズムにより、産業イノベーションシステムが選択プロセスの中で進化し発展するということである。これは本書で組織構造の進化が表す産業イノベーションシステム

6　柳卸林. 技術創新経済学 [M]. 中国経済出版社, 1992：p.233

第13章　製造業の産業イノベーションシステムは絶えず進化する生態システム

の生態的特徴を論じる主な側面である。本節では組織改革の角度から産業イノベーションの生態システム仮説に対する論証を展開する。

1．システム内の組織が利益のために形成する変革の力により、イノベーションシステムが動的な選択の中で進化

　収益を得るという目標を実現するために行う組織改革は、産業イノベーションシステムの進化で重要な選択の過程を含んでいる。利潤は組織が市場で成功を獲得することの象徴で、特定の組織の盛衰との間に一定の関連性が存在している。利潤を得る方法は消費者と管轄機関の偏好の影響を受ける。そのため、市場経済の中の産業ないし企業は、絶えず成功を得るために、時期を見計らってさまざまな組織改革の努力を試みている。積極的な模索の過程で真っ先にあるいは自発的に選ばれた新しい組織方式をシステムに導入して、市場でその成功目標を実現するよう努力するものもあれば、追いかけるという方法でこうした組織構造の変革を実現するものもある。日本の製造業における組織構造の変遷過程では、ほとんどすべての組織改革の方法がこうした意識的、または無意識的な選択の過程を経て実現されている。たとえば前近代の繊維工業における分散した組織形式は問屋制の選択であり、こうした組織は変革しやすく関係者も利益を得やすい。工業化が盛んになる中で幅広く採用された工場制の組織形式も選択の一種であり、行為主体に規模の経済の利益を十分に享受させるものであった。まさにシステム内部の組織が利潤を獲得するという目標のため形成した内在する変革の力が、産業イノベーションシステム全体を動的な選択の過程で進化させ発展させたのだと言える。明らかに、ここで分析したシステムのこのような動的な選択の原因あるいは動力となっているものは、内生的にシステム内部に存在している。それによって産業イノベーションシステムという有機体が、長い間、動的な選択と変動の中に存在し、こうした選択による変動がシステムの変化を後押しする重要な力となっている。

2．外部環境の変化に対応する組織改革により、イノベーションシステムが影響に応じた積極的な調整状態に

　競争や需給状況といった外部市場環境の変化に適応するための組織改革によ

り、産業イノベーションシステムそのものが活発に外部フィードバックを受け調整する状態になる。市場の需給の多変性のため、外部の他の経済体の強さがもたらす競争、天然資源の枯渇により求められる環境と調和した発展など各種の課題とさまざまな要因は、いずれも組織改革とシステム調整に対して外圧を構成する。このような圧力と影響は発生が無作為で不確定なため、その影響やフィードバックを受ける組織改革とシステムの調整過程にも、不安定な突如変化する状態が見られる可能性がある。変革と調整に対する経済体そのものの主観的な認知の程度に関わらず、こうした変革と調整はいずれにせよ常に発生し、人間の主観的な意志で動くものではない。この意味から言えば、このような変革と調整は一つの自然選択の過程である。日本の製造業が発展してくる中で見られた、発現様式の異なるさまざまな分散型の組織構造形式であれ、各産業の特徴に適応する各種の集中型の組織構造形式であれ、いずれも当時の日本の市場環境、技術経済条件の変化による産物であり、消費者の需要の変化、技術の供給能力の変化などのさまざまな原因の影響した結果である。同時に、日本の産業イノベーションシステムの進化の中で、たとえば1990年代来のオープン型ネットワーク組織構造に対する模索の実践は、組織改革を含む産業全体のイノベーションシステムの調整と選択による結果で、製造業の産業競争力の「失われた10年」の後で次第に見せてきた回復状態である。これは緩慢で複雑な非線形の過程ではあるが、変化は徐々にながら確実に発生している。明らかに、このような調整と選択は機械的に外部の環境に適応した、いわゆる「適者生存」を構成してはおらず、産業イノベーションシステムの進化で発生したシステムの変化に対する積極的なフィードバックの結果であり、すなわちシステムが変化を前にして能動的な調整状態にある。持続可能な発展は積極的な調整と適応を伴って行われるため、このことは製造業の持続可能な発展にとってきわめて重要である。調整の結果は一般に市場の選択を通じて繰り返され拡散される。

第13章 製造業の産業イノベーションシステムは絶えず進化する生態システム

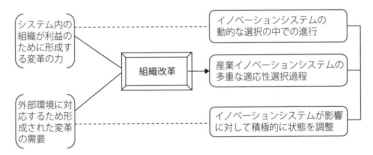

図13-2 組織改革が産業イノベーションシステムを多重の適応性の選択過程に

第3節 システムが各成分間の非線形相互作用によりイノベーションの自己組織を実現

　いわゆる自己組織現象とは、均衡とはほど遠いオープンシステムが、絶えず物質とエネルギーとを外部と交換することにより、システム内部のあるパラメータの変化が一定の限界値に達したとき、増減を経てシステムにアンバランスな位相変化が発生し、もとの混乱した無秩序から時間上、空間上、あるいは機能上の秩序の状態を変えることを指す[7]。これは生態システムに共通する特徴である。この理論を尊重する学者は、自己組織現象が自然界ないし社会経済におけるオープンシステムを研究する道を開いたと考えている[8]。いわゆる経済システムの自己組織が示すものは、あるシステム中の「秩序」が基本的に技術の進歩（革新、学習など）、経済活動（投資、価格制定、金融など）と方針、期待、制度の三者が釣り合った後の無意識の動的な結果である[9]。このような秩序化は常に構造転換を伴うため、進化の特徴を持っている[10]。本書では製造業における

7　李桂花. 自組織経済理論：和諧理性与循環累積増長 [M]. 上海社会科学院出版社，2007：pp.195-201

8　柳卸林. 技術創新経済学 [M]. 中国経済出版社，1992：p.237

9　Giovanni Dosi and L. Orsenigo. Coordination and transformation[A]. in Giovanni Dosi et al (eds.): *Technical Change and Economic Theory*[M]. Pinter Publishers, 1988：p.21。柳卸林. 技術創新経済学 [M]. 中国経済出版社，1992：p.237より再引用

10　G. Silverberg. Modeling economic dynamics and technical change[A]. in Giovanni Dosi

第4編　アンバランスでオープンな産業イノベーションシステムの研究

産業イノベーションシステムの自己組織を研究し、産業内部の各要素あるいはそのサブシステムの間の相互作用によって動かされるイノベーションの秩序ある展開という経済現象が持つ法則性を示すことを試みる。なぜならば「自己組織の理論研究は物質、エネルギー、情報交換という意味でその環境に対してオープンなため、いくつかの相互に作用するサブシステムが構成する各種の複雑な動的システムである」からである[11]。日本の産業イノベーションシステムの進化の史実における上述した分析を基礎に、ここでは以下2つの面で産業システムの表すイノベーションの自己組織現象を重点的に探究し、産業イノベーションシステムが持つ生態システムの特徴を示す。

1．技術革新と組織改革の相互の影響と制約

技術革新と組織改革は製造業の産業イノベーションシステムにおいて最も基本的なイノベーションであるが、両者の運営と展開は決してそれぞれに孤立して行われるのではない。産業の進化において「イノベーションはつながっていると見なされる」からである。クームズが *Technological opportunities and industrial organization* の中で技術の進歩と産業組織の間のつながりを分析したとき、以前の研究がただ一方的に産業組織と政府の政策が技術革新に影響する情況を強調していたことに対して、「技術の進歩の本質と特徴はおそらく産業組織による原因または少なくとも産業組織との相互の因果である」と指摘している[12]。この指摘は産業イノベーションシステムの生態的特徴を示すことに対して重要な意味がある。技術の進歩は製品上に集中するものかプロセスに集中するものか、発生するのが内部なのか外部なのか、急進的なのか部分的な改良の積み重ねなのか、その程度は部門のタイプによって変化する[13]。しかし産業組織の選

---

　　et al (eds.): *Technical Change and Economic Theory*[M]. Pinter Publishers, 1988：p.21.
　　柳卸林. 技術創新経済学 [M]. 中国経済出版社，1992：p.237より再引用

11　Gerald Silverberg（著）. 建立経済動態和技術進歩模型：自組織和漸進的数学方法 [A]. Giovanni Dosi ほか（編）鐘学義、沈利生、陳平（訳）. 技術創新和経済理論 [M]. 経済科学出版社，1992：p.658（*Technical Change and Economic Theory*. Pinter Publishers. 1988の中国語版）

12　Rod Coombs（著）. 技術機会与産業組織 [A]. Giovanni Dosi ほか（編）鐘学義、沈利生、陳平（訳）. 技術創新和経済理論 [M]. 経済科学出版社1992：pp.362-363（*Technical Change and Economic Theory*. Pinter Publishers. 1988の中国語版）

13　Rod Coombs（著）. 技術机会与産業組織 [A]. Giovanni Dosi ほか（編）鐘学義、沈利生、陳平

択に対するその重要な影響は無視できない。戦後の工業経済時代、日本経済が欧米を追いかけていた時期、重化学工業分野での一連の技術革新が高い効率を得てすみやかに商業化を実現できた重要な原因の一つは、そのグループ化し系列化した組織が技術革新に求められる協力と協調に適応し、さらにそうした組織手法の重要なプロセス上の合理的な運営を通じて、イノベーションの採用とその後の拡散を加速したことによる功績のはずである。それに応じて、組織改革の技術革新に対する影響は物事のもう一つの側面である。たとえば、20世紀後半にアメリカの鉄鋼業と鉄道貨物輸送が順調に技術革新の成果を導入できなかったのは、そのイノベーションの「拡散スピードの低い原因は組織上のものであり技術上の問題ではなかった。簡単に言うと、縦方向の一体化が不足していたためである」[14]。製造業の産業イノベーションシステムはまさにこのように、内部の技術革新が求める組織方式の選択を通じて、および両者の相互作用により推進され、イノベーションの秩序ある進展を実現したのである。

2．サブシステムの各部分の相互作用と影響

アレンは *Technical Change and Economic Theory* の一文で、「さらにシステム全体を考えると、多くのレベルの互いに関連する人員および互いに依存する体制があり、ある機関の中で得られた進歩は他の機関の手本となる。このことはまた、人員と体制の進化の過程を分けて考えられないことを説明している。ひとつひとつの生物の細胞はすべて有機体の構成部分であり、単独で理解することはできない」と明確に指摘している。産業イノベーションシステムの内部の各成分あるいはサブシステムは、イノベーションの中でまさにこのような相互に依存し相互に作用する典型的な状態にある。各部分は互いに産業の現在の運行と長期的発展の中に存在するさまざまな方法でつながり、効果と影響などの各種の情報の効果的な伝達を実現している。各部分あるいは各サブシステム間の新技術に対する模索は、イノベーションをシステムに導入して産業化の面での認識

（訳）．技術創新和経済理論 [M]．経済科学出版社，1992：p.371（*Technical Change and Economic Theory*. Pinter Publishers. 1988の中国語版）

14　Kindleberger, C.P. 1964, *Economic Grouth in France and Britain:1851-1950*[M]. Cambridge, Mass. Harvard University Press

と行動の相違を実現し、このようなイノベーションの技術に求められる産業の組織形式の選択の相違により、その相互の効果と影響が多様な変化の過程を示す。まさにイノベーションシステム内部の各部分間のこのような非線形の相互作用が、イノベーションシステムの自己組織に内在する原動力を構成している。「平均化されていない事件と個別の機関が連続して変化する状態を通じて自ら進化する」。アレンはこの相反する新古典派経済学の考え方を批判し、ここで論じている経済システムの生態的特徴を還元している。彼は「伝統的には、常に一つの独立したものとして考えた物体内部の機能説明を行為の『解釈』とすることが科学だと思い込む。ここで見いだせるのは、イノベーションや変革は全体の進化を構成する部分に過ぎず、歴史の解釈が反映するのは生き生きとした世界の固有の統一性であるということだ」。「この一連の新しい科学の考え方の中で、創造や変革は構造や機能と共に立ち位置を見つけた」[15]。同時にこの説は日本の製造業の産業イノベーションシステムの進化におけるサブシステム間の相互作用を適切に解釈しており、システム全体作成を推進してイノ

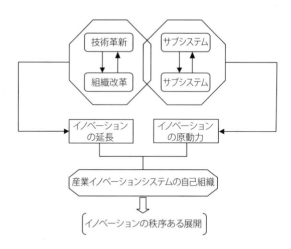

図13-3 システムが各成分間の非線形相互作用によりイノベーションの自己組織を実現

---

15 Peter M. Allen(著). 演進、創新与経済学 [A]. Giovanni Dosiほか（編）鐘学義、沈利生、陳平（訳）. 技術進歩与経済理論 [M]. 経済科学出版社，1992：pp.144-145（*Technical Change and Economic Theory*. Pinter Publishers. 1988の中国語版）

ベーションの自己組織メカニズムを実現することで、その産業イノベーションシステムの生態的特徴をはっきりと示している。

第4節　日本製造業の産業イノベーションシステムが反映する2つの重要な生態的特徴

　製造業の産業イノベーションシステムの生態進化の問題を総合的に討論して、産業イノベーションシステムの本質に関して進化経済学による解釈を試みる目的は、国外の製造業イノベーションの持続可能な発展の経験と教訓を参考にすることである。中国の製造業におけるイノベーションと持続可能な発展は本書の研究対象ではないが、しかしその発展の過程で存在する問題の解決がむしろ日本の製造業の進化に関する我々の研究の出発点である。本節ではこの意味において、中国の産業イノベーションに存在しうる問題という角度で、日本製造業の産業イノベーションシステムの進化が反映する2つの重要な生態的特徴を探究する。これを以て本研究の暫定的な結び（あるいは以降の研究の1つの起点）とする。

　日本の産業の実践から見ると、産業の競争と成長に対して重要な影響を持つ製造業の産業イノベーションシステムは、2つの重要な生態的特徴を備えている。これらの特徴は日本製造業の進化を研究することにより他国のイノベーションの経験を学習し参考にするうえで無視できない。

　まず、一国の経済発展の中で重要な効果を発揮する産業イノベーションの生態システムには、必ずその成長と発育に適した土壌がある。この土壌は、産業イノベーションのシステム形成、運営、進化に適した比較的広範囲に渡る外部環境すべてと理解できる。国情、経済発展の水準、歴史文化の条件が異なる上で、産業イノベーションの生態システムおよびすでに実践で証明された産業の発展に役立つイノベーションモデルを簡単にコピーすることはできない。自然界の生態系の規則のように、いったん背いたら産業の成長を促進して調和ある発展の効果を得られることはあり得ない。そのため、製造業の発展に成功している国の経験を参考にする正しい方法は、他国のイノベーションシステムや制度を複製して模倣することではなく、実践上で本国の国情、経済発展水準、歴

第4編　アンバランスでオープンな産業イノベーションシステムの研究

史文化の伝統と釣り合ったイノベーションシステムを構築して、そこから実施メカニズムを把握することである。ちょうど日本が工業経済時代に製造業の発展で成功したのが、欧米から導入した技術や制度の多寡ではなく、自国の土壌に適合させる中でこのようなイノベーションの生態システムを育んだからであることに似ている。

そして、制度そのものが作られ、イノベーションの運営サイクルまで発展するように、産業イノベーションシステムが進化の過程で見せる発育とより新しい生態へと成熟するまでの運営の道のりは、本書の多くの部分で分析してきた内容である。さらに優れた制度や規則の効果にも期限があり、さらに成熟した産業イノベーションシステムも動的な変化の中にある。このような安定的な変化は技術の進歩とイノベーションの導入が引き起こしたもの、組織形態の選択的な変化に誘発されたもの、あるいは両者間の相対運動または相互作用の結果でありうる。システムの内部の各成分の相互競争もシステムの全体の変化を引き起こす原因のひとつである。変革そのものが制度、システムそのものに対する修正、補充といった漸進的な過程だけでなく、新しい環境の土壌に適応して現す革命的な変化の過程をも含んでいる。前者は経常的に発生し、ほとんど産業イノベーションシステムの常態となっているものの、産業イノベーションシステムの変化を促す要因は依然として複雑で多様である。日本は1990年代に発展のミスをしたが[16]、その重要な原因の一つはこのような変革にうまく順応できなかったことである。そのため産業イノベーションシステムの変革と調整がイノベーションの効率向上と方向性の把握にとってきわめて重要であるといえる。

16　「失われた10年」の間イノベーションに反映されていた各種の問題である。

研究の結論

(1)

　製造業の技術革新は、産業の特徴と関連づけられた産業の発展の過程である。その発展の水準は一国の工業技術の蓄積レベルおよび当該国が国際先進技術を創造して利用する能力を反映している。日本型の技術革新が欧米のものと異なる明らかな特徴は、導入する先進技術を自国で発展した固有の技術と融合させることにより、革新と産業の自立した発展を同時に実現していることである。導入する能力と自主発展する能力は日本が迅速に世界の製造業強国へと成長する基礎となった。

　製造業の産業のレベルごとの構成の特徴により、製造業の技術革新の取り組みには多様性が見られる。新しい科学の発見を基礎とした、既存製品とは製法の全く異なる根本的な革新もあれば、前者の提供した技術の軌道上で既存技術を変更する漸進的な革新もある。日本では、情報と資源で絶対的な優位を占めている大企業が根本的なイノベーションの主要な役割を果たし、多くの中小企業と地方企業は歴史的伝統を守ることによって、漸進的なイノベーションの主なコロニーを構成している。まさに両者のイノベーションが交互に行われ、2種類のイノベーションの方法が産業の発展過程で交替しながら発展してこそ、製造業の技術革新が連続した過程を形作る。近代製造業の確立した時期、日本の技術革新は固有の技術を基礎にした導入技術に対する選択から始まった。現代的製造業の発展期、日本は完全な現代技術体系の確立から着手して、導入と革新を結合させた。現代の製造業のモデル転換の中で、日本は知識経済時代の産業の特徴を認識し把握する方法に着目して、イノベーション上で伝統と変革の統一という課題を実現している。

日本の製造業の技術革新の道のりが示していることは、技術導入からイノベーションを始めることの経済学上の意味は、科学技術の発展が国際的に伝達するという特徴を利用することにあり、可能な限りすべての人類の創造する科学技術の知識で自らを武装して、オープンな発展を実行することによって自主的イノベーションを国際的に高い水準から始められるということである。日本の製造業が自主的で持続可能な発展を実現することに対する連続的イノベーションの働きは①完全な工業技術の基礎の上で発展する主導権を握り、役に立つ技術を導入しつつ他国の追随者にならないこと、②自らの強みを十分に発揮できる発展の主動権を掌握して、導入後の革新の中で自分のブランド、技術の特色と産業の優位性を確立できること、③発展モデルの柔軟な選択権を堅持して、豊富な人的資源条件を十分に発揮し、既存の資源を最大限に保護して利用することを中心としたイノベーションの選択ができること、④技術と産業が発展する自主権の保障となる、すなわち連続的イノベーションにおける調整の過程でその法則性が認識されることによりイノベーション能力が向上し、産業の自立と自主的な発展を実現できることである。

　時期ごとの技術の発展水準と知識の発達度が互いに呼応したところに内生する過程である技術革新は、製造業と産業の構造調整が有機的に結合しなければ、産業全体の技術の進歩と産業の技術発展水準の向上を推進できない。産業の発展を推進できるイノベーションは必然的に持続可能な取り組みであり、技術革新を持続的に絶えず行うことができれば、こうしたイノベーションは自国ならではの特色を持つか自国の経済発展に合うことを実際の特徴とするはずである。これが日本の技術革新の問題に対する我々の経済史における認識である。同時に、技術革新に関する経済史の観点では漸進的イノベーションの重視を強調する。なぜならば、歴史の伝統と国情の特徴に適した漸進的な革新の実行を堅持することは、産業イノベーション能力を高めるには必須の過程であり、根本的な革新を実現する確固とした技術の基礎だからである。漸進的イノベーションは歴史と現代、導入と自主革新を結ぶ橋である。

　ここから、日本の製造業の産業イノベーションのシステムモデルのサブモデル、技術革新の進化モデルの提供を試みる（図結論-1を参照）。

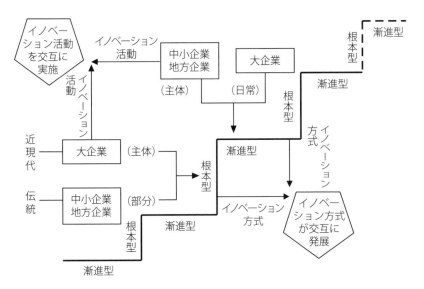

図結論-1　産業イノベーションシステムモデルのサブモデル（1）技術革新の進化モデル

（2）

　連続的イノベーションはイノベーションに有効な組織により実現する。製造業の進化において、組織は一種のイノベーション体制であり、イノベーションを実現するツールである。この体制の運用を通じて形成された技術革新の組織は、経済発展の始まりが遅かった国が「フォロワーからリーダーへ」（Forbes & Wield、2005）変わるうえで必ず実現すべきものである。技術革新と密接につながる組織の状況は、通常その組織の構造を通じて観察する。構造の問題は日本の製造業の組織の進化に対する研究の中心である。組織構造の進化の動的な観点を堅持して、変化した現実の世界に基づいて構造を調整する過程を研究すると、「新技術はある環境の中では恐らくほかの環境に比べてより価値が大きく、効率が高い」理由を理解することができる（Antonelli、2006, p.156）。「構造の要素は事実上、革新の導入後に生じた実際の結果を形作り評価する」（Antonelli、2006, p.159）。組織学の中での組織構造の進化する一般的な過程に関する研究は、日本における製造業の組織構造の進化の道のりと特徴を研究するための起

点、および比較研究の対象である。こうした研究で主張されている組織構造は要素の構成であると同時に組織能力の運営の過程を反映しており、進化経済理論の事物に対する認識と観察の方法に合致している。

　日本の製造業の組織構造の進化が豊富なのはその多様性、特色性、進化する経路の非一義性のためである。進化の中には産業の成長段階に共通する組織構造の形式が反映され、またそのものの特徴である日本式組織構造も表れている。産業の性質、市場競争の状況、資源の条件、技術経済のレベル、社会さらには文化などの要因の影響と制約を受け、異なる時期または同じ時期の異なる産業部門のとる組織構造の形式には違いがある。その組織構造の進化は歴史的経路に依存し、同時に非線形に変化する。つまり決して以前の人々の印象にあった伝統的方法を単純に置き換える過程ではない。組織構造の優位は歴史の、進化の概念である。日本の国情の特徴と技術革新の方法に適応して形成された組織構造がきわめて大きい構造の優位を示し、発展目標と緊密に符合する組織形式も最大限にその組織の優位性を示してきたが、経済の発展、産業の進化、技術・経済条件のまったく新しい変化のため、あるターゲットモデルの枠組みの中にロックされた組織構造の形式を変革しなければ、その競争力を喪失するのは必然である。ここから、イノベーション経済学の観点での組織構造の優位性は動的な優位性であり、「どのような環境条件においても絶対的に優れた唯一無二の最適組織というものはありえない」（青木昌彦、1995、p.12）ことが分かる。

　イノベーション体制としての組織構造の形成は産業の発展における動的な選択の結果である[1]。ここで言う選択にはミクロレベルの組織構造の選択の条件とマクロレベルの組織構造の選択の過程が含まれる。産業成長のある時点について見ると、組織構造の選択は条件に制約される性質がある。制約条件には製品の形式、生産規模、技術の特徴、企業の戦略といった多くの要因があり、組織の選択に対してさまざまな方向とレベルから影響する。かつ、産業そのものの成熟度の違いによって、技術革新の方式やイノベーション展開の深さによっても影響度は異なる。マクロレベルの組織構造の選択の過程から見ると、組織構

1　本質として相対的優位を築く漸進的な過程だからである。

造の選択は組織が知識を長年にわたり蓄積する過程、つまり一国の民族の歴史と文化の伝統の優位性に対する選択の過程で、製造産業の成長過程における組織構造の合理的な変革の過程でもあり、未来の製造業の産業発展の傾向を認識する過程でもある。

組織構造はイノベーションを推進する面で重要な作用を発揮する。イノベーションを取り入れるスピードと方向に影響し、組織構造によるインセンティブと協調はイノベーションの効率と価値の実現に表れる。一国の産業イノベーションの活発さと組織構造の間には重要な相関関係が存在する。なぜかというと組織構造によってイノベーションが発生する頻度、イノベーションの実施の方向および採用する形式への影響が異なるからである。特定の組織構造の形式は運営の過程でイノベーションの方向に影響する。一般に産業と企業の技術構造は合致すると同時に、いずれも各国の資源条件の影響と制約に束縛される。組織構造の形式が基礎とする分業構造の違いによって、情報伝達の速度と効率が決まり、情報伝達そのものが意思決定の分業と労働の分業を含んでいる[2]。組織内での権限の行使と受容のされ方によって情報が組織内の指定区域に伝達されるまでに消費されるコストが異なり、勤労意欲すなわち労働者の行動に対する努力と集中度も異なってくるため、イノベーションの効率も明らかに異なる。

イノベーション効率の引き上げとイノベーション価値の実現に反映される組織構造の優位性が維持できるかどうかは、組織構造が適時調整されその調整手段が合理的に選択されているかにかかっている。組織構造が適時調整されるということは、組織構造が内外環境の変化に応じて適応するための変化を発生させ、イノベーションのさらなる発展に適した組織構造を提供できるかを指す。構造を調整する手段の合理的な選択とは、調整による短期中のショックを最低限に抑えられるか、長期にわたり伝承されてきた優位な文化を基礎として産業の成長する時代の方向をとらえるのに役立つことができるかを指す。調整と選択の中で向上する組織イノベーション能力は、製造業が競争に従事して持続可能な発展を実現するための核心的能力である。

実践における産業イノベーションと組織構造の進化の法則性は観察、認識で

---

2 つまり組織内部で権限の委託と行使をどう行うかにより、イノベーションを推進する。

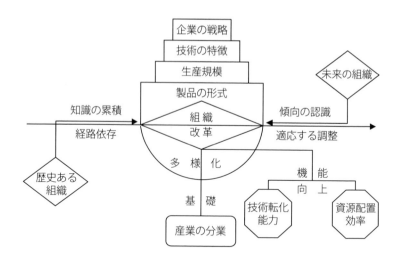

図結論-2　産業イノベーションシステムモデルのサブモデル（2）組織改革の進化モデル

きるものである。典型的な工業国の代表的な産業組織構造の進化に対する深い観察と研究は、学習の近道として選択しうる。日本の問題に対する認識と研究に基づいて、産業イノベーションのシステムモデルのサブモデルとして、以下の組織変革の進化モデルを構築した（図結論-2を参照）。

組織構造の変遷に対するこの進化経済学での認識を簡潔な数学モデルを使って表現すると、以下の形式として表せる。

$$S = S(T, P, M, E) \qquad (1)$$

このうちSは組織構造、Tは技術の特徴、Pは製品の形式、Mは生産規模、Eは企業の戦略を表す。

T、P、M、Eはすべて時間に従って変動するため、tを用いて時間を表すと

$T = T(t)$
$P = P(t)$

M = M(t)
E = E(t)

つまり T、P、M、E はすべて時間の関数である。したがって公式（1）は以下のように表すこともできる。

$$S = S[T(t), P(t), M(t), E(t)] \tag{2}$$

公式（2）は組織構造の時間に伴った変動を表している。T、P、M、E などの要因による S への影響はレベルが異なる。つまりそれらの変化が S の変化に与える影響の程度が異なり、しかも S そのものが歴史的要因と未来予測の影響を受けるため、ここでは偏微分の形でこのような関係を表現する。

$$\frac{dS}{dt} = \frac{\partial S}{\partial T}\frac{dT}{dt} + \frac{\partial S}{\partial P}\frac{dP}{dt} + \frac{\partial S}{\partial M}\frac{dM}{dt} + \frac{\partial S}{\partial E}\frac{dE}{dt} \tag{3}$$

公式（3）は組織構造の変化と主な影響要因との関係を表し、つまり原因の各要因の変化率と S 偏導関数の積が構造の変化に対する影響の程度を表している。

上述に基づき、一定の仮定条件と歴史のデータを基礎としてある程度の定性と定量の説明ができることが導き出される。

（3）

製造業の技術革新およびイノベーション組織は、製造業全体の産業システムの中で運用される。イノベーションおよびその組織を運用する基盤である製造業そのものが開放された複雑系である。製造業は外部との中断しない物質と情報の交流、内部の構造機能の効果と各サブシステム間での競争と協調によって運用と発展を実現している。「生物物理の意味の上で、経済システムは間違いなく開放的で、エネルギーと情報の投入によって、経済理論の伝統の上で分析

される循環の流れを維持している」（Silverberg, 1992, p.659）からである。産業イノベーションシステムが持つ、形成、進化、自己組織の特徴により、それを生態システムとして研究するという発想が生まれた。つまり全体的視野から、産業内でこのイノベーション基盤の機能を探り、その各部分、各種の構造的機能の産業イノベーションにおける運営と統合を観察して分析することによって、産業イノベーションシステムそのものについての理解と本質に対する認識が深まる。イノベーションの過程が存在するシステムの構造の特徴を全体から捉えることで、システム内の各行為主体がどのように競争と協調を通じてシステムの有効な運行を推進しているかを知り、産業イノベーションにおける技術の変革と構造の変遷の相互作用のメカニズムを認識できるからである。そこから新しい技術経済条件下における産業発展に内在するいくつかの法則をある程度反映できるシンプルな産業イノベーションシステムモデルを構築できる。

　産業イノベーションシステムに対する認識は、産業イノベーションシステムと国家イノベーションシステムとの関係の分析から始まる。国家イノベーションシステムのイノベーション研究推進に対する貢献[3]、およびその枠組みにおける産業レベルのイノベーション運営に対する研究の欠陥のため[4]、自ずとそこが産業イノベーションシステムに対する研究の基礎および起点となる。明らかに、産業イノベーションシステムという国家と企業の間に介在するメソレベルのイノベーションプロセスに対する研究、およびこの領域でイノベーションが発生する過程の認識が不足しており、イノベーションの問題に対する我々の認識はおそらく完全ではない。同様に産業イノベーションシステムの研究で構造の進化をその研究の中心としているのは、分業構造の進化に従って産業発展もそれに応じた構造的特徴を帯びてくるためである[5]。産業システムのイノベー

3　つまりそれによって初めてシステム理論の角度からイノベーションが経済成長に影響する様子を研究する理論の枠組みが構築され、イノベーションの問題に対する分析の視野を広げ、国の視点（国内）でのイノベーション資源の統合が始まった。

4　産業のプロセスは既知の条件として存在しているため、技術面、組織面の要因の産業チェーンにおける相互作用ははっきりしておらず、国に特有の要因と政府の政策がどのようにして産業レベルに影響するかについての分析も少ない。

5　分業は価値の創造をめぐる産業活動を異なるレベルの構成部分につなぐため、分業の構造ごとに形成する産業構成の構造は異なる。

ションが展開される過程は、その内部構成が外部環境の変化に順応して、ある種の方法によって互いに協調し、構造の進化を実現する過程である。構造の進化を主な内容とする産業イノベーションシステムの分析は一種の不均衡分析である。「経済の行為者間の非対称性と多様性は、イノベーションの機能の条件の一つであるのみならず、イノベーションの必然的な結果でもある」（Dosi and Orsenigo, 1992, p.31) ため、そこからスピルオーバー効果、報酬の逓増が生じている。産業イノベーションシステムの研究では、技術革新と組織改革の相互作用を構造の進化の重点分析対象として、システムの各部分が相互連動とコーディネーションを通じて秩序あるイノベーションを実現する様子を探求した。構造の進化を分析するツールとして、本書では分業の進化に基づいた産業ネットワークの分析を試みた。ある面では産業発展の新しい組織形式であり[6]、他方では、ネットワーク構造の特徴は産業内でイノベーションが発生する過程と関連要因の相互協力関係を分析するのに都合がよいため、システムにおけるイノベーション資源の統合度と統合方法を認識し把握する方法によって、複雑な分業を基礎として確立される製造業のイノベーションシステムに存在しうるいくつかの法則性の確立を模索した。

　産業イノベーションシステムを分析する枠組みの確立は、産業レベルでのイノベーションの実証研究を基礎とする。企業を中心とするイノベーション組織が産業イノベーションシステムの中核構造であるのは、ミクロの相違と変化があってこそイノベーションの機会と可能性があるからであり、産業は互いに相違を持った異なるミクロ経済主体の集合なのである。製造業のイノベーションはまず企業で発生し、そして企業の一連の運営を通じてその知識の価値向上を実現する[7]。企業の能動性がその内部運営構造にあるため、企業の構造は産業イノベーションのネットワークにおける価値向上のノードである。縦横双方向のメッシュ型構造が3次元の産業イノベーションネットワーク基盤を構築している。製造業の生産の特徴により、その製品とイノベーションは多くの部門の協力の産物であり、技術と情報の知識の流動性という特徴によって、イノベー

6　つまり組織構造の変化の自然な延長である。
7　すなわちここを起点として、技術、知識の蓄積を市場での最終製品とサービスに転換する。

ションと価値実現の過程がサプライチェーン全体と産業の空間まで延長され、オープンな過程に変化している。分業の高度化により当事者間のつながりと資源の統合が必要で可能なものとなり、分業の構造によりイノベーションの過程で資源を統合する形式と範囲が決定する。イノベーションの複雑性と不確定性こそが、こうした境界の確定しないイノベーションのコーディネーション方法を選択し、立体的なイノベーションネットワークによって苦境に対応してリスクを回避する理由である。そのため製造業の産業イノベーションシステムはネットワーク構造なのである。産業イノベーションがネットワーク構造に依存して行われるのは、産業イノベーションシステムのネットワーク構造が持つ3つの機能的特徴、すなわち産業イノベーションシステムのネットワーク構造が持つオープンな情報交流の特徴[8]、産業イノベーションシステムの構造は学習と知識の伝播を後押しする体制であること[9]、産業イノベーションシステムのネットワーク構造が相対的に複雑で不確定性のあるイノベーション行為の効果的なコーディネーションであることが理由である[10]。

　イノベーションのネットワーク組織が本質的にイノベーション体制の構造であるため、日本の産業イノベーションシステムの形成と進化の過程は、典型的な歴史と文化の特徴を持った非線形の発展の過程である。その歴史上のネットワーク組織は、規模が小さくて分布が広く、地方特色を持った社会生産ネットワークである。日本の前近代の江戸時代の技術経済環境の中で生じ、その特有なイノベーションの活力と柔軟性を形成して、さまざまな社会の力によりイノベーションの運営が推進されていた。明治維新の社会の変遷により重大な調整が促されたことによって、技術の形式、イノベーションのタイプ、推進力の異なるものが融合した多層的なネットワーク構造が形成された。2度の大戦と戦間期に日本のイノベーションネットワークが発展した背景では、工業が科学技術を基礎とする時代に入り、民間企業のイノベーション能力が強まって、国の

8　製造業の革新は価値創造の動的な変化の過程であり、広義の十分な情報の流れを基礎としている。

9　ネットワーク化した構造は知識の集中に役立つ経路と積極的に知識を利用する方法を提供するため、イノベーションにおける知識が伝播を推進できる。

10　イノベーションが不均衡から均衡を実現する過程は、あるシステムの中の多くの部門、多様化した行動の相互作用を協調させた結果である。

関与する統制経済体制が形成されていた。大企業体制が次第に形成され下請方式が強く推進されたことが、この時期の工業生産ネットワークの著しい特徴となっている。日本における現代のイノベーションネットワークは、その歴史的ネットワークを基礎に、戦後の調整と変革を通じて形成されている。戦後初期の民主化と科学技術の民主化により、工業イノベーションネットワークは大衆の生活の質と経済的競争力を高める方向に転換した。時期ごとのターゲットモデルが、イノベーションネットワーク建設に対して潜在的な影響と制約を形成している。キャッチアップモデルでは、グループ化を主な形式とする一体化生産ネットワークが当時の工業イノベーションネットワークの主な形式となっていた。大企業の間のレベルを分けた競争と、大企業と中小企業の間の系列化したつながりが、ネットワークの縦方向と横方向の構造を構成した。日本がキャッチアップを終えた後の80年代後半に、グループ型一体化イノベーションネットワークの「圏内競争」がイノベーション要素の流動性を弱め、競争で発生する利益が少数の企業間でだけ分配されるといった弊害により、既存の構造と新しい経済成長方式との衝突が生じたため、オープンなネットワーク構造へと転換することが、転換期の日本の工業イノベーションネットワークを変革するうえでの合理的な選択となった。閉鎖的な障壁を打ち破って広く協力者を求め、新型の分業を基礎とするモジュール化ネットワーク構築を探るといった動きが、日本の模索の道のりを反映している。

　日本の製造業の歴史の進化に対する実証研究の理論として、本書では製造業の産業イノベーションシステムを絶えず進化する生態システムであると捉えた[11]。

　まず、技術革新により多様な産業イノベーションシステムが形成され変化する。①技術革新の連続性とイノベーション条件の相違性により、システムの持つ多様な変化の特徴が決定する。②イノベーションが持つ試行錯誤と進化の特徴により、イノベーションシステムの非線形の変化が決まる。③技術革新の過程に存在する多くの不確定性により、イノベーションシステムが進化する経路

11　すなわち有機的につながった3つの部分から産業イノベーションシステムの持つ生態システムの特徴を示すことにより、産業イノベーションシステムの性質に対する進化経済学の認識を提示することを試みた。

の非一義性が決まる。

　次に、組織改革により産業イノベーションシステムが多重の適応性の選択過程に置かれる。①システム内の組織が利益のために形成する変革の力により、イノベーションシステムが動的な選択の中で進化する。②外部環境の変化に対応する組織変革により、イノベーションシステムが影響に応じて積極的な調整を行う状態に置かれる。

　そして、システムが各成分間の非線形相互作用によりイノベーションの自己組織を実現する。産業の進化における技術革新と組織改革はつながりがあると見なされ、「技術の進歩の本質と特徴はおそらく産業組織による原因または少なくとも産業組織との相互の因果である」（Coombs, 1992, p.363）。

　イノベーションシステムは、内部の技術革新が求める組織方式の選択を通じて、および両者の相互作用により推進され、イノベーションの秩序ある進展を実現する。システム内部の各部分の間の非線形の相互作用が、こうしたイノベーションシステムの自己組織に持続的な原動力を提供する。産業イノベーションシステムに対する上述した進化経済学の認識は、ここで試みに構築する簡潔な産業イノベーションのシステムモデル上（図結論-3を参照）にまとめて反映できる。

　参考にするという角度から日本の産業イノベーションシステムの生態的特徴を研究するにあたって、2つの事実を明確にする必要がある。まず、一国の経済発展の中で重要な効果を発揮する産業イノベーションの生態システムには、必ずその成長と発育に適した土壌がある。参考にする正しい方法は、他国のシステムと制度を複製して模倣することではなく、本国の国情、経済発展水準、歴史文化の伝統に合致したイノベーションシステムの枠組みとその実施体制を構築することである。そして、さらに良い制度の枠組みとその実施規則の効果も永続的なものではなく、さらに成熟した産業イノベーションシステムも環境条件の変化に従って調整しなければならない。変化する、進化するといった考え方で産業イノベーションシステムの構築に向き合うことは、現在の産業イノベーション効率の向上にとって必要なだけでなく、産業の持続可能な発展と今後の革新の方向の把握にもきわめて重要である。

研究の結論

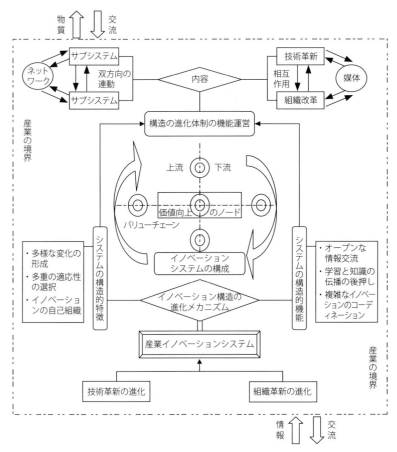

図結論-3　シンプルな産業イノベーションのシステムモデル

結び

　本書は日本の経済と製造業のさまざまなレベルの問題に対する考察と研究を基礎に完成させたものである。研究に関連する問題の複雑性、および時間の手配と知識の準備不足といった原因により、一連の研究には積み残した課題がなおある。たとえば、その一つとして、本書で日本の製造業の進化の過程の分析において、試みにその技術革新と組織改革のいくつかの面で進化経済理論の説

227

明を行ったため、イノベーション経済学を含む進化経済理論の正確な理解と把握について、なおいっそう努力する必要がある。もう一つは、技術革新と組織改革を中心とした日本の製造業の進化の研究の全体の内容にとって、成果の重点はイノベーション枠組みの構想を分析して示すことに置き、かつイノベーションの進化する過程の中で意識的にその中の代表的な歴史上の時期を選び取って経済史の分析を展開したが、論じる問題があまりにも雑然としているため、その中の多くの重要な問題に対してまだ深い分析が不足していることである。

　この点について言うと、本書は日本の製造業の進化に対してイノベーション経済学での分析を行う始まりに過ぎない、初歩的な試験的研究である。

　深い理論の分析であれ、中国の製造業の持続可能な発展のために提供する参考であれ、理論と実践の両面から、技術革新、組織改革、産業イノベーションシステムの一つ一つに対してより深い体系的な比較研究を引き続き行わなければならないことが示されている。

参考文献

書籍

[1] 浅沼萬里. 日本の企業組織 革新的適応のメカニズム―長期取引関係の構造と機能 [M]. 日本経済新聞社，1997
[2] 井深大. 創造への旅 [M]. 佼成出版社，1985
[3] 青木昌彦、奥野正寛. 経済システムの比較制度分析 [M]. 東京大学出版会，1996
[4] 青木昌彦. 日本企業の組織と情報 [M]. 東京：東洋経済新報社，1990
[5] 青木昌彦. 経済システムの進化と多元性：比較制度分析序説 [M]. 東洋経済新報社，1995
[6] 青木昌彦. 日本企業の組織と情報 [M]. 東洋経済新報社，1989
[7] 今井賢一、小宮隆太郎. 日本の企業 [M]. 東京大学出版会，1991
[8] 伊丹敬之、岡崎哲二、沼上幹、藤本隆宏、伊藤秀史（編）. 日本の企業システム第Ⅱ期：第1巻. 組織とコーディネーション [M]. 有斐閣，2006
[9] 伊丹敬之、岡崎哲二、沼上幹、藤本隆宏、伊藤秀史（編）. 日本の企業システム第Ⅱ期：第3巻. 戦略とイノベーション [M]. 有斐閣，2005
[10] 伊丹敬之、岡崎哲二、沼上幹、藤本隆宏、伊藤秀史（編）. 日本の企業システム第Ⅱ期：第4巻. 組織能力・知識・人材 [M]. 有斐閣，2006
[11] 伊丹敬之、岡崎哲二、沼上幹、藤本隆宏、伊藤秀史（編）. 日本の企業システム第Ⅱ期：第5巻. 企業と環境 [M]. 有斐閣，2005
[12] 宇沢弘文. 日本経済：蓄積と成長の軌跡 [M]. 東京大学出版会，1989
[13] 市川孝正. 日本農村工業史研究：桐生・足利織物業の分析 [M]. 文真堂，1996
[14] 岡崎哲二. 経済史の教訓：危機克服のカギは歴史の中にあり [M]. ダイヤモンド社，2002
[15] 岡崎哲二. 取引制度の経済史 [M]. 東京大学出版会，2001
[16] 岡崎哲二. 江戸の市場経済：歴史制度分析から見た株仲間 [M]. 講談社，1999
[17] 岡崎哲二. 工業化の軌跡：経済大国前史 [M]. 読売新聞社，1997

[18] 岡崎哲二、奥野正寛．現代日本経済システムの源流 [M]．日本経済新聞社，1993
[19] 企業行動研究グループ．日本企業の適応力：現代企業研究 [M]．日本経済新聞社，1995
[20] 小宮隆太郎、奥野正寛、鈴村興太郎．日本の産業政策 [M]．東京大学出版会，1988
[21] 清成忠男、橋本寿朗編．日本型産業集積の未来像：「城下町」から「オープン・コミュニティー型」へ [M]．日本経済新聞社，1997
[22] 国領二郎．オープン・ソリューション社会の構想 [M]．日本経済新聞社，2004
[23] 国領二郎．オープン・アーキテクチャ戦略：ネットワーク時代の協働モデル [M]．ダイヤモンド社，2000
[24] 国領二郎．オープン・ネットワーク経営：企業戦略の新潮流 [M]．日本経済新聞社，1995
[25] 三輪芳朗．日本の企業と産業組織 [M]．東京大学出版会，1990
[26] 東京芝浦電気株式会社．東京芝浦電気株式会社八十五年史 [M]．1963
[27] 谷本雅之．日本における在来的経済発展と織物業：市場形成と家族経済 [M]．「第7章，織元－賃織関係の分析」．名古屋大学出版会，1998
[28] 土屋勉男、大鹿隆．日本自動車産業の実力 [M]．ダイヤモンド社，2000
[29] 中岡哲郎、石井正、内田星美．近代日本の技術と技術政策 [M]．東京大学出版会，1986
[30] 中岡哲郎．日本近代技術の形成 [M]．朝日新聞社，2006
[31] 中岡哲郎、鈴木淳、堤一郎、宮地正人．産業技術史 [M]．山川出版社，2001
[32] 長野暹．佐賀藩と反射炉 [M]．新日本出版社，2000
[33] 日経ビジネス社．トヨタはどこまで強いのか [M]．日経BP社，2002
[34] 産業学会編集．戦後日本産業史 [M]．東洋経済新報社，1995
[35] 経営史学会．日本経営史の基礎知識 [M]．有斐閣，2004
[36] 野口悠紀雄．「新版」1940年体制：さらば戦時経済 [M]．東洋経済新報社，2002
[37] 橋本寿朗．日本企業システムの戦後史 [M]．東京大学出版会，1996
[38] 橋本寿朗．戦間期の産業発展と産業組織．II，重化学工業化と独占 [M]．東京大学出版会，2004
[39] 橋本寿朗．戦間期の産業発展と産業組織．I，戦間期の造船工業 [M]．東京大学出版会，2004
[40] 橋本寿朗．歴史から見直す現代日本経済 [M]．平凡社，2001
[41] 橋本寿朗、大杉由香．近代日本経済史 [M]．岩波書店，2000

[42] 牧野昇．製造業は永遠です―日本企業の生存条件 [M]．東洋経済新報社，1992
[43] 古田興司、平井孝志．組織力を高める [M]．東洋経済新報社，2005
[44] 藤本隆宏．能力構築競争――日本の自動車産業はなぜ強いのか [M]．東京大学出版会，2003
[45] 宮本又次．株仲間の研究 [M]．有斐閣，1938
[46] 飯野春樹．バーナード研究 [M]．文真堂，1978
[47] 森谷正規．現代日本産業技術論 [M]．東洋経済新報社，1978
[48] 安藤良雄．近代日本経済史要覧 [M]．東京大学出版会，1979
[49] 吉川弘之．メイド・イン・ジャパン―日本製造業変革への指針 [M]．ダイヤモンド社，1995
[50] 橘川武郎．日本の企業集団：財閥との連続と断絶 [M]．有斐閣，1996
[51] 安場保吉、猪木武徳（編）連湘ほか（訳）．日本経済史―高度成長 [M]．生活・読書・新知三聯書店，1997（原著は日本経済史 8、岩波書店、1989）
[52] Paul Milgrom and John Roberts（著）費方域（訳）．経済学、組織与管理 [M]．経済科学出版社，2004（原著は *Economics, organization & management.* Prentice Hall, 1992）
[53] 常磐文克（著）董旻静（訳）．創新之道：日本製造業的創新文化 [M]．知識産権出版社，2007（原著はモノづくりのこころ、日経 BP 社、2004）
[54] D. Eleanor Westney（著）李萌（譯）．模倣与創新：明治日本対西方組織模式的移植 [M]．北京：清華大学出版社，2007（原著は *Imitation and Innovation : The Transfer of Western Organizational Patterns to Meiji Japan*, Harvard University Press, 1987）
[55] Douglass C. North（著）陳郁、羅華平ほか（訳）．経済史中的結構与変遷 [M]．上海人民出版社，1994（原著は *Structure and Change in Economic History*, W W Norton & Co Inc., 1981）
[56] Douglass C. North（著）劉守英（訳）．制度、制度変遷与経済績效 [M]．上海人民出版社，1994（原著は *Institutions, Institutional Change and Economic Performance*, Cambridge University Press, 1990）
[57] 飯野春樹（著）王利平ほか（訳）．巴納徳組織理論研究 [M]．生活・読書・新知三聯書店，2004（原著はバーナード組織論研究、文眞堂、1992）
[58] Jack J. Vromen（著）李振明、劉社建、斉柳明（訳）．経済演化：探究新制度経済学的理論基礎 [M]．経済科学出版社，2003（原著は *Economic Evolution: An Inquiry into the Foundations of the New Institutional Economics (Economics as Social Theory)*, Routledge, 1995）
[59] 今井賢一、伊丹敬之、小池和男（著）金洪雲（訳）．内部組織的経済学 [M]．生活・読書・新知三聯書店，2004（原著は内部組織の経済学、東洋経済新報社、1982）

[60] 加護野忠男ほか（著）徐艷梅（訳）．日美管理企業比較 [M]．生活読書新知三聯書店，2005（原著は日米企業の経営比較―戦略的環境適応の理論、日本経済新聞社、1983）

[61] Carl Menger（著）姚中秋（訳）．経済学方法論探究 [M]．新星出版社，2007（邦訳版は福井孝治・吉田昇三（訳）、経済学の方法（近代経済学古典選集）、日本経済評論社、1986）

[62] Chris Freeman, Francisco Louca（著）沈宏亮（訳）．光陰似箭：従工業革命到信息革命 [M]．中国人民大学出版社，2007（原著は *As Time Goes by: From the Industrial Revolutions to the Information Revolution*, Oxford University Press, U.S.A, 2002）

[63] Chris Freeman（著），Luc Soete（編）華宏勛（訳）．工業創新経済学 [M]．北京大学出版社，2004（原著は *The Economics of Industrial Innovation*, Routledge, 1997）

[64] Cristiano Antonelli（著）劉剛、張浩辰、岳志剛（訳）．創新経済学新技術与結構変遷．高等教育出版社，2006（原著は *Economics of new technologies and innovative structural change*）

[65] Konrad Seitz（著）張履棠（訳）．争奪世界技術経済覇権之戦 [M]．北京：中国鉄道出版社，1998

[66] Ralph D.Stacey（著）宋学鋒、曹慶仁（訳）．組織中的複雑性与創造性 [M]．四川人民出版社，2000（原著は *Complexity and Creativity in Organizations*, Berrett-Koehler Publishers, 1996）

[67] Ron Ashkenas, Dave Ulrich, Todd Jick, Steve Kerr（著）姜文波、劉麗君、康至軍（訳）．無辺界組織：移動互聯時代企業如何運行 [M]．機械工業出版社，2005（原著は *The Boundaryless Organization: Breaking the Chains of Organization Structure*, Jossey-Bass, 2002）

[68] Richard R. Nelson（著）湯光華（訳）．経済増長的源泉 [M]．中国経済出版社，2001（原著は *The Sources of Economic Growth*. Harvard University Press, 2000）

[69] Richard R. Nelson and Sidney G. Winter（著）湯光華（訳）．経済変遷的演化理論 [M]．商務印書館，1997（原著は *An Evolutionary Theory of Economic Change*, Belknap Press, 1997）

[70] Lee G Bolman, Terrence E Deal（著）桑強、高英傑ほか（訳）．組織重構：芸術，選択及領導（第三版）[M]．高等教育出版社，2005（原著は *Reframing Organizations: Artistry, Choice, and Leadership*, Jossey-Bass, 2003）

[71] J.Stanley Metcalfe（著）馮健（訳）．演化経済学与創造性毀滅 [M]．中国人民大学出版社，2007（原著は *Evolutionary Economics and Creative Destruction*, Routledge, 1998）

[72] Mary A. O'Sullivan（著）黄一義、譚暁青、冀書鵬（訳）．公司治理百年：美国和徳国公司治理演変 [M]．人民郵電出版社，2007（原著は *Contests for Corporate Control:*

Corporate Governance and Economic Performance in the United States and Germany, Oxford University Press, 2000)

[73] Michael E. Porter, 竹内弘高(著)陳小悦、孫力强、陳文斌、彭紅芳(訳). 日本還有競争力嗎? [M]. 中信出版社, 2002(原著は日本の競争戦略、ダイヤモンド社、2000)

[74] Michael L. Gerlach(著)林德山(訳). 聯盟資本主義:日本企業的社会組織 [M]. 重慶出版社, 2003(原著は *Alliance Capitalism : The Social Organization of Japanese Business*, UC PRESS, 1997)。

[75] Alfred Marshall(著)朱志泰(訳). 経済学原理(上巻)[M]. 商務印書館, 1997(原著は *Principles of Economics*, London: Macmillan and Co., Ltd., 1920)

[76] Martin Fransman(著)李紀珍、呉凡(訳). 贏在創新:日本計算機与通信業成長之路, 知識産権出版社, 2006(原著は *Japan's Computer and Communications Industry: The Evolution of Industrial Giants and Global Competitiveness*, Oxford University Press, 1995)

[77] Naushad Forbes and David Wield(著)沈瑶、葉莉蓓(訳):管理新興工業化経済的技術与創新 [M]. 高等教育出版社, 2005(原著は *From Followers to Leaders: Managing Technology and Innovation*, Routledge, 2002)

[78] H.Chenery ほか(著)呉奇ほか(訳). 工業化和経済増長的比較研究 [M]. 上海三聯書店、上海人民出版社, 1989(原著は *Industrialization and Growth: Comparative Study (World Bank Publication)*, Oxford University Press, 1987)

[79] 青木昌彦(著)鄭江淮(訳). 企業的合作博弈理論 [M]. 中国人民大学出版社, 2005(原著は現代の企業—ゲームの理論からみた法と経済、岩波書店、1984)

[80] 青木昌彦、安藤晴彦(編著)周国栄(訳). 模塊時代:新産業結構的本質 [M]. 上海遠東出版社, 2003(原著はモジュール化:新しい産業アーキテクチャの本質、東洋経済新報社、2002)

[81] 橋本寿朗(著)復旦大学日本研究中心(訳). 日本経済論:20世紀体系和日本経済 [M]. 上海:上海財経大学出版社, 1997(原著は日本経済論:二十世紀システムと日本経済、ミネルヴァ書房、1991)

[82] 松本厚治(著)程玲珠、王新政ほか(訳). 企業主義:日本経済発展力量的源泉 [M]. 企業管理出版社, 1997(原著は企業主義の興隆:日本的パワーの主役、日本生産性本部、1983)

[83] 速水融、宮本又郎(編)厲以平、連湘、金相春(訳). 日本経済史1経済社会的成立:17-18世紀 [M]. 生活・読書・新知三聯書店, 1997(原著は日本経済史1、岩波書店、1988)

[84] Tessa Morris-Suzuki(著)馬春文、項衛星、李玉蓉(訳). 日的技術変革:従17

世紀到21世紀 [M]．中国経済出版社，2002（原著は *The Technological Transformation of Japan: From the Seventeenth to the Twenty-First Century*, Cambridge University Press, 1994）

[85] Tessa Morris-Suzuki（著）厲江（訳）．日本経済思想史 [M]．北京：商務印書館，2000（邦訳版は藤井隆至（訳）、日本の経済思想—江戸期から現代まで、岩波書店、1991）

[86] Sigvald Harryson（著）華宏慈、李鼎新、華宏勛（訳）．日本的技術創新与管理：従尋求技術訣竅到尋求合作者 [M]．北京大学出版社，2004（原著は *Japanese Technology and Innovation Management: From Know-How to Know-Who*, Edward Elgar Pub, 1998）

[87] 西川俊作、阿部武司（編）楊寧一、曹傑（訳）．日本経済史：産業化的時代（上）[M]．生活・読書・新知三聯書店，1997（原著は日本経済史4、岩波書店、1990）

[88] 西川俊作、山本有造（編）裴有洪ほか（訳）．日本経済史：産業化的時代（下）[M]．生活・読書・新知三聯書店，1997（原著は日本経済史5、岩波書店、1994）

[89] 西口敏宏（著）范建亭（訳）．戦略性外包的演化：日本製造業的競争優勢 [M]．上海財経大学出版社，2007（原著は戦略的アウトソーシングの進化、東京大学出版会、2000）

[90] Joseph A. Schumpeter（著）何畏、易家詳（訳）．経済発展的理論 [M]．北京：商務印書館，1990（原著は *Theorie der wirtschaftlichen Entwicklung*, 1912）

[91] 有沢広巳（著）鮑顕銘ほか（訳）．日本的崛起 [M]．黒龍江人民出版社，1987（原著は昭和経済史、日本経済新聞社、1976）

[92] Ilya Prigogine（著）湛敏（訳）．確定性的終結：時間，混沌与新自然法則 [M]．上海科技教育出版社，1998（邦訳版は安孫子誠也、谷口佳津宏（訳）、『確実性の終焉—時間と量子論、二つのパラドクスの解決』、みすず書房、1997）

[93] 野中郁次郎、勝見明（著）林忠鵬、謝群（訳）．創新的本質：日本名企最新知識管理案例 [M]．知識産権出版社，2006（原著はイノベーションの本質、日経BP社、2004）

[94] 野中郁次郎、竹内弘高（著）李萌、高飛（訳）．創造知識的企業：日美企業持続創新的動力 [M]．北京：知識産権出版社，2006（邦訳版は梅本勝博（訳），知識創造企業、東洋経済新報社、1996）

[95] 野中郁次郎、竹内弘高（著）李萌（訳）．創造知識的螺旋：知識管理理論与案例研究 [M]．北京：知識産権出版社，2006（原著は *Hitotsubashi on Knowledge Management*, Wiley, 2004）

[96] 白雪潔．日本産業組織研究：対外貿易框架中的特徴与作用 [M]．天津人民出版社，2001

[97] 馮之俊．国家創新系統的理論与政策 [M]．経済科学出版社，1999

[98] 樊亢、宋則行. 外国経済史第二冊 [M]. 人民出版社，1981第2版
[99] 韓国文. 演化経済学視野下的金融創新 [M]. 武漢大学出版社，2006
[100] 韓毅. 西方制度経済史学研究：理論、方法与問題 [M]. 中国人民大学出版社，2007
[101] 韓毅. 歴史的制度分析：西方制度経済史学的新進展 [M]. 遼寧大学出版社，2002
[102] 賈根良. 演化経済学：経済学革命的策源地 [M]. 山西人民出版社，2004
[103] 柳卸林. 技術創新経済学 [M]. 中国経済出版社，1993
[104] 李毅. 再煉基石：世界製造業発展的歴史大勢 [M]. 経済科学出版社，2005
[105] 李毅. 跨時代的企業競争力：日本企業経営機制的微観探析 [M]. 経済管理出版社，2001
[106] 李桂花. 自組織経済理論：和諧理性与循環累積増長 [M]. 上海社会科学院出版社，2007
[107] 林由、黄培倫、藍海林. 組織結構特性与組織知識創新的関係研究 [M]. 経済科学出版社，2005
[108] 林潤輝. 網絡組織与企業高成長 [M]. 南開大学出版社，2004
[109] 雷鳴. 日本戦時統制経済研究 [M]. 人民出版社，2007
[110] 欧陽峰、林丹明、曽楚宏、葉会. 信息時代的企業組織変革 [M]. 経済管理出版社，2005
[111] 芮明傑、劉明宇、任江波. 論産業鏈整合 [M]. 復旦大学出版社，2006
[112] 王雪苓. 当代技術創新的経済分析：基於信息及其技術視角的宏観分析 [M]. 西南財経大学出版社，2005
[113] 王春法. 技術創新政策：理論基礎与工具選択 [M]. 経済科学出版社，1998
[114] 薛敬孝、白雪潔ほか. 当代日本産業結構研究 [M]. 天津人民出版社，2002
[115] 王軍. 産業組織演化：理論与実証 [M]. 経済科学出版社，2008
[116] 呉承明. 経済史：歴史観与方法論 [M]. 上海財経大学出版社，2006
[117] 葉金国. 技術創新系統自組織 [M]. 中国社会科学出版社，2006
[118] 厳立賢. 中国和日本的早期工業化与国内市場 [M]. 北京大学出版社，1999
[119] 周啓乾. 日本近現代経済簡史 [M]. 崑崙出版社2006
[120] 趙玉林. 創新経済学 [M]. 中国経済出版社，2006
[121] 張宇燕. 経済発展与制度選択：対制度的経済分析 [M]. 中国人民大学出版社，1992
[122] 張耀輝. 技術創新与産業組織演変 [M]. 経済管理出版社，2004
[123] 王春法、余沢俊. 世界企業五百家 [Z]. 北京大学出版社、蘭州大学出版社，1997

定期刊行物

[1] 木村英紀ほか．転換期に直面する日本の産業 [J]．エコノミスト，（週刊 5/5·12 合併号 2009）：18-37

[2] 新保博．幕末における江戸の物価水準——大阪との比較において [J]．国民経済雑誌，1982（第145巻5号）

[3] 河村靖史．電子化技術で先端を行く日本自動車が「電気製品」と呼ばれる日 [J]．エコノミスト，（週刊5/5・12合併号2009）：22-23

[4] 木村英紀．潮流は「ハード」から「ソフト」技術立国日本がやるべきこと [J]．エコノミスト，（週刊5/5・12合併号2009）：18-21

[5] 長田貴仁．新成長市場は環境、健康など海外生産で新ビジネスモデル構築 [J]．エコノミスト，（週刊5/5・12合併号）：24-25

[6] 車維漢．日本経済史研究中新的理論与方法 [J]．国外社会科学，2003（6）：52-56

[7] 車維漢．日本公司治理結構的形式、機能及演化 [J]．現代日本経済，2005（7）：45-50

[8] 車維漢．日本企業間長期連続性交易関係理論評述 [J]．現代日本経済，2007（1）：59-64

[9] 鄧宏図．組織、組織演進及制度変遷的経済解釈 [J]．南開経済研究，2003（1）：23-27、48

[10] 馮平．戦後日本科学技術的出発点 [J]．日本学刊，1996（5）：121-135

[11] 韓毅．経験帰納方法、歴史主義伝統与制度経済史研究 [J]．中国経済史研究，2007（2）：31-38

[12] 韓毅．比較経済体制研究的新方法：歴史的比較制度分析 [J]．経済社会体制比較，2002（1）：77-84

[13] 羅天強、俞長春．日本的技術系統創新策略 [J]．科技進歩与対策，2000（9）：155-156

[14] 羅仲偉、羅美娟．網絡組織対層級組織的替代 [J]．中国工業経済，2001（6）：23-30

[15] 李毅．創新経済学視角下的日本製造業演進研究的新進展 [J]．世界近現代史研究，2007（4）：98-110

[16] 李毅．当前日本製造業的産業政策動向与製造企業的調整与変革 [J]．日本学刊，2005年（6）：112-127

[17] 盛昭瀚．国家創新系統的演化経済学分析 [J]．管理評論，2002（10）：17-21

[18] 肖琛．論"新経済"与"網絡経済" [J]．国際経済評論，2000（3）：13-15

[19] 呉偉浩、呉伯田、許慶瑞．企業組織結構創新的歴程和規律 [J]．科学管理研究，

1999（6）：1-4
[20] 葉東亜．日本的技術進歩、創新和産業結構変動 [J]．日本経済藍皮書，2008

論文集

[1] 加賀見一彰．「部品供給－調達システム」の発生と淘汰：戦前・戦後期日本の機械工業 [A]．岡崎哲二．生産組織の経済史 [C]．東京大学出版会，2005：291-354

[2] 谷本雅之．分散型生産組織の"新展開"：戦間期日本の玩具工業 [A]．岡崎哲二．生産組織の経済史 [C]．東京大学出版会，2005：231-290

[3] 中林真幸．問屋制の柔軟性と集積の利益：近代における桐生織物業の発展 [A]．伊丹敬之等．日本の企業システム：組織とコーディネーション [C]．有斐閣，2006：74-103

[4] 中林真幸．問屋制と専業化—近代における桐生織物業の発展 [A]．武田晴人．地域の社会経済史：産業化と地域社会のダイナミズム [C]．有斐閣，2003：第1章

[5] 内藤隆夫．工場制の定着 [A]．岡崎哲二．生産組織の経済史 [C]．東京大学出版会，2005：75-109

[6] 中馬宏之．「モジュール設計思想」の役割：半導体露光装置産業と工作機械産業を事例として [A]．青木昌彦、安藤晴彦編．モジュール化：新しい産業アーキテクチャの本質 [C]．東京：東洋経済新報社，2002：第Ⅱ部211-246

[7] 中村尚史．近代的企業組織の成立と人事管理：第一次大戦前期日本の鉄道業 [A]．岡崎哲二．生産組織の経済史 [C]．東京：東京大学出版会，2005：113-155

[8] 中村尚史．明治期鉄道企業における経営組織の展開 [A]．野田正穂、老川慶喜．日本鉄道の的研究 [C]．八朔社，2003：第4章

[9] 橋野知子．問屋制から工場へ：戦間期日本の織物業 [A]．岡崎哲二．生産組織の経済史 [C]．東京大学出版会，2005：33-74

[10] 本庄栄治郎．幕末の株仲間再興是非 [A]．経済論叢 [C]．1931：第32巻3号，125-133

[11] 李毅．日本製造業の自主発展過程における技術革新の研究：経済史からの啓示 [A]．佐賀大学経済論集 [C]．2007：第40巻第4号，105-136

[12] Bengt-Ake Lundvall（著）．創新是一個相互的過程：従戸与生産者的相互作用到国家創新体系 [A]．Giovanni Dosi ほか（編）鐘学義、沈利生、陳平（訳）．技術進歩与経済理論 [C]．経済科学出版社，1992：425-449（原文は"Innovation as an interactive process: from user-producer interaction to the national system of innovation",

Technical Change and Economic Theory, Pinter Publishers, 1988）

[13] Peter M. Allen（著）．演進、創新与经济学 [A]．Giovanni Dosi ほか（編）鐘学義、沈利生、陳平（訳）．技術進步与経済理論 [C]．経済科学出版社，1992：118-147（原文は "Evolution, innovation and economics", *Technical Change and Economic Theory*. Pinter Publishers. 1988）

[14] Brian Morgan. 評論：成功經濟組織的起源——一種為自組織提供空間的達爾文主義解釋 [A]．John Foster, J Stanley Metcalfe（編）賈根良、劉剛（訳）．演化經濟学前沿：競争，自組織与創新政策 [C]．高等教育出版社，2005：159-166（原文は "Commentary: the origins of successful economic organizations - a Darwinian explanation with room for self-organizing", *Frontiers of Evolutionary Economics: Competition, Self-Organization, and Innovation Policy*, Edward Elgar, 2003）

[15] Fabrizio Coricelli, Giovanni Dosi（著）．経済変化的協調与次序及経済理論的解釈能力 [A]．Giovanni Dosi ほか（編）鐘学義、沈利生、陳平（訳）．技術進步与経済理論 [C]．経済科学出版社，1992：154-181（原文は "Coordination and order in economic change and the interpretative power of economic theory". *Technical Change and Economic Theory*. Pinter Publishers. 1988）．

[16] 今井賢一、小宮隆太郎（著）．日本企業的特徴 [A]．今井賢一、小宮隆太郎（編）陳晋ほか（訳）．現代日本企業制度 [M]．経済科学出版社，1995：1-22（原著は『日本の企業』，東京大学出版会，1989）

[17] Gerald Silverberg（著）．建立経済動態和技術進步模型：自組織和漸進的数学方法 [A]．Giovanni Dosi ほか（編）鐘学義、沈利生、陳平（訳）．技術進步与経済理論 [C]．経済科学出版社，1992：658-693（原文は "Modelling economic dynmaics and technical change: mathematical approaches to self-organisation and evolution". *Technical Change and Economic Theory*. Pinter Publishers. 1988）

[18] Kevin Bryant（著）．促進創新：就演化経済学和系統研究方法応用於政策問題的一種総的看法 [A]．John Foster, J. Stanley Metcalfe（編）賈根良、劉剛（訳）．演化経済学前沿：競争、自組織与創新政策 [C]．高等教育出版社、2005：363-386（原文は "Promoting innovation: an overview of the application of evolutionary economics and systems approaches to policy issues", *Frontiers of Evolutionary Economics: Competition, Self-Organization, and Innovation Policy*, Edward Elgar Publishing, 2001）．

[19] Christopher Freeman（著）．日本：一個新國家創新系統？[A]．Giovanni Dosi ほか（編）鐘学義、沈利生、陳平（訳）．技術進步与経済理論 [C]．経済科学出版社，1992：402-424（原文は "Japan: a new national system of innovation?", *Technical Change and Economic Theory*. Pinter Publishers. 1988）

[20] Richard.R.Nelson（著）. 経済増長的演化観 [A]. Kurt Dopfer（編）賈根良、劉輝鋒、崔学鋒（訳）. 演化経済学：綱領与範囲 [C]. 高等教育出版社, 2004：151-180（原文は "Evolutionary Perspectives on Economic growth", *Evolutionary Economics: Program and Scope*, Springer, 2001）

[21] Rod Coombs（著）. 技術機会与産業組織 [A]. Giovanni Dosi ほか（編）鐘学義、沈利生、陳平（訳）. 技術進歩与経済理論 [C]. 経済科学出版社, 1992：362-376（原文は "Technological opportunities and industrial organisation", *Technical Change and Economic Theory*. Pinter Publishers. 1988）

[22] Nicolai Foss（著）. 企業的演化理論：重新構建及其与契約理論的関係 [A]. Kurt Dopfer（編）賈根良、劉輝鋒、崔学鋒（訳）. 演化経済学：綱領与範囲 [C]. 高等教育出版社, 2004：293-326（原文は "Evolutionary Perspectives on Economic growth", *Evolutionary Economics: Program and Scope*, Springer, 2001）

[23] Norman Clark and Calestous Juma（著）. 経済思想的漸進理論 [A]. Giovanni Dosi ほか（編）鐘学義、沈利生、陳平（訳）. 技術進歩与経済理論 [C]. 経済科学出版社, 1992：241-267（原文は "Evolutionary theories in economic thought", *Technical Change and Economic Theory*. Pinter Publishers. 1988）

[24] 伊丹敬之（著）. 日本企業の"人本主義"体制 [A]. 今井賢一、小宮隆太郎（編）陳晋ほか（訳）. 現代日本企業制度 [M]. 経済科学出版社, 1995：43-63（原著は日本の企業、東京大学出版会、1989）

[25] Jan Fagerberberg（著）. 創新：文献綜述引言 [A]. Jan Fagerberg , David C. Mowery, Richard R. Nelson（編）柳卸林、鄭剛、藺雷（訳）. 牛津創新手冊 [C]. 知識産権出版社, 2009：1-27（原著は *The Oxford Handbook of Innovation*, Oxford University Press, 2006）

[26] Franco Malerba（著）. 産業系統：創新的産業差異及其成因 [A]. Jan Fagerberg ほか（編）柳卸林ほか（訳）. 牛津創新手冊 [M]. 北京：知識産権出版社, 2009：372-397（原文は "Sectoral Systems: How and Why Innovation Differs across Sectors", *The Oxford Handbook of Innovation*, Oxford University Press, 2006）

[27] 李毅. 日本工業化発展模式与経済転型 [A]. 戴曉芙、郭定平. 東亜発展模式与区域合作 [C]. 復旦大学出版社, 2005：2-23

電子文献

[1] 日経 BP 社. 技術ライン http://techon.nikkeibp.co.jp 2005-2009
[2] 経済産業省. 中小企業白書2009 http://www.meti.go.jp
[3] 経済産業省、厚生労働省、文部科学省. 製造基盤白書（ものづくり白書）

http://www.meti.go.jp 2005、2006、2007、2008、2009
[4] 三本松進．イノベーションと組織・経営改革：電機産業のケース 経済産業研究所 http://www.rieti.go.jp RIETI Discussion Paper Series 05-J-003
[5] 総務省統計局．科学技術研究調査 http://www.stat.go.jp 2005-2009
[6] 総務省統計局．統計でみる日本の科学技術研究 http://www.stat.go.jp 2005、2008
[7] 内閣府．平成21年度年次経済財政報告 [R] http://www.cao.go.jp 2009.07
[8] 長岡貞男．研究開発の生産性を決定する要因：スピードとサイエンスの吸収能力．経済産業研究所 http://www.rieti.go.jp 2006
[9] 延岡健太郎、藤本隆宏．製品開発の組織能力：日本自動車企業の国際競争力 経済産業研究所 http://www.rieti.go.jp RIETI Discussion Paper Series 04-J-039
[10] 元橋一之．生産性の国際比較による産業競争力のベンチマーキング、経済産業研究所 http://www.rieti.go.jp 2006

後　記

　日本の製造業や経済に対する認識は、結局のところ方法論の問題である。これは1980年代に修士号を取得して日本に関する問題の研究に足を踏み入れて以来、ずっと考えている問題である。遼寧大学の博士過程では、体系的に学ぶことにより、構想を体系的に整理してより深く研究する機会が得られた。我が国の対外経済学科を創設された宋則行先生が、当時その経済史を専門とする博士課程に私を受け入れたいとの意向を示してくださったこと、学科の草分けで経済史の大先輩である樊亢先生、池元吉先生が外国の経済史、日本の産業経済の問題を学び研究することに終始変わらぬ関心を示され、支持してくださったことに感謝している。韓毅教授から頂いた研究と学位論文に対する実際のご指導とお力添え、李平教授、黄険峰教授、楊玉生教授、徐平教授の経済理論の講義と論文についてのご指導ご提案、車維漢教授をはじめとする日本問題専門家から草稿段階で頂いた要点を突く意見が、本稿の研究を深めるにあたってきわめて重要な後押しとなったことを述べておきたい。経済史専門家である佐賀大学名誉教授の長野暹博士をはじめとする日本の諸先生方と行った原稿に関する討論、さらに日本学術振興会の支援による日本の製造企業の調査および大学、研究機構の訪問と交流もまた、本稿の研究を支える重要な要素である。本書を出版する前に、中国社会科学院の専門家が国の社会科学文庫を調べ充実した修正意見をくださったことにも感謝している。中国社会科学出版社の編集部が本書を出版するためにたいへん苦労したことについて、心から敬意を表するものである。また、同僚の石小玉研究員は多くの図表のモデル作成と草稿の書式修正に協力し、夫の李華研究員は時間を捻出してより広い視野からプロジェクトの初稿を確認してくれた。研究成果をまとめ出版するにあたって、研究と執筆各種の支持と援助を提供してくれたすべての機関、諸先生、同僚たち、家人に感謝している。特に、長期にわたり重病の中で無私に関心を寄せ、仕事、学習、研究を支えてくれた両親への愛と思いを励みにして苦しい科学研究と長い旅路を続けることができたことを記しておきたい。

　イノベーションを中心とする日本製造業の進化の問題に対する研究の複雑

性、および当今の技術経済条件下でのハイテクの発展と産業構造調整に伴って製造業発展が直面している様々な問題のため、この課題で構築した枠組みのもとで史実と論旨を結び付ける研究は、まだ試験的な始まりにすぎない。加えて専門書の執筆に忙しく、課題の深い理論研究と史料発掘、特に理論を用いた歴史と現実的な問題の説明に関しては、なお不十分な点が残っている。既存の成果の中の問題を克服して、ポスト危機時代の製造業の持続可能な発展におけるイノベーションの細部に関して、深い理論の探求とシステムの比較研究を行うことが、筆者の直面する新たな課題となるだろう。

李　毅

2010年12月

北京中関村

訳者あとがき

　「イノベーション」というとアメリカのIT企業の華々しい活躍をイメージしてしまう。日本の製造業といえば地味な「カイゼン」であり、これぞという快挙はそう思いつかない。しかしイノベーションも一朝一夕になるものではなく、消費者に見えるものばかりでもない。そう指摘されてみれば、メーカーで目にしてきた日々の小さな取り組みもイノベーションの一部だった。誰にもそうとは教えられなかったというだけのことである。本書に言う「連続的な」、「経常的な」イノベーションは現場にいると日常的すぎて知覚できないのかもしれない。

　当然のことかもしれないが、何事にも背景はあり土壌はある。産業史を追うという本書のアプローチから何が分かるのか期待しながら読み進めたが、見えてきたのは日本人の姿だった。資源は乏しくとも人材は豊かだ、という背景のもと展開された明治維新直後の工業化がイノベーションであるとの指摘には初め違和感があった。よく言われるように技術の導入は模倣のようなものと頭が固まっていたせいである。しかしページを追うごとに、単なる導入ではなく日本型への改良があった技術ほど生き残り、のちの強みともなっていることが分かる。これこそ社会科の教科書にあった「和魂洋才」の姿ではないだろうか。魂といっても信仰のようなものではなく、より日本の現実に即した発想と広義での資源のことである。あるいはこの頃から「できたものを売る」のではなく「買われるものを作る」発想が芽生えていたのかもしれない。ただそれが事業や商品の開発でなくいわばより下流の設計や生産の現場で行われていれば、傍目には分からないだけで。

　現場の努力や工夫による作り込みは消費者にはそう分からないのだが、無意識に求められている。作り込まれたモノに慣れてしまった日本の消費者は、それがない海外製品を軽んじるようになったのではなかろうか。H&MやIKEAのような、値段を見れば妥協すべき商品の品質を一方的に云々するのは了見が狭い。努力や工夫を労働者に供出させるのはただではない。ただではないのだが、日本では湯水のように使われている。それもまた日本の産業文化なのだろ

う。多くの国際企業では標準化と管理を徹底して、労働者が誰であっても標準的な製品ができるように工程を作り込んでいる。標準的な作業以上のことは個々の労働者に求めないのが標準である。求められる以上のことができれば、外部を含め相応の待遇が待っている。日本では恐らくそれがない。誰しもやっていて当然のことという空気が醸成されてしまっているからである。日本人は「匠」を好むにもかかわらず技術にカネを払おうとしない。払わなければそれなりの標準的なモノで妥協すべきところを何故か許さないのも日本文化である。

　「失われた十年」は国や家電業界の舵取りが誤ったことによる産業の停滞であると本書にもある。それまで何度かあった外来の危機とは異なる。そのせいか、挙国一致で巻き返しを図る動きが特に見られない。もっとも、挙国一致を持ち出されたところで団結する空気がこの日本に残っているかは怪しいが。明確なビジョンあっての体制崩壊ならまだしも、とりあえず壊されてしまった体制を今後どうするか。集権的にではなくネットワーク組織として運営されていくのもありだろう。モジュール組織が伝統的な「匠」の文化ときれいに融合し、さらに努力や工夫が正しく再評価されて売れる方向へ進化していくことを願ってやまない。

2016年10月
古川智子

―― 著者・翻訳者略歴 ――

著者
李　毅（Li Yi）
経済学博士、中国社会科学院世界経済与政治研究所研究員、研究センター主任。前職は世界経済史研究室、先進国経済研究室主任。中国経済史学会外国経済史専門委員会副会長兼事務総長、中国日本経済学会理事を兼任。
主な専門分野は経済史、日本を中心とする先進国の産業経済関連。
国家社会科学基金の課題研究および研究所の重点課題研究に数多く参与し、中国国内の主要専門誌および国外の学術専門に学術論文を数十編発表している。主な論文は『組織創新為什麼重要：対日本製造業組織結構演進的一種演化経済学解釈』、『日本工業発展模式及其経済転型』、『跨時代的企業競争力：日本企業経営機制的微観探析』、『日本製造業の自主発展過程における技術イノベーションの研究：経済史からの啓示』など、訳著に『中国農業的結構与変動』などがある。

訳者
古川智子（ふるかわ　ともこ）
福島県いわき市出身。
大阪府立大学総合科学部を卒業後、会社勤務などを経て2003年よりフリーランス翻訳者。観光情報から石油化学メーカーの新規事業計画書まで、取扱分野は幅広い。2014年より経済ニュース共有サイトNewspicsにて中国ネットニュース『財新網』の翻訳に参加。訳書に『中国無形文化遺産の美　仮面と瞼譜－その形と様式の系譜』（科学出版社東京）、『中国無形文化遺産の美　年画－民俗画に見る人々の願い』（科学出版社東京）、『人民元　国際化への挑戦』（共訳　科学出版社東京）。

日本製造業のイノベーション経済学分析
―技術革新と組織改革の進化―

2016年12月23日　初版第1刷発行

著　者	李　毅
訳　者	古川智子
発行者	向安全
発行所	科学出版社東京株式会社

　　　　　〒113-0034　東京都文京区湯島2-9-10　石川ビル1階
　　　　　TEL:03-6803-2978　FAX:03-6803-2928
　　　　　http://www.sptokyo.co.jp/

編集・装丁・組版　　株式会社白峰社
印　刷・製　本　　モリモト印刷株式会社
ISBN 978-4-907051-15-0　C0033

『日本製造業演進的創新経済学分析』© Li Yi, China Social Sciences Press, 2011
Japanese copyright © 2016 by Science Press Tokyo Co., Ltd.
All rights reserved original Chinese edition published by China Social Sciences Press.
Japanese translation rights arranged with China Social Sciences Press.

Sponsored by the Innovation Project of CASS.

乱丁・落丁本は小社までご連絡ください。お取り替えいたします。
本書の無断掲載・複写は著作権法上での例外を除き禁じられています。